U0583701

区域产业分工、政府治理与可持续发展

涂成林　于晨阳／著

REGIONAL INDUSTRIAL DIVISION,
GOVERNMENT GOVERNANCE AND SUSTAINABLE

社会科学文献出版社
SOCIAL SCIENCES ACADEMIC PRESS (CHINA)

目　录

下　篇

前 言

一 研究背景与意义

(一) 研究背景

党的二十大报告提出,中国将继续推动高质量发展,建设现代化经济体系。区域产业分工与政府治理是实现这一目标的重要抓手。在中国经济从高速增长向高质量发展转型的背景下,区域产业分工的合理性和科学性直接影响到产业链的稳定性、区域经济的协调性以及整体经济的可持续性。同时,政府治理能力的提升,不仅体现在对经济发展的调控和引导上,还体现在通过政策创新、制度建设和有效监管来推动区域经济的均衡发展和可持续发展上。

在过去的几十年里,中国通过改革开放和经济结构调整,取得了显著的经济增长,但也面临资源环境约束增强、区域发展不平衡等的挑战。区域产业分工的不合理在一定程度上加剧了这些问题,导致一些地区资源过度消耗、环境污染严重,另一些地区出现产业空心化、经济停滞。政府治理在促进区域经济协调发展中发挥着至关重要的作用。随着政府职能的转变和治理能力的提升,如何通过科学规划和有效政策引导来优化区域产业分工,成为当前经济政策关注的重要议题。党的二十大报告特别强调了坚持创新在我国现代化建设全局中的核心地位，指出要建设现代化产业体系。因此，研究如何通过政府治理创新来优化区域产业分工，促进可持续发展，既是对党的二十大精神的深入贯彻，又是当前中国经济转型升级的迫切需要。此外，随着全球经济进入低碳时代，绿色发展已经成为各国的共识。中国提出了碳达峰、碳中和的目标，如何将绿色发展理念融入区域产业分工，实现区域经济的可持续发展，是摆在各级政府面前的重大课题。因此，本书的研究不仅具有重要的学术价值，还对推动区域经济绿色转型、实现国家战略目标具有深远的现实意义。

（二）研究意义

本书将系统分析区域产业分工、政府治理与可持续发展之间的关系，深化对三者相互作用机制的认识。本书通过构建理论模型和实证分析，为区域经济发展、政府治理能力建设及创新体系的优化提供新的学术视角，丰富现有的经济学和管理学理论；通过对不同区域产业的分工模式和政府治理实践的研究，为政策制定者提供切实可行的建议，帮助各级政府优化区域产业分工，提升政府治理能力，促进区域经济的可持续发展。同时，书中的研究成果还可以为企业和其他经济主体提供参考，帮助他们在区域经济环境中更好地适应政策变化和市场需求。在学习贯彻党的二十大精神的基础上，本书的研究旨在为国家和地方政府在产业分工、治理机制和创新政策等方面的决策提供科学依据，助力中国经济实现绿色、协调和可持续的发展目标。

二　结构与内容

本书的主要内容有两篇，共八章。其中，上篇为区域产业布局与创新可持续发展，包括第一章至第四章；下篇为政府治理与可持续发展，包括第五章至第八章。

第一章围绕区域产业分工的绿色技术进步效应展开研究，探讨了区域产业分工对城市绿色技术进步的影响。结果表明，区域产业分工程度的提升既带来了城市群整体绿色技术进步水平的提升，也提升了各城市的绿色技术进步水平。

第二章围绕数字化对企业能源技术进步的影响展开研究。基于"宽带中国"政策（BCP）的准自然实验，该章利用中国独有的大样本企业税务记录数据集，评估数字化对企业能源技术进步的影响。

第三章围绕建筑业企业生产率测度与提升路径展开研究。该章利用重庆市第三次与第四次全国经济普查数据，对 2015～2019 年 4750 家建筑业企业生产效率进行了研究，采用 DEA 基础模型测算了重庆市建筑业企业生产效率，并对不同区域、不同规模、不同年龄的建筑业企业生产效率进行了对比，同时使用最小二乘法（OLS）与分位数回归分别测算了创新研发和财税政策对重庆市建筑业企业生产效率的影响。

第四章评估了生产性服务业集聚对城市生产率的影响。基于 244 个地级市 2004～2020 年的平衡面板数据，该章深入探究了生产性服务业集聚对城市生产率的直接影响、空间溢出效应以及生产性服务业集聚与城市规模的交互作用对城市生产率的影响。

第五章从政府创新支持的视角出发，基于中国创新型城市试点的准自然实验，采用空间双重差分模型评估了政府创新支持对城市碳排放绩效的影响。

第六章探究知识产权保护与区域创新的协同发展机制。该章从经济转型的视角切入，采用联立方程模型探讨了区域创新能力和知识产权保护水平的协同发展效应，进一步通过替换变量和使用不同估计方法对模型进行了稳健性检验，以便更好地支持研究结论。此外，该章在实证过程中还对知识产权保护水平的计算方法进行了改进，通过对知识产权保护执法强度的分指标进行相对化处理，解决了 2005 年以后各指标跨越门槛值后无法反映其真实变化的问题。

第七章是粤港澳大湾区科技创新发展现状评估。该章旨在总结粤港澳大湾区的科技创新现状，并评估国家在广州、深圳等城市开展的创新试点政策的效果，剖析科技创新发展存在的问题。

第八章是广深战略性新兴产业联动发展的经验启示。该章将广深"双城"联动发展作为案例，对战略性新兴产业的联动发展进行了分析。

三　创新点

第一，研究视角方面。近年来，国际政治格局与贸易环境日益紧张，这意味着国内外都将逐渐从增量竞争转向存量竞争。因此，亟须探究如何在既有资源的基础上，通过优化区域产业分工格局、释放增量空间，以推动创新可持续发展。本书以区域产业分工为切入点，以可持续发展为落脚点，考察了区域产业分工以及政府治理创新对可持续发展的影响机制与效果，并探讨了数字化等因素对可持续发展的推动效果，以期为我国的可持续发展提供理论支撑与决策依据。

第二，理论机制方面。本书通过产业集聚、绿色技术创新以及产业智能化等渠道剖析了区域产业分工、政府创新支持以及数字化对可持续发展的影响机理。

第三，数据与变量测度方面。在数据层面，本书利用了多个创新的数据集和变量组合，如"宽带中国"政策的准自然实验数据、大样本企业税务记录，以及1km×1km高分辨率碳排放数据，提出了政府创新支持对区域经济发展的综合影响分析。此外，本书在多个章节中引入了新的数据分析方法，如空间双重差分模型、扩展的随机前沿分析模型等，揭示了产业分工与绿色技术进步、政府创新支持与碳排放绩效之间的复杂关系。这种多维度数据的使用和分析方法的创新，不仅为实证研究提供了更为精准的工具，也大大提升了研究结论的稳健性和普适性。

上　篇

| 第一章 |
区域产业分工的绿色技术进步效应分析

现有研究主要关注行业城市专业化对城市绿色技术进步的影响，忽略了功能性城市专业化，即区域产业分工对绿色技术进步水平的影响。为了填补这一研究空白，本章探讨了区域产业分工对绿色技术进步水平的影响。基于 2003~2018 年的地级市数据，本章采用扩展的随机前沿分析（SFA）模型来衡量绿色技术进步水平，使用分层线性模型（HLM）估计城市群层面和城市层面的嵌套数据，并通过嵌套估计降低估计偏差。研究结果表明，在城市群层面和城市层面，区域产业分工的影响都是显著为正的，即区域产业分工程度的提升既带来了城市群整体的绿色技术进步水平的提升，又提升了各城市的绿色技术进步水平。进一步分析的结果表明，区域产业分工程度的提升会同时提升中心城市与外围城市能源准度与环境维度下的绿色技术进步水平，但只会显著提升中心城市碳排放维度下的绿色技术进步水平。此外，区域产业分工程度的提升在不同维度下都放大了港口距离增加对绿色技术进步水平的不利影响。对于其余变量，区域产业分工放大了创新能力提升对环境维度下绿色技术进步水平的正向影响，并削弱了工业化程度提升对环境维度下绿色技术进步水平的正向影响。

第一节 区域产业分工与绿色技术进步的研究概述

工业化推动经济增长，但也带来了环境问题。解决由工业能源消耗引起的环境问题是全球关注的焦点。作为世界上碳排放最高的国家，中国不仅有应对环境挑战的国际义务，还需要适应高质量发展的国内要求（Shan 等，2017）。提高工业能源效率被认为是最有效的政策工具（Adom 等，2018；Bertoldi 和 Mosconi，2020；Cagno 等，2015）。

优化城市规模、政府干预、推动技术创新、改善交通状况和增加投资被认为是城市绿色技术进步的驱动力（Chen 等，2019；Guang，2020；Sun 等，2020；Vassileva 等，2017；Wang 等，2020）。中国的城市仍在快速扩张，市场中政府的干预正在放宽（Shi 等，2020；Wang 等，2019）。在这种背景下，提升城市绿色技术进步水平侧重于通过提升人力资本水平、降低交通成本和增加投资等措施来实现。但随着这些措施的实施，其边际效应逐渐减弱。在持续探索改善城市绿色技术进步方法的过程中，行业城市专业化，即集聚效应，引起了广泛关注，其中制造业和服务业的行业专业化是研究最广泛的领域。城市专业化指的是单一产业的地理集中。大部分现有文献表明，制造业和服务业的行业城市专业化对城市绿色技术进步有积极影响，其主要机制是集聚效应的学习、共享和匹配。

然而，Duranton 和 Puga（2005）指出，随着经济发展和产业升级，城市的产业集聚特征将从行业城市专业化转向功能性城市专业化（区域产业分工）。区域产业分工指的是中心城市主导生产和研发、外围城市主导加工和制造的劳动分工。随着功能性城市专业化程度的提升，中心城市将成为区域创新和研发中心，而外围城市将成为产业集聚中心。对于像中国这样处于工业转型中的新兴经济体来说，产业集聚呈现明显的分工趋势，而不是单一行业的行业城市专业化。

值得注意的是，与行业城市专业化相比，功能性城市专业化对工业能源效率的影响机制存在显著差异。从功能性城市专业化的角度来看，外围城市绿色技术进步水平的提高源于制造业集聚的规模效应，而中心城市绿色技术进步水平的提高源于服务业集聚的产业升级（Yang 等，2018；Zhou 等，2019）。然而，从行业城市专业化的角度来看，推动中心城市和外围城市绿色技术进步水平提高的因素是相同行业的集聚。此外，区域产业分工还放大了中心城市和外围城市的比较优势，从而提高了该地区所有城市的绿色技术进步水平，但是这在研究城市专业化时被忽视了。因此，应从功能性城市专业化的角度更好地评估区域产业分工对城市绿色技术进步的影响。但已有研究中鲜少将区域产业分工与城市绿色技术进步相联系，为填补这一空白，本章探讨了区域产业分工对城市绿色技术进步的影响。

基于 2003~2018 年 16 个城市群的 137 个城市的面板嵌套数据，本章研究了区域产业分工对城市绿色技术进步的影响。本章的主要贡献有以下几个方面。首先，本章将区域产业分工与城市绿色技术进步相关联，并利用产业集聚理论分析了区域产业分工对城市绿色技术进步的影响。由于当前区域产业发展呈现明显的分工趋势，仅从行业城市专业化的角度进行研究无法为提高工业能源效率提供有力支持。其次，现有研究广泛使用 DEA 和 SFA 来衡量能源效率。然而，基于非参数方法的 DEA 忽略了未观测的城市异质性，可能导致高估或低估能源效率。同时，传统的 SFA 只能将时间变化的特征或时间不变的特征与残差分离开来，无法分离未观测的异质性。因此，本章采用了 Kumbhakar 等（2014）提出的扩展随机前沿分析（SFA）模型来衡量城市绿色技术进步，该模型能够将时间变化的非效率、时间不变的非效率和未观测到的异质性分离开来。最后，本章通过分层线性模型（HLM）估计区域产业分工对城市绿色技术进步的影响。区域产业分工是通过中心城市和外围城市的产业分布特征来衡量的，即通过城市群层面指标来衡量该变量。然而，城市绿色技术进步是通过城市层面指标来衡量的。基于面板回归或 OLS 的估计忽略了城市群内不同城市之间的个体差异，增加了估计偏差。

第二节 区域产业分工推动绿色技术进步的理论分析

本章使用经济学理论分析了区域产业分工影响绿色技术进步的内在机制。首先介绍相关理论基础，其次结合现有研究及基础理论分析区域产业分工影响城市绿色技术进步的内在机制，最后构建一个包含中心城市与外围城市的两部门模型，通过静态均衡分析探究了区域产业分工是如何影响城市绿色技术进步的。

一 区域产业分工影响绿色技术进步的理论基础

（一）中心—外围理论

美国经济学家弗里德曼最先正式提出了中心—外围理论。弗里德曼认为，任何区域都是中心地区和外围城区相互影响的结合体，区域内的经济发展并非均衡的。其中，中心地区为区域性的大城市，先进的工业以及服务业集中在此，而外围地区则是农业集中地，为中心地区提供基础产品和中间产品。

随后，大量学者开始深入研究中心—外围理论，目前应用最多的是由 Krugman（1991）拓展的中心—外围模型，其主要目的是回答为什么某些特定行业的企业会集中在少数地区，而这些地区并非都具有较好的地理优势这一问题。该理论的创新之处在于，其突破了地理尺度的边界，将区域分成中心部门和外围部门两个部分，这意味着即便是地理位置并非区域内最优的城市，也可以凭借其他的后发优势形成集聚，并成为区域内的中心部门。Krugman（1991）的中心—外围模型中，决定企业选择中心地区可以还是外围地区进行生产的因素有两个，一个是处于中心地区可以获得的集聚收益，另一个是在中心地区生产需要承担的地租成本和运输成本，企业需要在二者中寻找均衡进而做出选址决策。

考虑到我国城市群在国家整体经济发展与能源和资源版图中的重要地位，本章将地理尺度界定到城市群层面，参考已有研究（魏后凯，2007；赵勇和魏后凯，2015）将城市群的中心地区和外围地区界定为中心城市与外围城市。在应用上述理论进行分析时需要注意的是，传统的中心—外围理论认为，中心城市主要发展工业而外围城市发展农业，这种划分方式具有特殊的时代局限性。对于当前中国城市群的现实特征来讲，无论是中心城市还是外围城市，其农业占比都是相当低的，这是由于中国普遍存在着城乡二元结构，大量农业发展集中在农村地区（贺雪峰，2014）①。因此，具体到针对中国城市群的研究，中心城市应当是生产性服务业集中的地区，而外围城市则是制造业集中的地区。此种产业空间分布格局在全球都是广泛存在的，赵勇和魏后凯（2015）的研究将其称为"功能专业化"，也被认为是区域产业分工的结果。在这种格局下，中心城市与外围城市间形成了互补的产业分工格局，在绿色发展的过程中，中心城市通过产业升级降低了高污染和高能耗企业的占比，实现了绿色技术进步；外围城市也通过自身产业集聚以及中心城市的带动，提升了企业对能源与资源的使用效率，同样提高了绿色技术进步水平。

（二）产业集聚理论

关于产业集聚的理论研究，最早由欧洲经济学家 Marshall（1890）提出，随后由 Arrow 和 Leonid（1962）、Romer（1986）进行了推广与拓展应用。该框架指出，产业集聚主要通过"专业化"与"多样化"来影响地区经济的发展。其中"专业化"也被称为"地方化经济

---

① 考虑到本章的分析对象为 16 个城市群中的 137 个地级市而非中国所有地级市，虽然这些城市辖区内包含了不少村镇，但农业在整个经济体量中占比相对较低，外围城市仍是以工业发展为主，所以中心城市发展工业而外围城市发展农业的传统模式并不适用。

（Localization Economics）"，主要指的是该地区某种特定行业的集聚带来的规模效应。特定行业集聚在某一地区降低了该行业整体的交通运输成本，使该行业所有企业能够共享社会网络，极大地降低了企业在此地区的边际成本，从而提升了企业的生产效率。"多样化"也被称为"城市化经济（Urbanization Economics）"，主要指的是随着城市内产业的多样化发展，各类基础设施将逐渐完善，所有企业都能够共享这些基础设施，降低企业的各类成本，同时促进不同行业的企业之间的合作，实现资源的最优配置，从而提升城市整体的生产效率。

根据以上理论，本章中城市群的区域产业分工实际上就是中心城市与外围城市各自专业化发展而城市群整体则体现为多样化发展。根据这一逻辑，区域产业分工一方面会通过专业化分别提升中心城市与外围城市中企业对资源的利用能力，进而提升其绿色技术进步水平；另一方面，城市群内多样化程度的提升也提高了城市群内部的资源配置效率，使得城市群整体的资源利用能力得到提升，从而实现整体的绿色技术进步水平的提升。

（三）区位选择理论

企业在进行生产经营活动前必须考虑的一个重要问题是选择何种地区开展生产，即企业的区位选择。根据 Kurgman 和 Anthony（1995）提出的理论，在进行区位选择时，需要考虑的一个重要因素是中间产品的可获得性，因为企业开展生产经营活动需要必要的中间产品投入，如果某地区能够一次性提供所有的中间产品，那么企业会更倾向于选择该地区。Markusen 和 Anthony（2000）的进一步分析表明，所在地区的市场潜力也对企业的区位选择起到了至关重要的作用，如果某地区能够为企业提供较大的市场、降低企业的单位生产成本，从而提升企业的盈利能力，那么该地区会吸引更多企业进入。但是，以上经典理论在当前的技术环境下需要进一步拓展。赵勇和魏后凯（2015）的研究指出，生产性服务业的快速发展能够为制造业企业提供高质量的服务，帮助此类企业提升生产效率，因此企业在进行区位选择时对中间产品以及市场份额的依赖程度会逐渐降低，企业选址会集中在拥有高技术企业的地区。在城市群的发展模式下，由于生产性服务业较发达，一方面中心城市会吸引其他同类的生产性服务业企业进入，共享市场与社会网络；另一方面，高效率的其他制造业企业也会选择将总部设立在中心城市，以便更好地应用中心城市提供的技术。而效率相对较低的企业则会选择进入外围城市，在此其可以在获取中心城市知识溢出的同时承担较低的地租和经营成本（于斌斌，2018）。基于以上分析可以看出，在城市群的企业区位选择中，高效率企业倾向于在中心城市选址，而低效率企业则倾向于在外围城市选址。

二 区域产业分工影响绿色技术进步水平的机制

从以上基础理论分析入手，可以将区域产业分工对绿色技术进步水平的影响总结为两种效应，分别是集聚效应与选择效应（见图 1-1），本章将具体分析这两种效应会如何影响绿色技术进步水平。

（一）集聚效应

根据上一节对区域产业分工的论述可以看出，区域产业分工实际上包含了两个过程，其一是中心城市的生产性服务业集聚，其二是外围城市的制造业集聚。所以区域产业分工带来的集聚效应不同于单一类型产业集聚的影响，其属于中心城市与外围城市不同产业集聚的叠加影响。

首先，对于中心城市来讲，其生产性服务业的集聚增强了自身高技术企业的能力，促使当地企业从低端产业升级到高端产业，从而通过产业升级提升了中心城市对资源的利用效率和增加了单位污染排放带来的产出，最终提升了中心城市的绿色技术进步水平（韩晶等，2019），详见图 1-1 中的效应（1）。因为生产性服务业具有高技术的特点，并且此类技术主要体现在人力资源、数据和服务等产品上，较少依赖大型机器设备等不易转移的物品，所以生产性服务业较传统工

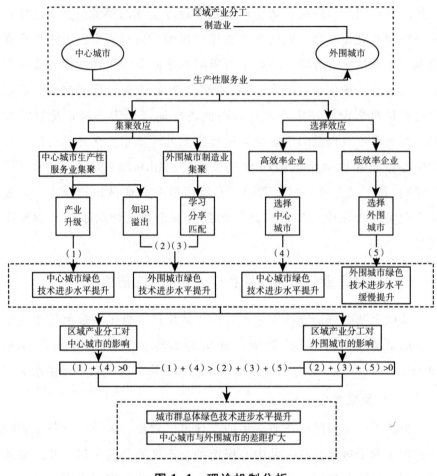

图 1-1　理论机制分析

业更容易发挥其正外部性（于斌斌，2018）。本章认为中心城市的生产性服务业集聚不仅会通过产业升级提升自身的绿色技术进步水平，还会通过知识溢出对外围城市产生正外部性，进而提升外围城市的绿色技术进步水平，详见图 1-1 中的效应（2）。不同于单一产业集聚的模式，如果仅考虑中心城市与外围城市的生产性服务业集聚或制造业集聚，那么二者之间不仅存在中心城市对外围城市的"溢出效应"，也会存在中心城市对外围城市的"虹吸效应"，这就导致无法判定集聚对外围城市究竟是有利还是不利的（周灵玥和彭华涛，2019）。而基于本章提出的区域产业分工模式，两种集聚不存在竞争关系，反而是中心城市与外围城市的合作共赢，这种错位发展模式能够保证中心城市与外围城市发挥各自的比较优势，从而避免了中心城市对外围城市的"虹吸效应"。此外，根据 Duranton 和 Puga（2005）的研究，城市群内早已不是单一产业的简单集聚，因此此种区域产业分工模式下的共同集聚更加符合现实逻辑。

其次，对于外围城市来讲，其制造业集聚主要会对自身产生影响，对中心城市的外部效应非常有限。这是由于生产性服务业的知识溢出更多地依赖于信息技术和人力资本，而制造业无法通过此种途径对生产性服务业产生外部性。具体到绿色技术进步上，即使外围城市的制造业集聚会对中心城市的经济发展与资源使用的绝对水平产生影响，但其对中心城市资源使用效率以及单位污染排放产出提升的影响非常微弱，这就意味着外围城市的制造业集聚几乎不会影响到中心城市的绿色技术进步。另一个原因在于，生产性服务业是制造业发展到一定阶段后才开始兴起与发展的，即制造业是生产性服务业的基础，而生产性服务业是为制造业提供技术与服务支撑的，这就决定了制造业在城市群中的主要定位是生产基础品且成为产业链的中下游供应商，所以外围城市制造业集聚对中心城市企业的资源使用效率以及单位污染排放产出的影响很小，无法影响中心城市的绿色技术进步水平（Han 等，2018）。所以，本章在分析外围城市制造业集聚对绿色技术进步水平的影响时，仅考虑其对自身的影响。根据于斌斌（2018）的研究，外围城市的制造业集聚属于地区专业化，其对于当地产业经济发展的影响主要有三个渠道，分别是学习、分享和匹配。在外围城市，随着制造业的集聚，不同产业链环节的企业可以通过相互学习生产技能、共享基础设施建设和供应链匹配嵌入到区域产业链中，提升外围城市制造业企业的资源利用效率与污染排放效率，进而提升所在地区的绿色技术进步水平，详见图1-1中的效应（3）。

（二）选择效应

除了集聚效应，区域产业分工格局下，中心城市生产性服务业集聚与外围城市制造业集聚的特点也会影响企业的区位选择，这就产生了选择效应。本部分将从企业微观机制出发，分析区域产业分工是如何通过企业的选择效应来影响绿色技术进步的。

首先，对于中心城市来讲，其拥有非常成熟的供销网络与社会关系网络，企业只需要提供有竞争力的产品就能够得到较好地发展。所以，只要企业能够负担在中心城市的地租成本和其余经营成本，就会选择将总部设立在中心城市（杨凡等，2017）。满足这些条件的企业都属于高效率企业，能够在较强的竞争环境中脱颖而出，能够以相对较低的能源投入或者污染排放实现较高的产出。而效率相对较低的企业由于无法承担中心城市较为高昂的地租成本以及其他经营成本，只能选择在外围城市选址。另外，中心城市拥有更好的基础设施，如网络环境、物流系统和交通环境等，能够为企业降低成本，一定程度上促进了高效率企业选择在中心城市设立总部。

其次，对于外围城市来讲，虽然其基础设施与社会网络不如中心城市发达，但是企业的生产经营成本低于中心城市。从这个角度来看，相对效率偏低的企业会选择在外围城市从事生产经营活动。

通过以上分析可以看出，区域产业分工格局下，中心城市能够凭借自身优势吸引到效率较高的企业入驻，而外围城市则是效率偏低企业的最优选择。这种选择效应会导致两种结果，对于中心城市，高效率企业的进入势必会提高其资源使用效率，单位污染排放产出势必会增加，从而提升绿色技术进步水平，详见图1-1中的效应（4）。而对于外围城市，尽管进入的企业效率偏低，但考虑到外围城市原来的企业效率并不高，所以只要进入的企业效率高于当地平均水平，也会带来当地资源使用效率与单位污染排放产出的提升，进而缓慢提升外围城市的绿色技术进步水平，详见图1-1中的效应（5）。

综合以上两种效应可以看出，区域产业分工既会提升中心城市的绿色技术进步水平，也会提升外围城市的绿色技术进步水平，这进一步揭示了特征事实结论背后的内在机理，从而提出本章假设1。

假设1：区域产业分工会提升绿色技术进步水平。

此外，中心城市与外围城市通过集聚效应和选择效应的相互作用，影响着生产性服务业和制造业的集聚与发展。对于中心城市，区域产业分工的主要影响渠道为产业升级和高效率企业的选择效应，这会导致中心城市绿色技术进步水平的提升。对于外围城市，区域产业分工产生影响的主要机制为知识溢出效应，学习、分享和匹配效应以及低效率企业的选择效应。由于上述效应中，产业升级以及高效率企业的选择效应为中心城市绿色技术进步水平带来的提升效果高于另外三种效应对外围城市绿色技术进步水平带来的提升效果，所以最终区域产业分工的提升会导致城市群内整体绿色技术进步水平的提升，但中心城市与外围城市的差距会进一步扩大。

第三节　区域产业分工影响绿色技术进步水平的研究设计

一　区域产业分工影响绿色技术进步水平的计量模型构建

本章研究的是区域产业分工对绿色技术进步水平的影响，其数据层级既包括城市群层面，又包括城市层面，因此本章的数据集是城市群—城市的嵌套数据。其中，区域产业分工指的是城市群中各城市的功能分工程度，它是一个城市群层面的数据，但绿色技术进步水平是城市层面的数据，各控制变量基本是城市层面的数据。为了获取更可靠的实证检验结果，本章使用两种方法同时估计区域产业分工对绿色技术进步水平的影响。首先，本章会通过算术平均，将所有城市层面的变量处理成城市群层面的数据，然后根据获得的城市群面板数据进行基准回归估计，该方案实际是估计区域产业分工对城市群整体绿色技术进步水平的影响。其次，本章将通过构建分层线性模型（HLM）估计城市群层面的区域产业分工对城市层面的绿色技术进步水平的影响。通过上述两种方法，本章将更好地检验区域产业分工对绿色技术进步水平的影响。

（一）基准模型构建

本章构建了一个多元回归模型，并使用面板回归方法估计区域产业分工对绿色技术进步水平的影响，该模型如式（1.1）所示。

$$aghqd_{j,t} = \alpha + \beta_1 \times fus_{j,t} + \beta \times aX_{j,t} + \varepsilon_{j,t} \tag{1.1}$$

其中，$aghqd_{j,t}$ 代表城市群 j 在第 t 年的绿色技术进步水平；$fus_{j,t}$ 代表城市群 j 在第 t 年的区域产业分工程度，β_1 为其回归系数；$aX_{j,t}$ 代表城市群 j 在第 t 年的控制变量平均值的集合，β 为 $aX_{j,t}$ 的回归系数。α 为回归方程的截距项，$\varepsilon_{j,t}$ 为回归模型的误差项。考虑到城市群层面的数据为面板数据，本章需对上述模型进行 Hausman 检验，并从固定效应与随机效应模型中选择最优模型进行回归。

（二）分层线性模型构建

对于包含城市群层面和城市层面的嵌套数据，分层线性回归比最小二乘法（OLS）或面板回归更适合对其进行参数估计。OLS 和面板回归方法忽略了嵌套数据的层次结构会导致参数的标准误差被低估、系数显著性被高估（Ozkaya 等，2013）。本书根据 Chen 和 Jou（2019）的研究，构建了 HLM 的三个基本模型。

第一个模型是零模型（NM），用来分析使用 HLM 的必要性。根据 Raudenbush 和 Bryk（2002）的研究，零模型的设置如式（1.2）~式（1.4）所示。

$$\text{Level 1:} ghqd_{i,j,t} = \varphi_{0,j} + \varepsilon_{i,j,t} \tag{1.2}$$

$$\text{Level 2:} \varphi_{0,j} = \tau_{0,0} + \mu_{0,j} \tag{1.3}$$

$$\text{Mixed Model:} ghqd_{i,j,t} = \tau_{0,0} + \mu_{0,j} + \varepsilon_{i,j,t} \tag{1.4}$$

其中 i、j 和 t 分别表示城市、城市群和年份。$\varphi_{0,j}$ 表示城市群之间的随机效应，$\tau_{0,0}$ 表示所有城市群的平均效应，$ghqd_{i,j,t}$ 表示绿色技术进步水平，$\mu_{0,j}$ 表示城市之间的随机效应，$\varepsilon_{i,j,t}$ 表示随机误差项。Level 1 表示城市级别，Level 2 表示城市群级别。组内相关系数（ICC）可由公式（1.5）计算得到，反映了组内相关系数差异对绿色技术进步水平的贡献率。

$$ICC = \frac{\sigma_2^2}{\sigma_2^2 + \sigma_1^2} \tag{1.5}$$

其中，σ_1^2 是城市群内的方差，σ_2^2 是城市群的组间方差。ICC 用于证明 HLM 的应用是合理的（Chen 和 Jou，2019）。ICC 值越低，意味着不同城市群之间的绿色技术进步水平差异越小。当该指标接近于 0 时，OLS 的应用可以实现可靠的估计。相反，较高的 ICC 值要求使用 HLM。Ozkaya 等（2013）的研究表明，当 ICC 大于 0.1 时，可以使用 HLM。

随机截距和随机斜率模型（RIRSM）在 NM 的基础上，考虑了城市级控制变量和集群级自变量，该模型具体如式（1.6）~式（1.8）所示。

$$\text{Level 1}: ghqd_{i,j,t} = \varphi_{0,j} + \varphi_{1,j} X_{i,j,t} + \varepsilon_{i,j,t} \tag{1.6}$$

$$\text{Level 2}: \begin{array}{l} \varphi_{0,j} = \tau_{0,0} + \tau_{0,1} fus_{j,t} + \mu_{0,j} \\ \varphi_{1,j} = \tau_{1,0} + \mu_{1,j} \end{array} \tag{1.7}$$

$$\text{Mixed Model}: \begin{array}{l} ghqd_{i,j,t} = \left[\tau_{0,0} + \tau_{0,1} fus_{j,t} + (\tau_{1,0} + \mu_{1,j}) \times X_{i,j,t} \right] + \\ \left[\varepsilon_{i,j,t} + \mu_{0,j} \right] \end{array}$$

$$\tag{1.8}$$

其中，$X_{i,j,t}$ 表示城市港口距离（lnpd）、产业结构（is2 和 is3）、政府干预（gov）、创新能力（lninn）、信息技术水平（lnict）和工业化程度（indu）等城市层面因素，$fus_{j,t}$ 表示城市群的区域产业分工程度，$\varphi_{1,j}$ 表示城市层面因素的斜率，$\tau_{0,1}$ 为区域产业分工的最终系数，$\tau_{1,0}$ 代表所有城市的平均效应，$\mu_{1,j}$ 代表城市群的平均效应。本章基于随机截距和随机斜率（交互作用）模型（RIRSIM），探讨区域产业分工对各城市层次因子斜率的影响，具体如式（1.9）～式（1.11）所示。

$$\text{Level 1}: ghqd_{i,j,t} = \varphi_{0,j} + \varphi_{1,j}X_{i,j,t} + \varepsilon_{i,j,t} \tag{1.9}$$

$$\text{Level 2}: \begin{matrix} \varphi_{0,j} = \tau_{0,0} + \tau_{0,1}fus_{j,t} + \mu_{0,j} \\ \varphi_{1,j} = \tau_{1,0} + \tau_{1,1}fus_{j,t} + \mu_{1,j} \end{matrix} \tag{1.10}$$

$$\text{Mixed Model}: \begin{matrix} ghqd_{i,j,t} = [\tau_{0,0} + \tau_{0,1}fus_{j,t} + (\tau_{1,0} + \mu_{1,j}) \times X_{i,j,t} + \\ \tau_{1,1}fus_{j,t} \times X_{i,j,t}] + [\varepsilon_{i,j,t} + \mu_{0,j}] \end{matrix} \tag{1.11}$$

其中，$\tau_{1,1}$ 表示城市群区域产业分工对城市水平因子斜率的影响。通过该模型可以进一步分析区域产业分工对各城市层次要素斜率的影响。

二 区域产业分工影响绿色技术进步水平的变量选取

（一）被解释变量

在本章中，被解释变量为绿色技术进步水平，因为本章分别使用城市群面板数据与城市群和城市嵌套数据进行回归分析，所以本章的被解释变量包含了城市群层面的绿色技术进步水平（$aghqd_{j,t}$）和城市绿色技术进步水平（$ghqd_{i,j,t}$），其中城市群层面的绿色技术进步水平计算公式如式（1.12）所示。

$$aghqd_{j,t} = \frac{1}{n}\sum_{i=1}^{n} ghqd_{i,j,t}(i = 1,2,\cdots,n) \tag{1.12}$$

其中，$ghqd_{i,j,t}$表示城市群 j 中城市 i 在第 t 年的绿色技术进步水平，该指标是基于 KLH-SFA 在能源（$ghqd\_energy$）、环境（$ghqd\_environment$）与碳排放（$ghqd\_carban$）三个维度下测算得到的；n 为城市群中的城市数量；$aghqd_{j,t}$表示城市群 j 在第七年的绿色技术进步水平，通过城市绿色技术进步水平的加权平均得到。

（二）解释变量

本章的解释变量为区域产业分工。Duranton 和 Puga（2005）的研究表明，对于城市群或者大都市圈，其内部的分工正逐渐从部门专业化（Sector Urban Specialization）转变为功能专业化（Functional Urban Specialization），即城市群内的城市将根据自身特点实现空间功能分工。赵勇和魏后凯（2015）的研究进一步指出，根据中心—外围理论，城市群的空间功能分工将依据中心城市承担研发管理职能、外围城市承担生产加工职能的趋势不断发展与强化。大量证据表明，各大成熟城市群均体现出以上空间功能分工的特征，这意味着城市的产业集聚将依据其在城市群中的定位来发展，即城市群中的生产性服务业（研发管理部门）在中心城市集聚而广义上的制造业（生产加工部门）在外围城市集聚（Duranton 和 Puga，2005）。为了描述城市群的空间分工格局演变与产业集聚状况，本章参考赵勇和魏后凯（2015）的研究，通过构建区域产业分工指数来衡量区域产业分工的演变特征，计算公式如式（1.13）所示：

$$fus_{j,t} = \frac{\sum_{i=1}^{nc} lsc_{i,t} \Big/ \sum_{i=1}^{nc} lmc_{i,t}}{\sum_{y=1}^{np} lsp_{y,t} \Big/ \sum_{y=1}^{np} lmp_{y,t}} \qquad (1.13)$$

其中 $i = 1, 2, \cdots, nc$ 代表城市群 j 的中心城市；$y = 1, 2, \cdots, np$ 代表城市群 j 的外围城市；$lsc_{i,t}$ 为中心城市 i 在第 t 年的生产性服务业从业人员数量；$lmc_{i,t}$ 为中心城市 i 在第 t 年的制造业从业人员数量；$lsp_{y,t}$ 为外围城市 y 在第 t 年的生产性服务业从业人员数量；$lmp_{y,t}$ 为外围城市 y 在第 t 年的制造业从业人员数量；$fus_{j,t}$ 为城市群 j 在第 t 年的区域产业分工程度，该指标值越高表明区域产业分工程度越高，反之则意味着区域产业分工程度越低。

（三）控制变量

为了估计具有城市群和城市级别的嵌套数据，本书在实证模型中控制了如下变量，以确保更加可靠地估计区域产业分工对绿色技术进步水平的影响。

港口距离（lnpd）。由于城市群的地理位置决定了工业、能源、贸易的发展基础，因此需要对这一变量进行控制。本章采用城市群中各城市与最近港口平均距离的对数值作为港口距离的代理变量。本章选择了3个主要港口作为参考对象，包括天津港、香港港和上海港。

产业结构（is2和is3）。考虑到地区产业结构是影响其绿色技术进步水平的重要因素之一，本章使用城市群或城市第二产业生产总值占GDP的比重（is2）以及第三产业生产总值占GDP的比重（is3）来衡量产业结构。

政府干预（gov）。由于中国政府的政策导向对工业能源利用效率有相当大的影响，因此本章采用政府支出占GDP的比重来衡量政府对城市的干预程度。

创新能力（lninn）。地区技术水平的高低决定了企业能否应用更加先进的能源与环境技术，从而决定了单位能源消耗与单位污染排放产出的高低，所以本章将创新能力纳入控制变量，并使用城市群或城市当年申请的发明专利数量与实用新型专利数量总和的对数值作为代理变量来衡量地区创新能力。

信息技术水平（lnict）。Shahbaz等（2016）的研究表明，随着信息化水平的不断提升，企业将拥有更加成熟的原材料运输与产品销售系统，这将极大地提升企业的资源配置能力和所在地区的自然资源使用效率，进而影响绿色技术进步水平。所以，本章使用城市群或城市每万人移动电话与互联网用户数总和的对数值来衡量所在地区的信息技术水平。

工业化程度（indu）。工业化是推动我国经济发展的重要动力之一，工业化程度的差异会直接影响该地区产业转型升级的进程。部分工业化程度较低且工业化进程起步较晚的地区只能从事污染程度偏高和附加值较低的行业，而率先完成工业化的地区则能够从事附加值更高的高新技术行业，这会导致城市群或城市的绿色技术进步水平产生差异，所以本章同样控制城市群或城市的工业化程度。本章使用规模以上工业企业的增值税占 GDP 比重来衡量地区的工业化程度。

需要指出的是，本章的基准回归模型还包含了城市群面板数据回归的结果，所以本章将通过式 1.14 将城市层面的变量处理为城市群层面的数据：

$$aX_{j,t} = \frac{1}{n} \sum_{i=1}^{n} X_{i,j,t} (i = 1, 2, \cdots, n) \qquad (1.14)$$

其中，$X_{i,j,t}$ 表示城市群 j 中城市 i 在第 t 年的各控制变量，n 为城市群中的城市数量，最终通过城市层面各控制变量的加权平均可以得到城市群层面的控制变量 $aX_{j,t}$。区域产业分工影响绿色技术进步的变量说明如表 1-1 所示。区域产业分工影响绿色技术进步水平的变量关系如图 1-2 所示。

表 1-1　变量说明

变量分类	符号	变量定义	测度方式
被解释变量	ghqd	绿色技术进步水平	基于 KLH-SFA 模型的测度
解释变量	fus	区域产业分工	区域产业分工指数
控制变量	lnpd	港口距离	各城市与最近港口平均距离的对数值
	is2	产业结构	第二产业生产总值占 GDP 的比重
	is3	产业结构	第三产业生产总值占 GDP 的比重
	gov	政府干预	政府支出占 GDP 的比重
	lninn	创新能力	当年申请的发明专利数量与实用新型专利数量总和的对数值
	lnict	信息技术水平	每万人移动电话与互联网用户数总和的对数值
	indu	工业化程度	规模以上工业企业增值税占 GDP 的比重

三　有关数据说明

本章选取 2003~2018 年中国 16 个城市群作为研究对象，共包括

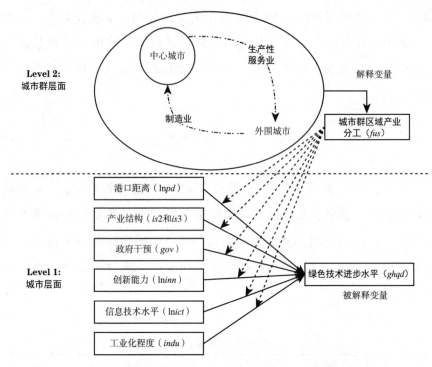

图 1-2　区域产业分工影响绿色技术进步水平的变量关系

137 个地级城市。虽然中国有 24 个城市群，但由于数据缺失或建立时间短，本章排除了 8 个城市群，包括东陇海城市群、天山北麓城市群、兰州—西宁城市群、云南中部城市群、贵州中部城市群、呼包鄂榆城市群、宁夏沿黄城市群和西藏中南部城市群。样本包含的 16 个城市群分别是京津冀城市群、长三角城市群、珠三角城市群、辽宁中南部城市群、山东半岛城市群、哈尔滨长春城市群、江淮城市群、海峡西岸城市群、中原城市群、武汉城市群、长株潭城市群、鄱阳湖城市群、成渝城市群、关中—天水城市群、太原城市群和北部湾城市群。数据来自中国研究数据服务平台（CNRDS）的中国城市统计数据库（CCSD）和全球夜间灯光数据库（GNLD）。

第四节 区域产业分工影响绿色技术进步水平的结果分析

一 区域产业分工与绿色技术进步水平的描述性统计

考虑到本章使用的面板数据有城市群层面与城市群和城市嵌套的数据集，本章分别对两个不同的数据集进行了描述性统计分析（见表1-2），其中 Panel A 代表城市面板数据集，Panel B 为城市群面板数据集。

表1-2 变量描述性统计

变量	样本数（个）	均值	标准差	最小值	中位数	最大值
Panel A						
ghqd_energy	1898	0.755	0.081	0.235	0.767	0.951
ghqd_environment	2177	0.467	0.078	0.099	0.478	0.633
ghqd_carbon	411	0.780	0.042	0.655	0.788	0.872
fus	2177	2.031	0.929	0.585	1.778	6.406
lnpd	2177	1.318	0.076	1.165	1.335	1.417
is2	2177	0.510	0.107	0.174	0.510	0.890
is3	2177	0.435	0.108	0.104	0.428	0.810
gov	2177	0.388	0.398	0.033	0.257	4.080
lninn	2177	6.981	1.923	1.386	6.903	11.999
lnict	2177	0.315	2.217	-2.687	-0.082	11.237
indu	2177	0.095	0.133	0.000	0.055	1.169
Panel B						
aghqd_energy	224	0.755	0.031	0.607	0.759	0.824
aghqd_environment	256	0.467	0.054	0.300	0.475	0.579
aghqd_carbon	48	0.780	0.024	0.719	0.787	0.826
fus	256	2.031	0.929	0.585	1.778	6.406
alnpd	256	1.318	0.076	1.165	1.335	1.417
ais2	256	0.510	0.053	0.282	0.510	0.608

续表

变量	样本数 （个）	均值	标准差	最小值	中位数	最大值
Panel B						
ais3	256	0.435	0.059	0.306	0.430	0.644
agov	256	0.388	0.230	0.111	0.344	1.547
alninn	256	6.981	1.516	3.362	7.003	10.493
alnict	256	0.315	2.178	-2.013	-0.083	9.722
aindu	256	0.095	0.058	0.017	0.074	0.307

注：*alnpd*、*ais2*、*ais3*、*agov*、*alninn*、*alnict*、*aindu* 分别为 ln*pd*、*is2*、*is3*、*gov*、ln*inn*、ln*ict* 和 *indu* 的加权平均值。

根据表 1-2 的描述性统计分析，城市层面与城市群层面各变量的均值都是一致的，这表明使用各变量的算术平均将地级市数据整合成城市群面板数据并未使数据的平均值发生改变。但是各变量的标准差、最大值与最小值等均发生了改变。聚焦 3 个维度的绿色技术进步水平，可以看出在城市群层面，不同维度的绿色技术进步水平的最小值均不小于城市层面的最小值，最大值均不大于城市层面的最大值，标准差均不大于城市层面的标准差，这意味着将城市层面的数据集整合为城市群层面的数据集熨平了个体间的差异。总体来看，本章选取的各变量不存在明显的异常数据，可以进行下一步的回归分析。

二　区域产业分工与绿色技术进步水平的相关性检验

进行回归分析的基本前提是建立解释变量与被解释变量的相关关系。一般来讲，两个变量显著相关并无法证明其相互影响是显著的，但是若某一变量对另一变量的影响是显著的，那么这两个变量会显著相关。本章使用前沿方法测度绿色技术进步水平后，需要进一步使用相关性检验来分析变量间的相关性，其结果如表 1-3、表 1-4、表 1-5、表 1-6 所示，其中表 1-3、表 1-4 报告了城市层面各变量的相关性分析结果，表1-5、表1-6报告了城市群层面各变量的相关性分析结果。

根据表1-3的结果可以看出，在城市层面上，区域产业分工（*fus*）与能源维度下绿色技术进步水平（*ghqd_energy*）的Pearson相关系数为0.319，区域产业分工与环境维度下绿色技术进步水平（*ghqd_environment*）的Pearson相关系数为0.441，区域产业分工与碳排放维度下绿色技术进步水平（*ghqd_carbon*）的Pearson相关系数为0.465，均通过了1%的显著性水平检验。区域产业分工与能源维度下绿色技术进步水平的Spearman相关系数为0.285，区域产业分工与环境维度下绿色技术进步水平的Spearman相关系数为0.383，区域产业分工与碳排放维度下绿色技术进步水平的Spearman相关系数为0.458，均通过了1%的显著性水平检验。这表明在城市层面上，区域产业分工与3种维度下的绿色技术进步水平均呈现显著正相关关系。

表1-3　被解释变量与核心解释变量的相关性分析结果（城市层面数据）

变量	*ghqd_energy*	*ghqd_environment*	*ghqd_carbon*	*fus*
ghqd_energy	1	0.367***	0.350***	0.285***
ghqd_environment	0.322***	1	0.735***	0.383***
ghqd_carbon	0.325***	0.736***	1	0.458***
fus	0.319***	0.441***	0.465***	1

表1-4　控制变量间相关性分析结果（城市层面数据）

变量	lnpd	is2	is3	gov	lninn	lnict	indu
lnpd	1	0.080	−0.292***	0.307***	−0.382***	−0.401***	−0.236***
is2	0.095*	1	−0.831***	−0.177***	−0.115**	−0.092*	0.111**
is3	−0.286***	−0.849***	1	−0.026	0.412***	0.365***	0.121**
gov	0.184***	−0.236***	0.104**	1	−0.302***	−0.292***	−0.595***
lninn	−0.415***	−0.124**	0.420***	−0.229***	1	0.818***	0.655***
lnict	−0.445***	−0.065	0.339***	−0.174***	0.807***	1	0.492***
indu	−0.274***	−0.087*	0.233***	−0.255***	0.564***	0.428***	1

注：***、**和*分别表示在1%、5%和10%的水平上显著。左下方报告Pearson相关系数，右上方报告Spearman相关系数。

根据表1-5的结果可以看出，在城市群层面上，区域产业分工与能源维度下城市群整体绿色技术进步水平（aghqd_energy）的 Pearson 相关系数为 0.125，区域产业分工与环境维度下城市群整体绿色技术进步水平（aghqd_environment）的 Pearson 相关系数为 0.182，区域产业分工与碳排放维度下城市群整体绿色技术进步水平（aghqd_carbon）的 Pearson 相关系数为 0.425，均通过了 1% 的显著性水平检验。区域产业分工与能源维度下城市群整体绿色技术进步水平的 Spearman 相关系数为 0.178，区域产业分工与环境维度下城市群整体绿色技术进步水平的 Spearman 相关系数为 0.189，区域产业分工与碳排放维度下城市群整体绿色技术进步水平的 Spearman 相关系数为 0.541，均通过了 1% 的显著性水平检验。这表明在城市群层面上，区域产业分工与 3 种维度下的绿色技术进步水平均呈现显著正相关关系。

表1-5　被解释变量与核心解释变量的相关性分析结果（城市群层面数据）

变量	aghqd_energy	aghqd_environment	aghqd_carbon	fus
aghqd_energy	1	0.096*	0.251***	0.178***
aghqd_environment	0.055	1	0.638***	0.189***
aghqd_carbon	0.206***	0.574***	1	0.541***
fus	0.125**	0.182***	0.425***	1

表1-6　控制变量间相关性分析结果（城市群层面数据）

变量	alnpd	ais2	ais3	agov	alninn	alnict	aindu
alnpd	1	0.216***	−0.594***	0.485***	−0.460***	−0.498***	−0.353***
ais2	0.215***	1	−0.752***	−0.173***	−0.029	−0.124**	0.142***
ais3	−0.561***	−0.772***	1	−0.024	0.414***	0.527***	0.098**
agov	0.318***	−0.317***	0.201***	1	−0.123**	−0.074	−0.416***
alninn	−0.539***	0.009	0.392***	−0.142***	1	0.879***	0.605***
alnict	−0.527***	−0.066	0.432***	−0.004	0.876***	1	0.465***
aindu	−0.662***	0.017	0.230***	−0.374***	0.653***	0.617***	1

注：***、**和*分别表示在 1%、5% 和 10% 的水平上显著。左下方报告 Pearson 相关系数，右上方报告 Spearman 相关系数。

同样，根据相关性分析，本章还发现各控制变量的相关性系数最高也不超过 0.9，大部分控制变量间的相关程度并不强（见表 1-4、表 1-5），这可以初步排除控制变量的多重共线性导致的估计结果不可靠，为了进一步排除多重共线性的干扰，本章在下一部分通过方差膨胀因子进行更加详细的检验。

三　区域产业分工影响绿色技术进步水平的多重共线性检验

在对上一节构建的实证模型进行检验前，需要首先保证模型中的各变量不存在严重的多重共线性，严重的多重共线性会影响模型估计的可靠性。为此，本章分别对基于城市层面数据与城市群层面数据构建的两个模型进行多重共线性检验，具体的做法为计算 VIF 方差膨胀因子，若回归模型中 VIF 的均值小于 10，一般可以认为不存在严重的多重共线性，检验结果如表 1-7 所示。

表 1-7　多重共线性检验

项目	变量	VIF
城市层面数据	$ghqd\_energy$	2.62
	$ghqd\_environment$	2.71
	$ghqd\_carbon$	3.13
城市群层面数据	$aghqd\_energy$	2.31
	$aghqd\_environment$	2.46
	$aghqd\_carbon$	3.51

根据表 1-7 的检验结果，在城市层面上，能源维度、环境维度与碳排放维度下的绿色技术进步水平回归方程对应的 VIF 均值分别为 2.620、2.710 和 3.130，都明显低于 10，这表明回归方程不存在明显的多重共线性。在城市群层面上，能源维度、环境维度与碳排放维度下的绿色技术进步水平回归方程对应的 VIF 均值分别为 2.310、2.460 和 3.510，同样低于 10，这表明回归方程不存在明显的多重共线性。

四 区域产业分工影响绿色技术进步水平的基准回归结果

首先，本章使用面板回归模型对城市群层面的数据进行了估计（见表1-8）。其中，（1）列报告了区域产业分工对能源维度下绿色技术进步水平的影响，区域产业分工（*fus*）的回归系数为0.008，对应的t值为1.786，通过了10%的显著性水平检验，表明区域产业分工每提升1个百分点会导致能源维度下城市群整体绿色技术进步水平提升0.008个百分点。（2）列报告了区域产业分工对环境维度下绿色技术进步水平的影响，其中区域产业分工的回归系数为0.013，对应的t值为2.496，通过了5%的显著性水平检验，表明区域产业分工每提升1个百分点会导致环境维度下城市群整体绿色技术进步水平提升0.013个百分点。（3）列报告了区域产业分工对碳排放维度下绿色技术进步水平的影响，其中区域产业分工的回归系数为0.003，对应的t值为2.802，通过了1%的显著性水平检验，表明区域产业分工每提升1个百分点会导致碳排放维度下城市群整体绿色技术进步水平提升0.003个百分点。

表1-8 区域产业分工对绿色技术进步的影响（城市群层面）

项目	(1) aghqd_energy	(2) aghqd_environment	(3) aghqd_carbon
fus	0.008* (1.786)	0.013** (2.496)	0.003*** (2.802)
C	0.067 (0.296)	0.728*** (2.695)	0.716*** (15.418)
N	224	256	48
R²	0.594	0.398	0.496
Adj-R²	0.549	0.341	0.493
F	41.957	22.031	45.265

注：括号内标注的为t值，***、**和*分别表示在1%、5%和10%的水平上显著。aghqd_energy、aghqd_environment和aghqd_carbon分别为ghqd_energy、ghqd_environment和ghqd_carbon的算术平均值。

其次，本章使用 OLS 回归模型对城市群—城市嵌套的数据进行了初步估计（见表1-9）。其中，（1）列报告了地级市数据集下区域产业分工对能源维度下绿色技术进步水平的影响，区域产业分工的回归系数为0.008，对应的 t 值为2.938，通过了1%的显著性水平检验，表明区域产业分工每提升1个百分点会导致能源维度下城市绿色技术进步水平提升0.008个百分点。（2）列报告了区域产业分工对环境维度下绿色技术进步的影响，其中区域产业分工的回归系数为0.008，对应的 t 值为3.771，通过了1%的显著性水平检验，表明区域产业分工每提升1个百分点会导致环境维度下城市绿色技术进步水平提升0.008个百分点。（3）列报告了区域产业分工对碳排放维度下绿色技术进步的影响，其中区域产业分工的回归系数为0.007，对应的 t 值为2.282，通过了5%的显著性水平检验，表明区域产业分工每提升1个百分点会导致碳排放维度下城市绿色技术进步水平提升0.007个百分点。

表1-9 区域产业分工对绿色技术进步的影响（城市群—城市嵌套）

项目	(1) ghqd_energy	(2) ghqd_environment	(3) ghqd_carbon
fus	0.008*** (2.938)	0.008*** (3.771)	0.007** (2.282)
lnpd	-0.067** (-2.048)	-0.166*** (-6.051)	-0.094*** (-2.622)
is2	0.089** (2.245)	0.455*** (13.286)	0.265*** (6.869)
is3	0.096** (2.233)	0.433*** (11.679)	0.288*** (6.833)
gov	0.013** (2.568)	0.009** (2.184)	0.017*** (3.281)
lninn	0.011*** (7.420)	0.003*** (2.784)	0.004** (2.074)
lnict	0.010*** (13.158)	0.012*** (16.096)	0.012*** (2.974)

续表

项目	（1）	（2）	（3）
	ghqd_energy	*ghqd_environment*	*ghqd_carbon*
indu	0.039**	0.101***	0.055***
	（2.282）	（7.164）	（3.459）
C	0.735***	0.329***	0.530***
	（11.734）	（6.169）	（7.977）
N	1898	2177	411
R^2	0.233	0.376	0.535
Adj-R^2	0.230	0.373	0.526
F	71.820	163.007	57.793

注：括号内标注的为 t 值，***、** 和 * 分别表示在 1%、5% 和 10% 的水平上显著。

五　基于分层线性模型的再估计结果分析

本部分报告了 HLM 的前两个模型，即 NM 和 RIRSM 的结果。首先可以根据 NM 的估计结果计算回归的 *ICC*[①]。本章计算 *ICC* 以检验城市群之间工业能效的差异，并确定是否应使用 HLM。根据表 1-10 中的 NM 回归结果，不同维度下绿色技术进步水平作为被解释变量时 *ICC* 的计算过程如式（1.15）~ 式（1.17）所示。

$$ICC\_energy = \frac{\sigma_2^2}{\sigma_2^2 + \sigma_1^2} = \frac{0.088}{0.088 + 0.023} = 0.793 \qquad (1.15)$$

$$ICC\_environment = \frac{\sigma_2^2}{\sigma_2^2 + \sigma_1^2} = \frac{0.080}{0.080 + 0.039} = 0.672 \qquad (1.16)$$

$$ICC\_carbon = \frac{\sigma_2^2}{\sigma_2^2 + \sigma_1^2} = \frac{0.042}{0.042 + 0.034} = 0.553 \qquad (1.17)$$

---

① *ICC* 表示特定集群级别方差（城市群级别）在总体残差方差中的比例。

根据上述 3 个公式的计算，可以看出不同维度下的 *ICC* 计算结果分别为 0.793（能源维度）、0.672（环境维度）和 0.553（碳排放维度），这说明在能源维度下，79.3% 的城市绿色技术进步水平差异存在于城市群层面；在环境维度下，67.2% 的城市绿色技术进步水平差异存在于城市群层面；在碳排放维度下，55.3% 的城市绿色技术进步水平差异存在于城市群层面。综合来看，不同城市群之间的绿色技术进步水平存在较大差异（远高于 0.1），这表明本章应该使用 HLM 进行后续分析。表 1-10 进一步报告了 RIRSM 的估计结果。

表 1-10　基于 HLM 的区域产业分工对绿色技术进步的影响

项目	ghqd_energy		ghqd_environment		ghqd_carbon	
	NM	RIRSM	NM	RIRSM	NM	RIRSM
Fixed effect						
fus		0.007***		0.015***		0.007**
		(2.630)		(8.123)		(2.482)
ln*pd*		−0.071**		−0.067***		−0.075*
		(−1.977)		(−2.629)		(−1.952)
is2		0.079**		0.367***		0.257***
		(1.963)		(12.554)		(6.599)
is3		0.092**		0.408***		0.275***
		(2.081)		(12.870)		(6.362)
gov		0.013**		0.012***		0.020***
		(2.289)		(3.093)		(3.513)
ln*inn*		0.012***		0.017***		0.005**
		(5.504)		(11.311)		(2.278)
ln*ict*		0.010**		−0.000		0.015***
		(2.204)		(−0.015)		(3.162)
indu		0.034*		0.023*		0.050***
		(1.894)		(1.818)		(2.961)
Time effect	Control	Control	Control	Control	Control	Control
C	0.834***	0.723***	0.585***	0.127***	0.834***	0.723***
	(135.550)	(11.338)	(58.426)	(2.767)	(135.550)	(11.338)

续表

项目	ghqd_energy		ghqd_environment		ghqd_carbon	
	NM	RIRSM	NM	RIRSM	NM	RIRSM
σ_1^2	0.023 ***	0.001 ***	0.039 ***	0.020 ***	0.034 ***	0.019 ***
σ_2^2	0.088 ***	0.079 ***	0.080 ***	0.057 ***	0.042 ***	0.033 ***
N	1898	1898	2177	2177	411	411
LR	113.42 ***	95.42 ***	515.11 ***	149.48 ***	169.74 ***	50.61 ***

注：括号内标注的为 t 值，***、** 和 * 分别表示在 1%、5% 和 10% 的水平上显著。σ_1^2 是城市群内的方差，σ_2^2 是城市群组间方差。

表 1-10 中的 RIRSM 结果表明，区域产业分工（fus）对能源维度下城市绿色技术进步水平（ghqd_energy）的影响系数为 0.007，对应的 t 值为 2.630，通过了 1% 的显著性水平检验，表明区域产业分工对城市层面能源维度下绿色技术进步水平有显著的正向影响，且区域产业分工每提升 1 个百分点会导致城市层面能源维度下绿色技术进步水平提升 0.007 个百分点。区域产业分工对城市层面环境维度下绿色技术进步水平（ghqd_environment）的影响系数为 0.015，对应的 t 值为 8.123，通过了 1% 的显著性水平检验，表明区域产业分工对城市层面环境维度下绿色技术进步水平有显著的正向影响，且区域产业分工每提升 1 个百分点会导致城市层面环境维度下绿色技术进步水平提高 0.015 个百分点。区域产业分工对城市层面碳排放维度下绿色技术进步水平（ghqd_carbon）的影响系数为 0.007，对应的 t 值为 2.482，通过了 5% 的显著性水平检验，表明区域产业分工对城市层面碳排放维度下绿色技术进步水平有显著的正向影响，且区域产业分工每提升 1 个百分点会导致城市层面碳排放维度下绿色技术进步水平提高 0.007 个百分点。综合以上分析，本章发现基于 HLM 的回归分析同样支持了区域产业分工对不同维度下绿色技术进步水平的正向影响。

第五节　区域产业分工影响绿色技术进步水平的进一步分析

通过上一节的实证检验，本章发现区域产业分工会显著提升城市群整体的绿色技术进步水平以及城市层面的绿色技术进步水平。根据理论分析，区域产业分工既会提升中心城市的绿色技术进步水平，又会提升外围城市的绿色技术进步水平，本章将进行分组回归对此进行检验。此外，区域产业分工除了会直接提升绿色技术进步水平，还可能会改变其余控制变量对绿色技术进步水平影响的斜率，所以本章将应用包含交互作用的随机截距与随机斜率模型（RIRSIM）进行进一步分析。

一　中心城市与外围城市差异分析

表1-11报告了中心城市与外围城市的分组回归结果，其中第2列和第3列为能源维度下的回归结果，第4列和第5列为环境维度下的回归结果，第6列和第7列为碳排放维度下的回归结果。

表1-11　中心城市与外围城市的差异性分析

项目	ghqd_energy		ghqd_environment		ghqd_carbon	
	中心城市	外围城市	中心城市	外围城市	中心城市	外围城市
fus	0.033 ***	0.009 ***	0.074 ***	0.011 ***	0.022 ***	0.004
	(6.189)	(2.870)	(11.241)	(4.579)	(3.127)	(1.060)
lnpd	-0.109 *	-0.048	0.078	-0.244 ***	0.021	-0.101 **
	(-1.955)	(-1.196)	(1.136)	(-7.907)	(0.341)	(-2.441)
is2	-0.158	0.076 *	0.291	0.430 ***	0.142	0.271 ***
	(-0.843)	(1.804)	(1.244)	(12.558)	(0.656)	(6.814)
is3	-0.161	0.095 **	0.344	0.382 ***	0.253	0.321 ***
	(-0.815)	(1.961)	(1.390)	(9.916)	(1.099)	(6.937)

项目	ghqd_energy		ghqd_environment		ghqd_carbon	
	中心城市	外围城市	中心城市	外围城市	中心城市	外围城市
gov	−0.143*	0.013**	0.211**	0.016***	−0.069	0.012**
	(−1.920)	(2.253)	(2.293)	(3.663)	(−0.869)	(2.103)
ln*inn*	−0.000	0.013***	−0.016***	0.003**	0.011**	0.004*
	(−0.022)	(7.282)	(−3.985)	(2.215)	(2.372)	(1.874)
ln*ict*	0.009***	0.011***	0.011***	0.012***	−0.002	0.016***
	(7.458)	(11.599)	(6.488)	(15.097)	(−0.307)	(3.567)
indu	0.087***	0.026	0.137***	0.125***	0.089***	0.043
	(4.797)	(0.661)	(6.187)	(4.192)	(4.306)	(1.116)
Time effect	Control	Control	Control	Control	Control	Control
C	1.160***	0.705***	0.272	0.457***	0.400	0.536***
	(5.226)	(9.524)	(0.977)	(7.907)	(1.585)	(7.066)
N	318	1580	367	1810	69	342
LR 检验	34.71***	38.24***	49.12***	62.38***	87.79***	31.11***

注：括号内标注的为 t 值；***、** 和 * 分别表示在 1%、5% 和 10% 的水平上显著。

根据表 1—11 的回归结果，在能源维度下，区域产业分工对中心城市和外围城市绿色技术进步水平的影响系数分别为 0.033 和 0.009，对应的 t 值分别为 6.189 和 2.870，均通过了 1% 的显著性水平检验，表明区域产业分工程度的提升会显著提升中心城市和外围城市在能源维度下的绿色技术进步水平。在环境维度下，区域产业分工对中心城市和外围城市绿色技术进步水平的影响系数分别为 0.074 和 0.011，对应的 t 值分别为 11.241 和 4.579，均通过了 1% 的显著性水平检验，表明区域产业分工程度的提升会显著提升中心城市和外围城市在环境维度下的绿色技术进步水平。在碳排放维度下，区域产业分工对中心城市和外围城市的绿色技术进步水平的影响系数分别为 0.022 和 0.004，对应的 t 值分别为 3.127 和 1.060，只有中心城市的回归结果通过了 1% 的显著性水平检验，外围城市的回归结果并未通过显著性水平检验。这表明区域产业分工只显著提升了中心城市在碳排放维度下的绿色技术进步水平，没有提升外围城市在碳排放维度下的绿色技术进步水平。

根据以上实证检验结果发现，在能源维度和环境维度下，对中心城市与外围城市进行分组回归后，区域产业分工都会提升中心城市与外围城市的绿色技术进步水平，这在一定程度上支撑了本章的理论分析。但是在碳排放维度下，区域产业分工对外围城市绿色技术进步水平的影响不显著，可能的原因在于，相比于能源和环境污染排放，碳排放的来源更加多样化，交通、绿化和居民生活都会产生碳排放，而能源和环境污染更多来自工业生产活动，虽然区域产业分工程度的提升给外围城市带来了技术溢出，降低了单位工业生产活动的碳排放效率，但其对其余途径碳排放效率的影响有限，最终导致其对外围城市的影响不够显著。

二 区域产业分工的间接影响分析

基于 HLM 的区域产业分工对绿色技术进步水平的影响如表 1-12 所示。其中，（1）列为能源维度下的回归结果，（2）列为环境维度下的回归结果，（3）列为碳排放维度下的回归结果。根据表 1-11 的回归结果，可以看出 3 个维度下区域产业分工与港口距离的交互项系数分别为 -0.109、-0.124 和 -0.117，对应的 t 值分别为 -3.032、-4.195 和 -2.798，均通过了 1% 的显著性水平检验，表明区域产业分工程度的提升会放大港口距离的增加对绿色技术进步水平的负面影响，即区域产业分工程度越高，港口距离增加对绿色技术进步水平的降低效应越明显。

表 1-12 基于 HLM 的区域产业分工对绿色技术进步的影响

项目	(1)	(2)	(3)
	ghqd_energy	*ghqd_environment*	*ghqd_carbon*
Fixed Effect			
fus	0.255 ***	0.135 *	-0.133
	(2.897)	(1.883)	(-1.467)
ln*pd*	-0.158 *	0.107	-0.325 ***
	(-1.912)	(1.528)	(-3.494)

续表

项目	(1)	(2)	(3)
	ghqd_energy	ghqd_environment	ghqd_carbon
Fixed Effect			
is2	0.240 **	0.293 ***	0.261 **
	(2.020)	(2.909)	(2.183)
is3	0.213 *	0.404 ***	0.367 ***
	(1.690)	(3.786)	(2.886)
gov	0.021	0.016	0.033 *
	(1.322)	(1.199)	(1.872)
lninn	0.015 ***	0.008 ***	−0.002
	(4.211)	(2.658)	(−0.483)
lnict	0.014 ***	0.012 ***	0.022 **
	(5.017)	(4.865)	(2.134)
indu	0.042	0.225 ***	0.079 **
	(0.971)	(6.291)	(1.975)
Time effect	Control	Control	Control
C	0.275 *	0.016	0.275 *
	(1.651)	(0.117)	(1.651)
Random Effect			
fus×lnpd	−0.109 ***	−0.124 ***	−0.117 ***
	(−3.032)	(−4.195)	(−2.798)
fus×is2	−0.099	0.093	−0.010
	(−1.390)	(1.570)	(−0.133)
fus×is3	−0.078	0.029	−0.055
	(−1.049)	(0.466)	(−0.738)
fus×gov	−0.005	−0.003	−0.009
	(−0.523)	(−0.370)	(−0.985)
fus×lninn	−0.003	0.003 *	0.003
	(−1.473)	(1.889)	(1.607)
fus×lnict	−0.002	−0.000	−0.005
	(−1.220)	(−0.129)	(−1.042)
fus×indu	−0.000	−0.045 ***	−0.006
	(−0.015)	(−3.462)	(−0.430)
N	1898	2177	411
LR 检验	32.54 ***	118.02 ***	49.60 ***

注：括号内标注的为 t 值；***、** 和 * 分别表示在 1%、5%和 10%的水平上显著。

对于其余变量，只有在环境维度下，区域产业分工与创新能力和工业化程度的交互项显著，其中区域产业分工与创新能力的交互项系数为 0.003，通过了 10% 的显著性水平检验，表明区域产业分工程度的提升会放大创新能力提升对绿色技术进步水平的正面影响。同时，区域产业分工与工业化程度的交互项系数为 -0.045，通过了 1% 的显著性水平检验，表明区域产业分工程度的提升会减弱工业化程度提升对绿色技术进步水平的正面影响。

第六节　本章小结

本章使用 2003~2018 年 16 个城市群共 137 个城市的面板数据，实证检验了区域产业分工对绿色技术进步水平的影响。研究结果表明，在城市群层面和城市层面，区域产业分工对绿色技术进步水平的影响都是显著为正的，即区域产业分工程度的提升既带来了城市群整体的绿色技术进步水平的提升，又提升了各城市的绿色技术进步水平。进一步分析的结果表明，区域产业分工程度的提升会同时提升中心城市与外围城市在能源维度与环境维度下的绿色技术进步水平，但只会显著提升中心城市在碳排放维度下的绿色技术进步水平。本章还研究了区域产业分工对绿色技术进步水平的间接影响，区域产业分工程度的提升在不同维度下都放大了港口距离的增加对绿色技术进步水平的负面影响。对于其余变量，区域产业分工程度的提升放大了创新能力提升对环境维度绿色技术进步水平的正向影响，减弱了工业化程度提升对环境维度绿色技术进步水平的正向影响。

参考文献

卞元超、吴利华、白俊红：《市场分割与经济高质量发展：基于绿色增长的视角》，《环境经济研究》2019 年第 4 期。

陈璐怡、周蓉、钟文沁、王丹、周源、薛澜：《绿色产业政策与重污染行业高质量发展》,《中国人口·资源与环境》2021 年第 1 期。

龚天平、饶婷:《习近平生态治理观的环境正义意蕴》,《武汉大学学报》（哲学社会科学版）2020 年第 1 期。

谷军健、赵玉林:《中国海外研发投资与制造业绿色高质量发展研究》,《数量经济技术经济研究》2020 年第 1 期。

郭永杰、米文宝、赵莹:《宁夏县域绿色发展水平空间分异及影响因素》,《经济地理》2015 年第 3 期。

韩晶、孙雅雯、陈超凡等:《产业升级推动了中国城市绿色增长吗?》,《北京师范大学学报》（社会科学版）2019 年第 3 期。

贺灿飞、肖晓俊、邹沛思:《中国城市正在向功能专业化转型吗?——基于跨国公司区位战略的透视》,《城市发展研究》2012 年第 3 期。

贺雪峰:《论中国式城市化与现代化道路》,《中国农村观察》2014 年第 1 期。

胡鞍钢、周绍杰:《绿色发展:功能界定、机制分析与发展战略》,《中国人口·资源与环境》2014 年第 1 期。

黄羿、杨蕾、王小兴等:《城市绿色发展评价指标体系研究——以广州市为例》,《科技管理研究》2012 年第 17 期。

江艇、孙鲲鹏、聂辉华:《城市级别、全要素生产率和资源错配》,《管理世界》2018 年第 3 期。

黎文勇、杨上广:《城市群功能分工对全要素生产率的影响研究——基于长三角城市群的经验证据》,《经济问题探索》2019 年第 5 期。

李捷、余东华、张明志:《信息技术、全要素生产率与制造业转型升级的动力机制——基于“两部门”论的研究》,《中央财经大学学报》2017 年第 9 期。

刘胜:《城市群空间功能分工带来了资源配置效率提升吗?——基于中国城市面板数据经验研究》,《云南财经大学学报》2019 年第 2 期。

陆远如、刘志杰:《生态补偿与区域经济协调发展研究——基于区域分工视角》,《学术研究》2010 年第 12 期。

马骥:《云南省绿色经济发展评价指标体系研究》,《西南民族大学学报》（人文社科版）2018 年第 12 期。

齐讴歌、赵勇：《城市群功能分工的时序演变与区域差异》，《财经科学》2014年第7期。

尚永珍、陈耀：《功能空间分工与城市群经济增长——基于京津冀和长三角城市群的对比分析》，《经济问题探索》2019年第4期。

苏红键、赵坚：《产业专业化、职能专业化与城市经济增长——基于中国地级单位面板数据的研究》，《中国工业经济》2011年第4期。

王青、李佳馨、郭辰：《城市群功能分工对经济高质量发展的影响——基于长三角城市群面板数据的实证分析》，《企业经济》2020年第5期。

王少平、欧阳志刚：《我国城乡收入差距的度量及其对经济增长的效应》，《经济研究》2007年第10期。

魏后凯：《大都市区新型产业分工与冲突管理——基于产业链分工的视角》，《中国工业经济》2007年第2期。

徐维祥、张筱娟、刘程军：《长三角制造业企业空间分布特征及其影响机制研究：尺度效应与动态演进》，《地理研究》2019年第5期。

杨凡、杜德斌、段德忠等：《城市内部研发密集型制造业的空间分布与区位选择模式——以北京、上海为例》，《地理科学》2017年第4期。

于斌斌：《生产性服务业集聚与能源效率提升》，《统计研究》2018年第4期。

于伟、张鹏、姬志恒：《中国城市群生态效率的区域差异、分布动态和收敛性研究》，《数量经济技术经济研究》2021年第1期。

张学良主编《2013中国区域经济发展报告——中国城市群的崛起与协调发展》，人民出版社，2013。

赵勇、魏后凯：《政府干预、城市群空间功能分工与地区差距——兼论中国区域政策的有效性》，《管理世界》2015年第8期。

周灵玥、彭华涛：《中心城市对城市群协同创新效应影响的比较》，《统计与决策》2019年第11期。

Adom P. K. , Amakye K. , Abrokwa K. K. , et al. , "Estimate of Transient and Persistent Energy Efficiency in Africa：A Stochastic Frontier Approach," *Energy Convers Manage*, 2018, 166.

Aigner D. , Lovell C. K. , Schmidt P. , "Formulation and Estimation of

Stochastic Frontier Production Function Models," *Journal of Econometrics*, 1997, 1.

Arrow K. J. , Leonid Hurwicz, "Competitive Stability under Weak Gross Substitutability: Nonlinear Price Adjustment and Adaptive Expectations," *International Economic Review*, 1962, 2.

Battese G. E. , Coelli T. J. , "A Model for Technical Inefficiency Effects in a Stochastic Frontier Production Function for Panel Data," *Empirical Economics*, 1995, 2.

Bertoldi P. , Mosconi R. , "Do Energy Efficiency Policies Save Energy? A New Approach Based on Energy Policy Indicators (in the EU Member States) ," *Energy Policy*, 2020, 139.

Byrnes J. , Crase L. , Dollery B. , et al. , "The Relative Economic Efficiency of Urban Water Utilities in Regional New South Wales and Victoria," *Resource and Energy Economics*, 2010, 32 (3).

Cagno E. , Trianni A. , Abeelen C. , Worrell E. , Miggiano F. , "Barriers and Drivers for Energy Efficiency: Different Perspectives from an Exploratory Study in the Netherlands," *Energy Convers Manage*, 2015, 102.

Chan DY-L, Huang C-F, Lin W-C, Hang G-B, " Energy Efficiency Benchmarking of Energy-intensive Industries in Taiwan," *Energy Convers Manage*, 2014, 77.

Chen L. , Xu L. , Yang Z. , "Inequality of Industrial Carbon Emissions of the Urban Agglomeration and Its Peripheral Cities: A Case in the PearlRiver Delta, China," *Renewable and Sustainable Energy Reviews*, 2019, 109.

Chen Q , Kamran S. M , Fan H. "Real Estate Investment and Energy Efficiency: Evidence from China's Policy Experiment," *Journal of Cleaner Production*, 2019, 217.

Chen T. Y. , Jou R. C. , "Using HLM to Investigate the Relationship between Traffic Accident Risk of Private Vehicles and Public Transportation," *Transportation Research Part A: Policy and Practice*, 2019, 119.

Chen Y. , Cook W. D. , Du J. , Hu H. , Zhu J. , "Bounded and Discrete

Data and Likert Scales in Data Envelopment Analysis: Application to Regional Energy Efficiency in China," *Annals of Operations Research*, 2017, 255.

Cheng S., Fan W., Zhang J., et al., "Multi-sectoral Determinants of Carbon Emission Inequality in Chinese Clustering Cities," *Energy*, 2019, 214.

Choi Y., Zhang N., Zhou P., "Efficiency and Abatement Costs of Energy-related CO_2 Emissions in China: A Slacks-based Efficiency Measure," *Applied Energy*, 2012, 98.

Dinda S., "Environmental Kuznets Curve Hypothesis: ASurvey," *Ecological Economics*, 2004, 4.

Duranton G., Puga D., "From Sectoral to Functional Urban Specialisation," *Journal of Urban Economics*, 2005, 2.

Duro J. A., Emilio P., "International Inequalities in Per Capita CO_2 Emissions: A Decomposition Methodology by Kaya Factors," *Energy Economics*, 2006, 2.

Feder G., "On Exports and Economic Growth," *Journal of Development Economics*, 1983, 2.

Feng H., Xie R., Fang J., "Urban Agglomeration Economies and Industrial Energy Efficiency," *Energy*, 2018, 2.

Greene W., "Fixed and Random Effects in Stochastic Frontier Models," *Journal of Productivity Analysis*, 2005, 1.

Guang F., "Electrical Energy Efficiency of China and Its Influencing Factors," Environmental Science and Pollution Research, 2020, 27.

Han F., Xie R., Fang J., "Urban Agglomeration Economies and Industrial Energy Efficiency," *Energy*, 2018, 162.

Krugman P., Anthony J. V., "Globalization and the Inequality of Nations," *The Quarterly Journal of Economics*, 1995.

Krugman P., "Increasing Returns and Economic Geography," *Journal of Political Economy*, 1991, 3.

Kumbhakar S. C., Lien G., Hardaker J. B., "Technical Efficiency inCompeting Panel Data Models: A Study of Norwegian Grain Farming," *Journal of*

Productivity Analysis, 2014, 2.

Lee Y. H. , "A Stochastic Production Frontier Model with Group-specific Temporal Variation in Technical Efficiency," *European Journal of Operational Research*, 2006, 3.

Liu J. , Cheng Z. , Zhang H. , "Does Industrial Agglomeration Promote the Increase of Energy Efficiency in China?" *Journal of Cleaner Production*, 2017, 164.

Lundgren T. , Marklund P. O. , Zhang S. , "Industrial Energy Demand and Energy Efficiency-Evidence from Sweden," *Resource and Energy Economics*, 2016, 43.

Maolin L. , Yufei R. , "The 'Double-edged Effect' of Progress in Energy-biased Technology on Energy Efficiency: A Comparison between the Manufacturing Sector of China and Japan," *Journal of Environmental Management*, 2020, 270.

Markusen J. R. , Anthony J. Venables, "The Theory of Endowment, Intra-industry and Multi-national Trade," *Journal of international economics*, 2000, 2.

Marshall A. , "Some Aspects of Competition. The Address of the President of Section F——Economic Science and Statistics——of the British Association, at the Sixtiet Meeting, Held at Leeds, in September," *Journal of the Royal Statistical Society*, 1890, 4.

Molinos-Senante M. , Hernández-Sancho F. , Mocholí-Arce M. , Sala-Garrido R. , "Economic and Environmental Performance of Wastewater Treatment Plants: Potential Reductions in Greenhouse Gases Emissions," *Resource and Energy Economics*, 2014.

Ozkaya H. E. , Dabas C. , Kolev K. , Hult GTM, Dahlquist S. H. , Manjeshwar S. A. , "An Assessment of Hierarchical Linear Modeling in International Business, Management, and Marketing," *International Business Review*, 2013, 4.

Padilla E. , Duro J. A. , "Explanatory Factors of CO_2 Per Capita Emission Inequality in the European Union," *Energy Policy*, 2013, 62.

Raudenbush S. W. , Bryk A. S. , "Hierarchical Linear Models: Applications and Data Analysis Methods," *2nd ed. Thousand Oaks: Sage Publications*, 2002.

Romer P. M. , "Increasing Returns and Long-run Growth," *Journal of political economy*, 1986, 5.

Shahbaz M., Mallick H., Mahalik M. K., Sadorsky P., "The Role of Globalization on the Recent Evolution of Energy Demand in India: Implications for Sustainable Development," *Energy Economics*, 2016, 55.

Shan Y., Guan D., Liu J., Mi Z., Liu Z., Liu J., Zhang Q., "Methodology and Applications of City Level CO_2 Emission Accounts in China," *Journal of Cleaner Production*, 2017, 161.

Shen N., Deng R., Wang Q., "Influence of Agglomeration of Manufacturing and the Producer Service Sector on Energy Efficiency," 2019, *Polish Journal of Environmental Studies*, 2019, 5.

Shi K., Shen J., Wang L., Ma M., Cui Y., "A Multiscale Analysis of the Effect of Urban Expansion on $PM_{2.5}$ Concentrations in China: Evidence from Multisource Remote Sensing and Statistical Data," Building and Environment, 2020.

Shorrocks A., Townsend P., "Poverty in the United Kingdom: A Survey of Household Resources and Standards of Living," *The Economic Journal*, 1980, 360.

Sun Y., Du J., Wang S., "Environmental Regulations, Enterprise Productivity, and Green Technological progress: Large-scale Data Analysis in China," *Annals of Operations Research*, 2020, 290.

Vassileva I., Campillo J., Schwede S., "Technology Assessment of the Two Most Relevant Aspects for Improving Urban Energy Efficiency Identified in Six Mid-sized European Cities from Case Studies in Sweden," *Applied Energy*, 2017, 194.

Wang H., Wang M., "Effects of Technological Innovation on Energy Efficiency in China: Evidence from Dynamic Panel of 284 Cities," *Science of The Total Environment*, 2019, 709.

Wang H. J., Ho C. W., "Estimating Fixed-effect Panel Stochastic Frontier Models by Model Transformation," *Journal of Econometrics*, 2010, 2.

Wang N., Zhu Y., Yang T., "The Impact of Transportation Infrastructure and Industrial Agglomeration on Energy Efficiency: Evidence from China's Industrial Sectors," *Journal of Cleaner Production*, 2020, 244.

Wang Y., Chen S., Yao J., "Impacts of Deregulation Reform on $PM_{2.5}$

Concentrations: A Case Study of Business Registration Reform in China," *Journal of Cleaner Production*, 2019, 235.

Yang F. F., Yeh A. G., Wang J., "Regional Effects of Producer Services on Manufacturing Productivity in China," *Applied Geography*, 2018, 97.

Yang H., Lu F., Zhang F., "Exploring the Effect of Producer Services Agglomeration on China's Energy Efficiency under Environmental Constraints," *Journal of Cleaner Production*, 2020.

Zeng G., Geng C., Guo H., "Spatial Spillover Effect of Strategic Emerging Industry Agglomeration and Green Economic Efficiency in China", *Polish Journal of Environmental Studies*, 2020, 5.

Zhao H., Lin B., "Will Agglomeration Improve the Energy Efficiency in China's Textile Industry: Evidence and Policy Implications," *Applied Energy*, 2019, 237.

Zhao Y., Qi O., "Would Functional Specialization of Space Narrow Down Regional Disparities? An Empirical Analysis Based on Panel Data of Chinese Urban Agglomerations 2003 - 2011," *Chinese Journal of Urban and Environmental Studies*, 2017.

Zhou Y., Kong Y., Sha J., Wang H., "The Role of Industrial Structure Upgrades in Eco-efficiency Evolution: Spatial Correlation and Spillover Effects," *The Science of The Total Environment*, 2019, 687.

第二章

数字化对企业能源技术进步的影响评估

现有的研究主要集中在数字化对区域能源技术进步的影响上，忽略了数字化在企业层面对一次能源和二次能源效率的影响差异。本章基于"宽带中国"政策（BCP）的准自然实验，利用中国独有的大样本企业税务记录数据集，评估了数字化对企业能源技术进步的影响。通过倾向性评分匹配后的双重差分模型（PSM-DID）估计，"宽带中国"政策导致煤炭企业和石油企业能源效率分别提高了 10.5% 和 11.3%，但导致电力企业能源效率降低了 17.2%。进一步分析表明，数字化通过促进产业升级和提升产业智能化水平来影响企业的能源效率。同时，政府的干预放大了"宽带中国"政策对企业能源技术进步的影响。此外，本章还进行了一系列异质性分析和稳健性检验。

第一节　数字化与企业能源技术进步的研究背景

工业革命以来，全球经济发展高度依赖能源要素的投入（Barbera 等，2022；Devlin 和 Yang，2022；Lin 和 Zhu，2021；Shao 和 Xue，2022；Wen 和 Jia，2022）。伴随着经济的快速发展，能源消耗快速增长由此产生的气候问题也越来越严重（Adom 等，2018；Li 等，2021；

Liu 等，2021；Mišík 和 Oravcová，2022；Shah 等，2022；Yazar 等，2022；Zhou 和 Xu，2022；Zhu 和 Lin，2022）。作为全球能源消耗量和碳排放量大国，中国迫切需要提高能源效率以应对气候问题。为此，中国出台了一系列旨在通过产业转型和绿色技术创新来提高能源效率的政策（Zhang 和 Kong，2022；Zhao 等，2021）。然而，这些政策并没有深刻地影响企业使用能源的方式，它们对能源效率提高的边际影响逐渐减弱（Kang 等，2022）。中国和其他资源密集型国家需要探索提高能源效率的新途径。

随着以信息化和数字化为主导的"第四次工业革命"的兴起，大量传统产业在能源利用方式上正面临颠覆性的变化（Hu 等，2022；Shahbaz 等，2022；Zhang 和 Chen，2022）。然而，目前关于数字化对能源效率影响的研究尚未形成统一结论。一种观点认为，数字化显著提高了包括能源在内的各要素的投入产出比，例如逐渐兴起的智能煤矿（Bałaga 等，2021）。有研究基于东盟 5 个国家的面板数据，探究得出数字化提高了国家的能源效率和可持续性的结论（Husaini 和 Lean，2022；Qin 等，2022）认为数字化为提高能源效率带来了新的机遇。但也有观点认为，数字化本身也导致了更多的能源消耗，比如数据计算中心的电力消耗。这一部分研究者（Mayers 等，2015；Noussan 等，2017；Qin 等，2022）认为，数字化对能源效率没有产生显著影响，甚至降低了能源效率。毫无疑问的是，数字化是未来全球发展的必然趋势，其对能源效率的影响不容忽视。因此，有必要探究上述矛盾观点背后的原因，以缓解日益严重的气候问题。

首先，衡量数字化程度的方式不同可能是产生矛盾结果的原因之一。一些研究使用数字经济指数或信息通信技术（ICT）发展水平来衡量数字化程度（Gao 等，2021；Lange 等，2020；Pohl 等，2022；Xu 等，2022），这些指标与经济发展密切相关。由于能源效率的衡量也依赖于经济发展，所以基于这些指标得出的结果会受到内生性问题的干扰。为了克服内生性问题，本章通过"宽带中国"政策的实施，评估了数字化对企业能源技术进步的影响。试点覆盖了中国 117 个城市的企业，因此该政策提供了一个极好的准自然实验环境。

其次，忽视一次能源（包括煤、石油等）和二次能源（主要是电）之间的区别可能会导致观点的冲突。一些研究（Bałaga 等，2021；Husaini 和 Lean，2022）认为，数字化通常对能源效率具有积极影响。少数关注特定类型能源的研究表明，数字化对能源效率的影响是负面的或不显著的。例如，基于服务和交通部门的分析表明，数字化显著降低了电力的能源效率（Dehghan 和 Shahnazi，2019；Mayers 等，2015；Noussan 等，2017）。本章认为，造成这种对立的原因在于能源类型的差异。一方面，数字化提高了各种资源的整合效率，减少了煤炭和石油在生产和运输中的损失，提高了一次能源效率（Bałaga 等，2021；Husaini 和 Lean，2022）。另一方面，数字化带来的数据计算中心和通信设备的激增也可能加剧二次能源的低效利用（Xue 等，2022）。然而，目前鲜少有文献同时评价数字化对不同类型能源效率的影响并进行比较分析。因此，有必要提供数字化对不同类型能源效率影响的证据。

针对上述差距，首先，本章将"宽带中国"政策作为准自然实验，利用中国国税调查数据这一独特的大样本企业税务记录数据集，通过 PSM-DID 方法评估数字化对企业能源技术进步的影响。其次，本章构建了中介效应模型和调节效应模型，深入探讨了数字化对企业能源技术进步的影响机制和政府干预的外部效应。同时，本章通过可变系数面板模型综合评估了数字化对不同地区、不同行业部门、不同规模企业能源效率的影响。最后，本章进行了一系列鲁棒性检验，以保证分析结果的可靠性。

本章的主要贡献体现在三点。第一，本章在企业层面全面评估了数字化对不同类型能源的效率影响。现有的文献只关注数字化对单一能源（如电力或煤炭）效率的影响。这意味着数字化对能源效率的综合影响仍不清楚，也不能为企业提供数字化转型和节能的可靠证据。研究结果表明，数字化提高了企业层面煤炭和石油的效率，同时降低了企业层面电力的效率。这意味着通过数字化提高能源效率需要充分考虑企业的能源消费结构。第二，本章基于"宽带中国"政策，利用PSM-DID模型评估了数字化对能源效率的影响。第三，本章进一步探讨了数字化对企业能源效率的影响机制、政府干预的外部效应以及数字化对不同地区、行业和企业特征的效应差异。研究结果为政府和企业制定差异化的数字化转型政策提供了理论依据。

第二节　数字化与企业能源技术进步的文献梳理

一　能源技术进步的文献梳理

能源效率是生产效率的重要组成部分（Wang 和 Wang，2022），从20世纪下半叶开始逐渐受到学者的关注。每单位能源投入的经济产出是衡量工业生产中能源效率的指标（Berndt 和 Wood，1975；Cai 等，2022；Khoshroo 等，2021；Zhao 等，2021），也是近年来衡量能源效率的重要指标。由于能源问题与人类的进步和发展有着千丝万缕的联系，多位学者进一步探讨了能源效率的不同影响因素。一些学者（Fisher-Vanden等，2006；Liu 等，2022；Pan 等，2019；Ramanathan，2006）关注能源效率的宏观影响，并基于产业结构、外国投资和 GDP 增长对能源效率的影响进行了大量的研究。一些学者（He 等，2021；Hong 等，2022；Wen 等，2022）对能源效率的微观影响感兴趣，关注企业层面的研发投入、碳排放水平以及企业创新与能源效率的关系。随着能源问题日益突出，与能源效率相关的研究成为学术界的研究重点。

二　"宽带中国"的政策背景

数字化水平的提高依赖于整个社会网络基础设施的建设。2013 年 8月以来，"宽带中国"政策已成为我国走向数字化的重要战略之一。"宽带中国"政策的提出意味着宽带首次被视为国家战略性公共基础设施，我国进入全面加快宽带建设的新时期。国务院发布"宽带中国"政策后，国家发展和改革委员会、工业和信息化部先后开展了三批"宽带中国"示范城市的创建工作。政策实施的主要方式是通过宽带建设扩大接入网覆盖，通过更加多元化的网络应用促进产业优化升级，通过主要产品产业化完善网络产业链。该政策颁布以来，得到了社会的高度重视和人民群众的积极落实。毫无疑问，"宽带中国"政策的实施有效地提升了中国的信息技术水平，对数字化水平的提高产生了积极的影响。

三 数字化与能源技术进步关系的文献梳理

现有的研究大多集中在数字化的经济效应上，关于数字化对能源和环境影响的研究相对较少，也没有达成一致的结论。有学者认为，数字化可以显著提高能源效率。例如，Lange 等（2020）利用分析模型探索了数字化与能源消耗之间的关系，发现数字化将显著提高能源效率。Amasawa 等（2018）开展了为期 3 个月的社会实验，研究电子书阅读在何种程度上可以降低数字环境下的全球变暖潜势值（GWP），指出数字化可以提高行业的能源效率。Husaini 和 Lean（2022）采用横断面增强自回归分布滞后（CS-ARDL）方法，基于东盟 5 个国家 1990~2018 年的面板数据，发现数字化提升了国家的能源效率和可持续性。此外，其他学者（Rawte，2017；Vanden 和 Kolk，2019）也开展了研究，认为数字化对能源效率具有积极影响。也有学者认为，数字化对能源效率的影响是负面的或不确定的。例如，Mayers 等（2015）研究了游戏行业的碳足迹和能源效率，发现通过数字网络下载的游戏可能会比光盘游戏产生更高的碳排放和能源消耗。Noussan 等（2017）利用情景分析研究了数字化对欧洲未来客运行业的影响，发现数字技术的普及可能会对能源消耗和碳排放产生负面的影响。此外，还有一些学者在数字化对能源效率影响的研究中也得出了否定或不确定的结论（Dehghan 和 Shahnazi，2019；Hsu 等，2014；Strobel，2016）。进一步思考，这些相反的观点可能与能源类型不同有关。Xue

等（2022）认为，数字化提升了清洁能源在整体能源消费中的份额，这是整体能源效率变化不一致的重要因素。数字化对整体能源效率的影响取决于对一次能源和二次能源影响的方向和程度。

综上所述，现有文献对数字化与能源效率的关系没有达成共识。本章认为其主要原因是忽略了能源类型的差异。考虑到数字化对电力能源消费和煤油消费影响的差异，需要综合评估数字化对不同类型能源效率的影响。

第三节　数字化影响企业能源技术进步的研究方案设计

一　数字化影响企业能源技术进步的模型构建

（一）基准模型

为了评估数字化对企业能源技术进步的影响，本章构建了以下PSM-DID 基线模型：

$$y_{i,r,n,t} = \beta_0 + \beta_1 \times BCP_{r,t} + \varphi_i + \lambda_t + \gamma_r + \eta_n + \varepsilon_{i,r,n,t} \quad (2.1)$$

$$BCP_{r,t} = \begin{cases} 0, BCP \text{ is not implemented.} \\ 1, BCP \text{ is implemented in city } r \text{ at year } t. \end{cases} \quad (2.2)$$

其中，$y_{i,r,n,t}$ 表示城市 r 行业 n 企业 i 在第 t 年的能源技术进步。为更全面地评估数字化对能源效率和能源消耗量的影响，本章将企业能源效率作为主要因变量，将企业能源消耗作为次要因变量进行分析。$BCP_{r,t}$ 表示"宽带中国"政策实施情况，估计系数 β_1 表示"宽带中国"政策对企业能源技术进步的平均处理效应。λ_t 表示年份固定效应，γ_r 表示城市固定效应，η_n 表示行业固定效应，φ_i 表示企业固定效应，$\varepsilon_{i,r,n,t}$ 为误差项，β_0 表示估计方程的截距项。

（二）事件分析模型

PSM-DID 模型估计要求在政策实施前处理组和对照组之间因变量

的趋势无显著差异，即满足平行趋势假设（Li 等，2022；Lin 和 Huang，2022；Zhong 和 Peng，2022）。本章采用事件分析模型进行平行趋势检验。

$$y_{i,r,n,t} = \beta_0 + \sum_{k=-2}^{2} \beta_k \times du_r \times D_t^k + \varphi_i + \lambda_t + \gamma_r + \eta_n + \varepsilon_{i,r,n,t}, k \neq -1 \tag{2.3}$$

其中，du_r 为处理组的虚拟变量，城市 r 为处理组时，该变量取值为 1。D_t^k 为"宽带中国"政策实施前或实施后的虚拟变量，"宽带中国"政策实施前取值为 0，"宽带中国"政策实施后取值为 1。如果实施"宽带中国"政策前（$k<0$）的系数 β^k 未通过 10% 的显著性水平检验，则表明处理组和对照组的企业能源技术进步没有显著性差异，即满足平行趋势假设。在式（2.3）中，k 指的是用于进行平行趋势检验时选择的时间点，k 不等于 -1 表明剔除了政策期前一年，即使用该年作为基准期进行检验。需要注意，这里的 k 不等于下文政策检验中的时间点，下文检验中的时间点排序表示的是使用剔除年份后的时间排序。

（三）中介效应模型

本章构建了中介效应模型来检验核心行为模式是否通过推动产业升级和提升产业智能化水平来影响企业能源技术进步：

$$y_{i,r,n,t} = \beta_0 + \beta_1 \times BCP_{r,t} + \varphi_i + \lambda_t + \gamma_r + \eta_n + \varepsilon_{i,r,n,t} \tag{2.4}$$

$$M_{r,t} = \beta_0 + \beta_1 \times BCP_{r,t} + \varphi_i + \lambda_t + \gamma_r + \varepsilon_{r,t} \tag{2.5}$$

$$y_{i,r,n,t} = \beta_0 + \beta_1 \times BCP_{r,t} + \beta_2 \times M_{r,t} + \varphi_i + \lambda_t + \gamma_r + \eta_n + \varepsilon_{i,r,n,t} \tag{2.6}$$

其中，$M_{r,t}$ 为中介变量，即产业升级和产业智能化。产业升级用第三产业增加值与第二产业增加值的比值来衡量。产业智能化水平由城市工业机器人存量的对数值来衡量。β_0 表示估计方程的截距项，β_1 表示数字化的估计系数，β_2 表示中介变量的估计系数，$\varepsilon_{r,t}$ 为误差项，λ_t 表示年份固定效应，γ_r 表示城市固定效应，η_n 表示行业固定效应，φ_i 表示企业固定效应，$\varepsilon_{i,r,n,t}$ 为误差项。本章在 Acemoglu 和 Restrepo（2020）研究的基础上，利用城市的产业就业结构、劳动力数量和工业层面的工业机器人数量计算城市工业机器人存量：

$$int_{r,t} = \sum_{i=1}^{n} \frac{Emp_{n,r,t}}{\sum\limits_{i=1}^{n} Emp_{n,r,t}} \times \frac{Robots_{n,t}}{Labour_{r,t}} \tag{2.7}$$

其中，$Robots_{n,t}$ 为第 t 年行业 n 的工业机器人数量。$Labour_{r,t}$ 为第 t 年城市 r 的劳动力数量。$Emp_{n,r,t}$ 为第 t 年城市 r 行业 n 的劳动力数量。如果公式（2.5）中 $BCP_{r,t}$ 的系数和公式（2.6）中 $M_{r,t}$ 的系数通过显著性检验，则说明数字化可以通过推动产业升级和提升产业智能化水平来影响企业能源技术进步。

（四）可变系数面板模型

为了进一步探究数字化对不同地区、不同行业和不同企业类型的企业能源技术进步的影响，本章构建了可变系数面板模型。

$$y_{i,r,n,t} = \beta + \beta_0 \times BCP_{r,t} + \sum_{m}^{d-1} \beta_m \times BCP_{r,t} \times D_{i,r,n,t}^m + \varphi_i + \lambda_t + \gamma_r + \eta_n + \varepsilon_{i,r,n,t} \tag{2.8}$$

其中，$D_{i,r,n,t}^m$ 表示区域类别虚拟变量、行业类别虚拟变量或企业类型的类别虚拟变量，d 表示类别总数。由于共线性问题，在模型中加入 $d-1$ 个哑变量交互项而不是 d 个。例如，本章将中国划分为东部、中部（$D_{i,r,n,t}^1 = 1$，如果城市 i 属于中部地区，其他 = 0）和西部地区（$D_{i,r,n,t}^2 = 1$，如果城市 i 属于西部地区，其他 = 0）。β_0 反映了东部地区数字化对企业能源技术进步的影响，$\beta_1 + \beta_0$ 和 $\beta_2 + \beta_0$ 反映了中部地区和西部地区数字化对企业能源技术进步的影响。

（五）调节效应模型

考虑到企业能源技术进步会受到政府干预的影响，本章进一步构建包含政府干预的调节效应模型，以评估政府干预对数字化与企业能源技术进步关系的影响，具体模型构建如下：

$$y_{i,r,n,t} = \beta + \beta_0 \times BCP_{r,t} + \beta_1 \times gov_{r,t} + \beta_2 \times gov_{r,t} \times BCP_{r,t} + \varphi_i + \lambda_t + \gamma_r + \eta_n + \varepsilon_{i,r,n,t} \tag{2.9}$$

其中，gov 表示政府干预，用财政支出占 GDP 的比重来衡量。β_0 反映了数字化对企业能源技术进步的直接影响，β_1 为政府干预的估计系数，β_2 为政府干预与数字化的交互项估计系数，反映政府干预对数字化与企业能源技术进步关系的影响程度，β 为估计方程的截距项，λ_t 表示年份固定效应，γ_r 表示城市固定效应，η_n 表示行业固定效应，φ_i 表示企业固定效应，$\varepsilon_{i,r,n,t}$ 为误差项。

二 数据来源与变量设定

现有的数字化对能源技术进步影响的研究大多集中在国家或地区层面，基于汇总的宏观数据得出的结论无法在微观层面为企业节能减排提供可靠依据。本章利用中国国税调查数据库（CNTSD）的年度大型企业调查数据作为研究样本，可以克服这一局限性。此外，CNTSD 还有两个独特的优势。一是数据库提供了企业层面的电力、煤炭和石油 3 种能源消耗指标。与现有研究多使用单位煤耗产量来衡量能源效率相比，采用 CNTSD 可以更全面地衡量数字化对不同类型能源效率的影响。二是与常用的中国工业企业数据库（CIED）相比，CNTSD 不仅包括工业企业，还包括农业，采矿业，轻工业，重工业，电力、燃气以及水生产业，建筑业，服务业和交通运输业 8 个行业的企业数据。利用 CNTSD 数据作为研究样本有助于评估数字化对不同部门企业能源效率影响的差异。此外，本章使用的中国工业机器人的行业数据来自国际机器人联合会（IFR）。

CNTSD 的调查时间为 2007~2016 年，主要数据包括每年的约 50 万家企业数据，本章选取 CNTSD 中 2011~2016 年的企业数据作为样本。同时，本章对原始数据进行了清理和过滤：首先，剔除能耗和业务指标缺失或异常的样本；其次，通过倾向性评分匹配将样本与处理组进行匹配，使其成为更可靠的对照组。本章采用高维固定效应模型来控制企业固定效应、城市固定效应、行业固定效应和年份固定效应，只有加入因变量才能得到"宽带中国"政策的处理效应（Cui 等，2021）。在 PSM 过程中，本章选取年末企业总资产（$assets$）和年末企业员工数（$labor$）作为协变量，以 PSM 筛选后的 389061 个样本为最终的研究对象。变量描述性统计分析以及政策实施前后分布情况见表 2-1。

表 2-1　变量描述性统计分析以及政策实施前后分布情况

Panel A

项目		描述	样本数（个）	均值	最小值	最大值	标准差
因变量	企业能源效率	单位电力产值（万元/千瓦时）	389061	6.325	-6.571	14.930	2.203
		单位煤炭产值（元/吨）	389061	8.066	-8.181	14.952	3.134
		单位石油产值（元/吨）	389061	8.148	-6.119	14.952	2.410
	企业能源消耗	企业电力消耗	389061	3.693	0.000	10.404	2.271
		企业煤炭消耗	389061	1.952	0.000	11.686	2.867
		企业石油消耗	389061	1.870	0.000	9.417	2.033
自变量	BCP	"宽带中国"政策实施	389061	0.099	0.000	1.000	0.299
中介变量	iu	第三产业增加值/第二产业增加值	389061	0.930	0.114	4.166	0.541
	$lnint$	工业机器人存量的对数值	389061	6.777	1.562	0.297	0.913
协变量	$assets$	年末企业总资产（万元）	389061	10.213	3.932	15.698	1.792
	$labor$	年末企业员工数（万人）	389061	4.152	0.000	8.350	1.402

Panel B

项目		处理组			对照组		
		政策实施前	政策实施后	变化（%）	政策实施前	政策实施后	变化（%）
企业能源效率	电力	6.379	6.701	5.05	5.959	6.891	15.64
	煤炭	8.213	8.202	-0.13	7.898	7.864	-0.43
	石油	8.084	8.187	1.27	8.144	8.377	2.86
企业能源消耗	电力	3.747	3.104	-17.16	4.009	3.194	-20.33
	煤炭	1.913	1.602	-16.26	2.070	2.221	7.29
	石油	2.042	1.618	-20.76	1.824	1.707	-6.41

第四节　数字化影响企业能源技术进步的
实证结果分析

一　数字化影响企业能源技术进步的基准回归分析

数字化对企业能源技术进步的平均影响如表 2-2 所示。BCP 的回归系数反映了数字化对企业能源技术进步的影响。研究结果显示，数字化对不同类型能源效率的影响存在显著差异。具体而言，"宽带中国"政策的实施使企业电力能源效率平均降低了 17.2%，使煤炭和石油能源效率分别提高了 10.5% 和 11.3%。进一步探究"宽带中国"政策对企业能源消耗的影响，研究发现该政策的实施导致企业电力消耗增加了 17.4%，煤炭和石油消耗分别减少了 10.2% 和 11.1%。这表明，数字化带来的企业用电量的快速增长并没有带来相应的经济产出。

表 2-2　数字化对企业能源技术进步的平均影响

项目	企业能源效率			企业能源消耗		
	电力	煤炭	石油	电力	煤炭	石油
BCP	-0.172***	0.105***	0.113***	0.174***	-0.102***	-0.111***
	(0.018)	(0.018)	(0.018)	(0.016)	(0.016)	(0.016)
C	6.342***	8.055***	8.137***	3.675***	1.962***	1.881***
	(0.002)	(0.002)	(0.002)	(0.002)	(0.002)	(0.002)
Firm FE	Y	Y	Y	Y	Y	Y
Industry FE	Y	Y	Y	Y	Y	Y
Year FE	Y	Y	Y	Y	Y	Y
City FE	Y	Y	Y	Y	Y	Y
N	389061	389061	389061	389061	389061	389061
R^2	0.696	0.834	0.729	0.767	0.840	0.695
Adj-R^2	0.508	0.732	0.560	0.622	0.741	0.506
F	92.306	35.118	41.152	115.856	42.020	49.625

注：***、** 和 * 分别表示在 1%、5% 和 10% 的水平上显著；采用高维固定效应方法同时固定企业特征、年份特征、行业特征和城市特征；括号中报告的是企业层面的集群稳健标准误差。

此外，"宽带中国"政策的实施主要通过降低煤炭和石油消耗来提高企业层面的煤炭和石油能源效率。这意味着目前的数字化发展并没有有效提升企业的能源技术进步水平，数字化直接影响能源消费和不同类型能源消费之间的过渡（Xue等，2022）。因此，政府在评估数字化的节能减排效果时须更加谨慎，应更多地从能源转型和清洁能源替代的角度对企业进行数字化改造。

二　数字化影响企业能源技术进步的平行趋势检验

平行趋势检验结果如图2-1所示。由图2-1可知，实施"宽带中国"政策前，β_k（$k \leqslant 0$）的回归系数几乎全部未能通过5%的显著性水平检验。这意味着在实施"宽带中国"政策前，处理组和对照组的企业能源效率和能源消耗没有显著差异，即满足平行趋势检验。此外，本章发现"宽带中国"政策实施后，回归系数β_k呈现先增加后减少的趋势（煤炭除外）。可以看出，数字化转型政策对企业能源效率和企业能源消耗的影响在数字化转型政策实施后一年最强，两年后明显减弱。这意味着数字化转型在短期内会显著降低能源消耗，但其效果会逐渐减弱，政府应该从更长远的角度评估数字化的节能效果。

三　数字化影响企业能源技术进步的进一步分析

（一）数字化影响企业能源效率的机制

产业升级的中介效应评估结果如表2-3所示。由（1）列的回归结果可知，BCP的回归系数为0.054，通过了1%的显著性水平检验，即数字化显著推动了产业升级进程。（2）列到（4）列中，iu的回归系数分别为-0.459、-0.088和0.180，均通过了显著性检验，表明数字化通过推动产业升级降低了区域内企业的电力和煤炭能源效率，但提高了企业的石油能源效率。（5）列到（7）列中，iu的回归系数分别为0.344、-0.027和-0.295，均通过了显著性检验，表明数字化可

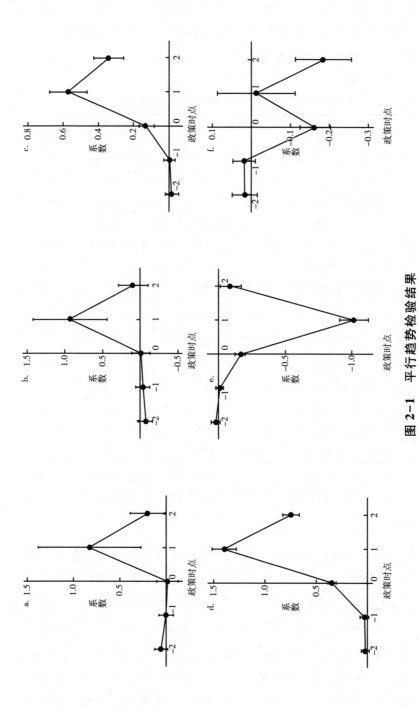

图 2-1　平行趋势检验结果

注：横轴表示"宽带中国"政策实施的窗口期，纵轴表示事件分析模型中的回归系数 β_k；"宽带中国"政策实施前一年为基期；图 a、图 b、图 c 报告了以电力、煤炭和石油的企业能效为因变量的平行趋势检验结果；图 d、图 e、图 f 报告了以电力、煤炭和石油的企业能耗为因变量的平行趋势检验结果。

以通过推动产业升级提高了区域企业的电力消耗，但降低了企业的煤炭和石油消耗。因此，"宽带中国"政策的实施可以通过促进产业升级来影响企业的能源效率和能源消耗。

表 2-3　产业升级的中介效应评估结果

项目	iu	企业能源效率			企业能源消耗		
		电力	煤炭	石油	电力	煤炭	石油
	(1)	(2)	(3)	(4)	(5)	(6)	(7)
BCP	0.054 ***	-0.145 ***	0.107 ***	0.106 ***	0.152 ***	-0.101 ***	-0.099 ***
	(0.001)	(0.018)	(0.018)	(0.018)	(0.016)	(0.016)	(0.016)
iu		-0.459 ***	-0.088 *	0.180 ***	0.344 ***	-0.027 *	-0.295 ***
		(0.061)	(0.062)	(0.059)	(0.054)	(0.054)	(0.050)
C	0.925 ***	6.785 ***	8.189 ***	7.996 ***	3.349 ***	1.945 ***	2.138 ***
	(0.000)	(0.056)	(0.058)	(0.055)	(0.050)	(0.050)	(0.046)
Firm FE	Y	Y	Y	Y	Y	Y	Y
Industry FE	Y	Y	Y	Y	Y	Y	Y
Year FE	Y	Y	Y	Y	Y	Y	Y
City FE	Y	Y	Y	Y	Y	Y	Y
Observations	389061	389061	389061	389061	389061	389061	389061
R^2	0.986	0.696	0.834	0.729	0.767	0.839	0.694
Adj-R^2	0.986	0.507	0.730	0.560	0.622	0.740	0.505
F	294.897	67.536	18.040	25.762	69.715	20.834	45.309

注：***、**和*分别表示在1%、5%和10%的水平上显著；采用高维固定效应方法同时固定企业特征、年份特征、行业特征和城市特征；括号中报告的是企业层面的标准误差。

表 2-3 的结果为产业升级在数字化影响企业能源技术进步中的中介作用提供了证据，本章进一步检验了数字化能否通过提升产业智能化水平来影响企业的能源效率。产业智能化的中介效应评估结果如表 2-4 所示。(1) 列的 BCP 系数为 1.064，通过了 1% 的显著性水平检验，表明"宽带中国"政策的实施显著提高了产业智能化水平。(2) 列到 (4) 列的 lnint 系数分别为 -0.378、0.346、0.106，均通过了 1% 的显著性水平检验，表明"宽带中国"政策通过提高产业智能

化水平提高了企业层面的煤炭和石油能源效率，降低了电力能源效率。（5）列到（7）列 lnint 的回归系数分别为 0.512、−0.212 和 −0.028，均通过了 1% 的显著性水平检验，表明"宽带中国"政策还通过提升产业智能化水平，降低了企业层面的煤炭和石油能源消耗，增加了电力能源消耗。以上结果表明，数字化可以通过提升产业智能化水平来影响企业能源效率和企业能源消耗。

表 2-4　产业智能化的中介效应评估结果

项目	lnint	企业能源效率			企业能源消耗		
		电力	煤炭	石油	电力	煤炭	石油
	(1)	(2)	(3)	(4)	(5)	(6)	(7)
BCP	1.064***	−0.041**	0.255***	0.241***	0.056***	−0.239***	−0.226***
	(0.014)	(0.021)	(0.021)	(0.018)	(0.020)	(0.020)	(0.017)
lnint		−0.378***	0.346***	0.106***	0.512***	−0.212***	−0.028***
		(0.011)	(0.010)	(0.009)	(0.010)	(0.009)	(0.010)
C	3.971***	8.617***	5.542***	7.472***	0.533***	3.608***	1.678***
	(0.001)	(0.069)	(0.075)	(0.066)	(0.064)	(0.071)	(0.060)
Firm FE	Y	Y	Y	Y	Y	Y	Y
Industry FE	Y	Y	Y	Y	Y	Y	Y
Year FE	Y	Y	Y	Y	Y	Y	Y
City FE	Y	Y	Y	Y	Y	Y	Y
N	389061	389061	389061	389061	389061	389061	389061
R^2	0.798	0.601	0.830	0.712	0.707	0.838	0.681
Adj-R^2	0.798	0.364	0.729	0.540	0.533	0.743	0.491
F	540.766	850.992	42.508	34.531	1780.563	41.229	34.611

注：***、** 和 * 分别表示在 1%、5% 和 10% 的水平上显著；采用高维固定效应方法同时固定企业特征、年份特征、行业特征和城市特征；括号中报告的是企业层面的标准误差。

（二）政府干预的调节作用

根据 Kang 等（2022）的研究，中国企业的能源使用会受到政府干预（gov）的影响。因此，本章进一步探讨了政府干预对数字化与企业能源效率关系的调节作用（见表2-5）。由表2-5的回归结果可知，$gov×BCP$ 在（2）列、（4）列和（6）列中的系数分别为 -4.490、1.685、0.217。政府干预放大了数字化对企业电力能源效率的负面影响。此外，政府干预也增强了数字化对企业煤炭能源效率的积极影响。但是，政府干预对数字化与企业煤炭能源效率关系的调节作用不显著。因此，在数字化转型过程中，政府需要规范企业的用电行为，减少电力的低效使用。

表2-5 政府干预的调节效应检验

项目	电力		煤炭		石油	
	（1）	（2）	（3）	（4）	（5）	（6）
BCP	-0.162 ***	0.475 ***	0.092 ***	-0.147 ***	0.112 ***	0.081 **
	(0.018)	(0.047)	(0.018)	(0.042)	(0.018)	(0.040)
gov	1.671 ***	2.108 ***	-3.185 ***	-3.349 ***	-0.752 ***	-0.774 ***
	(0.416)	(0.468)	(0.472)	(0.501)	(0.282)	(0.285)
$gov×BCP$		-4.490 ***		1.685 ***		0.217
		(0.321)		(0.273)		(0.252)
C	6.123 ***	6.063 ***	8.560 ***	8.582 ***	8.270 ***	8.272 ***
	(0.059)	(0.066)	(0.067)	(0.071)	(0.040)	(0.040)
Firm FE	Y	Y	Y	Y	Y	Y
Industry FE	Y	Y	Y	Y	Y	Y
Year FE	Y	Y	Y	Y	Y	Y
City FE	Y	Y	Y	Y	Y	Y
N	389061	389061	389061	389061	389061	389061
R^2	0.696	0.696	0.834	0.834	0.729	0.729
Adj-R^2	0.507	0.508	0.731	0.731	0.560	0.560
F	52.420	87.059	39.362	32.744	24.463	16.531

注：*** 、** 和 * 分别表示在1%、5%和10%的水平上显著；采用高维固定效应方法同时固定企业特征、年份特征、行业特征和城市特征；括号中报告的是企业层面的标准误差；gov 用财政支出占企业所在城市生产总值的比例来衡量。

四 数字化影响企业能源技术进步的异质性分析

(一) 数字化对不同地区企业能源技术进步的影响

数字化对不同地区企业能源效率和企业能源消耗的影响如图 2-2 所示。研究结果表明，数字化对东部、中部、西部地区企业能源效率和企业能源消耗的影响在方向上没有显著差异（石油除外），但在程度上有显著差异。具体而言，在东部地区，"宽带中国"政策的实施

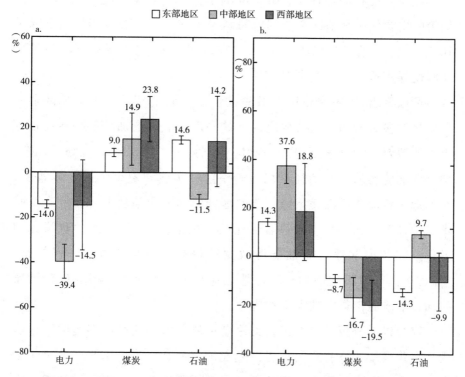

图 2-2 数字化对不同地区企业能源效率和企业能源消耗的影响

注：图 2-2 中，图 a 表示"宽带中国"政策对企业电力、煤炭和石油能源效率的影响。不同颜色的柱形分别代表东部地区、中部地区和西部地区。柱状图的方向表示"宽带中国"政策影响的方向，柱状图的长度表示政策对该地区企业能源效率影响的强度。图 b 表示"宽带中国"政策对企业电力、煤炭和石油能源消耗的影响。不同颜色的柱形分别代表东部地区、中部地区和西部地区。柱状图的方向表示"宽带中国"政策影响的方向，柱形的长度表示政策对该地区企业能源消耗影响的强度。长度越长，表示"宽带中国"政策的影响越大。此外，柱形图上的线段表示影响的标准误差。如果线段与 X 轴不相交，则表示影响显著。

使企业的电力能源效率降低了 14.0%，但使煤炭和石油能源效率分别提高了 9.0% 和 14.6%；在中部地区，"宽带中国"政策的实施使企业电力的能源效率降低了 39.4%，使煤炭的能源效率提高了 14.9%，使石油的能源效率降低了 11.5%；在西部地区，"宽带中国"政策的实施使煤炭能源效率提高了 23.8%。在此基础上，本章进一步探讨了"宽带中国"政策的实施对企业能源消耗的影响。研究发现，"宽带中国"政策的实施导致东部地区企业用电量增加了 14.3%，但显著降低了企业煤炭和石油消耗量，分别降低了 8.7% 和 14.3%。"宽带中国"政策的实施使中部地区企业用电量增长了 37.6%，煤炭消耗量下降了 16.7%，石油消耗量增加了 9.7%。在西部地区，"宽带中国"政策的实施使煤炭消耗量降低了 19.5%。

可以看出，"宽带中国"政策的实施导致了东部和中部地区企业用电量的显著增加，但其相应的产量并没有显著增加。最终导致企业电力能源效率的显著下降。与此同时，实施"十二五"规划后，东、中、西部地区的煤炭消耗量均显著下降。实施"宽带中国"政策后，东部地区石油能源消耗下降，中部地区石油能源消耗上升，但产量基本保持稳定。在产量没有显著变化的情况下，"宽带中国"政策分别导致东部和中部地区石油能源效率的提高和降低。值得一提的是，"宽带中国"政策实施后，东部地区煤炭和石油能源效率的提升与煤炭和石油能源消耗的减少基本持平。

综合以上分析可以看出，无论是东部、中部还是西部地区，目前的数字化发展并没有有效地提升企业的能源技术进步水平。数字化主要对能源消耗产生了直接影响，并促进不同能源消耗之间的转换。因此，本章认为政府在评估数字节能减排效果时，应该更加均衡地考虑中国东部、中部、西部地区，重视提高清洁能源技术水平。

（二）数字化对不同行业部门企业能源技术进步的影响

数字化对不同行业部门企业能源效率和企业能源消耗的影响。结果表明，"宽带中国"政策的实施导致交通运输业企业电力和煤炭的能源效率分别降低了62.1%和30.7%，石油能源效率提高了47.1%。在电力、燃气以及水生产业，"宽带中国"政策分别使企业的电力和石油的能源效率提高了23.4%和36.9%。"宽带中国"政策还显著影响了轻工业部门企业的能源效率。该政策使电力、煤炭、石油的能源效率分别提高了9.6%、45.3%、20.3%。

进一步探究"宽带中国"政策对不同行业部门企业能源消耗的影响，本章发现"宽带中国"政策的实施导致交通运输业的企业用电量增加了47.2%。然而，它显著减少了61.9%的煤炭和石油消耗量。"宽带中国"政策的实施导致电力、燃气以及水生产业的电力、煤炭和石油消耗分别增长42.3%、28.9%和28.9%。在采矿业部门，"宽带中国"政策显著增加了70.4%的用电量。此外，农业部门的数字化使电力、煤炭和石油消耗分别减少了11.1%、20.5%和20.5%。结果表明，"宽带中国"政策对不同行业的影响差异较大。在大多数情况下，"宽带中国"政策的实施会导致不同行业企业的电力消耗、煤炭消耗和石油消耗的变化。这表明，数字化发展对提升这些行业的技术进步水平的作用有限。然而，在电力、燃气以及水生产业，企业的能源消耗和企业能源效率同时增加，表明"宽带中国"政策仍在带来产量的提高，并推动少数行业的技术进步，尤其是在能源生产行业。这意味着当前的数字化发展对企业能源技术进步水平的提升效果不均衡（Husaini 和 Lean，2022）。此外，行业特点也在一定程度上影响着数字化的发展。

（三）数字化对不同规模企业能源技术进步的影响

数字化对不同规模企业能源效率和能源消耗的影响结果如图2-3所示。柱形图反映了数字化影响的方向和程度。研究结果表明，数字化对不同规模企业能源效率的影响存在显著差异。例如，"宽带中国"政策的实施使中小企业的电力能源效率降低了31.9%，使大型企业的电力能源效率提高了22.9%。同时，"宽带中国"政策使中小企业的煤炭和石油能源效率分别降低了4.3%和6.2%。但使大型企业煤炭和石油的能源效率分别提高了 51.1% 和 59.4%。进一步探究"宽带中国"政策的实施对企业能源消耗的影响，研究发现在中小企业中，"宽带中国"政策的实施导致电力能源消耗增加了 13.9%，导致煤炭能源消耗减少了 13.6%，导致石油能源消耗减少了 11.7%。对大型企业而言，"宽带中国"政策的实施增加了 27.1% 的电力能源消耗，但煤炭和石油的能源消耗分别减少了 0.9% 和 9.2%。

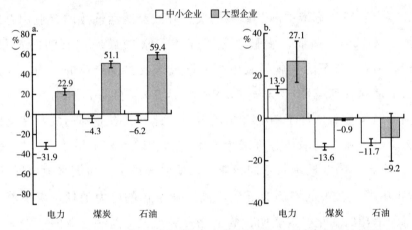

图 2-3　数字化对不同规模企业能源效率和能源消耗的影响

注：图 2-3 中，图 a 表示"宽带中国"政策的实施对不同规模企业能源效率的影响，图 b 表示"宽带中国"政策的实施对不同规模企业能源消耗的影响。柱形图的方向表示"宽带中国"政策影响的方向。柱形图上的线段表示影响的标准误差。线段与 X 轴不相交表示影响显著。

从图 2-3 的结果可以看出，在能源消耗方面，"宽带中国"政策的实施使不同规模的企业电力能源消耗增加，煤炭和石油能源消耗减少。在能源效率方面，"宽带中国"政策使大型企业的所有能源效率有所提升，但使中小企业的所有能源效率有所降低。这表明，数字化发展在提升大型企业的能源效率方面明显优于中小企业。因此，本章认为政府在保证大型企业能源效率提升的同时，应关注"宽带中国"政策下中小企业能效的变化，应根据不同规模企业的特点，更仔细地评估数字化对能源效率和能源消耗的影响。数字化进程应该更多地从大型企业和中小企业共同受益的角度推进。

（四）数字化对不同资源依赖型企业能源技术进步的影响

数字化对不同资源依赖型企业能源效率和能源消耗的影响如图 2-4 所示。结果表明，数字化对企业能源技术进步的影响在资源依赖型和非资源依赖型企业之间是相似的。

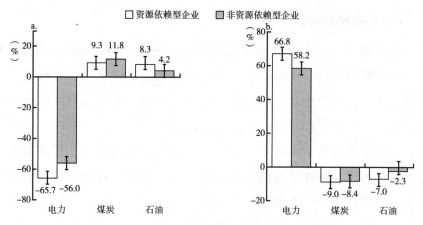

图 2-4　数字化对不同资源依赖型企业能源效率和能源消耗的影响

注：图 2-4 中，图 a 表示"宽带中国"政策的实施对不同资源依赖型企业能源效率的影响，图 b 表示"宽带中国"政策的实施对不同资源依赖型企业能源消耗的影响。柱形图的方向表示"宽带中国"政策影响的方向。柱形图上的线段表示影响的标准误差。线段与 X 轴不相交表示影响显著。

实施"宽带中国"政策分别使资源依赖型企业和非资源依赖型企业的电力能源效率降低了 65.7% 和 56.0%，分别使资源依赖型企业和非资源依赖型企业的煤炭能源效率提高了 9.3% 和 11.8%，分别使资源依赖型企业和非资源依赖型企业的石油能源效率提高了 8.3% 和 4.2%。进一步探究"宽带中国"政策的实施对企业能源消耗的影响，研究发现"宽带中国"政策的实施使资源依赖型企业和非资源依赖型企业的电力能源消耗分别增加了 66.8% 和 58.2%，煤炭能源消耗分别减少了 9.0% 和 8.4%，石油能源消耗分别减少了 7.0% 和 2.3%。"宽带中国"政策的实施对资源依赖型企业和非资源依赖型企业产生了相似的影响。实施"宽带中国"政策会导致不同资源依赖型企业的电力能源消耗增加，煤炭和石油能源消耗减少，从而导致了与能源效率相反方向的变化。因此，数字化发展对资源依赖型和非资源依赖型企业能源技术进步的影响有限。

五　数字化影响企业能源技术进步的稳健性检验

（一）安慰剂检验

考虑到"宽带中国"政策也可能影响非试点城市的企业能源效率，本章采用蒙特卡罗模拟从对照组中随机抽取样本作为处理组进行重新估计，若参数分布呈正态分布且均值为 0，表明结果可靠（Dong 等，2022；Li 等，2022；Yu 和 Zhang，2022）。

安慰剂测试结果如图 2-5 所示。正如所预期的那样，安慰剂检验的系数分布在 0 附近并遵循正态分布，这意味着处理组的能源效率变化来自"宽带中国"政策的实施。

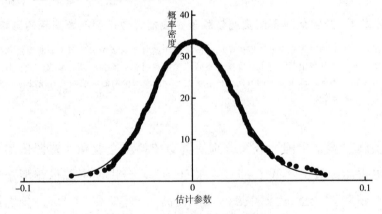

图 2-5　安慰剂检验结果

注：通过蒙特卡罗模拟在对照组中随机抽取 1000 个处理组进行 PSM-DID 回归，将获得的回归系数绘制成分布图。该图报告了以企业电力能源效率为因变量的结果，不同类型企业的能源效率和能源消耗都是一致的。

（二）基于 PSM 半径匹配方法的再估计

为了保证估计结果不受 PSM 匹配方法的干扰，本章选取 0.03 作为半径进行半径匹配，以匹配处理组的对照组（见表 2-6）。

表 2-6　基于 PSM 半径匹配方法的再估计结果

项目	企业能源效率			企业能源消耗		
	电力	煤炭	石油	电力	煤炭	石油
BCP	-0.172*** (0.018)	0.105*** (0.018)	0.113*** (0.018)	0.175*** (0.016)	-0.103*** (0.016)	-0.111*** (0.016)
C	6.343*** (0.002)	8.057*** (0.002)	8.138*** (0.002)	3.677*** (0.002)	1.963*** (0.002)	1.882*** (0.002)
Firm FE	Y	Y	Y	Y	Y	Y
Industry FE	Y	Y	Y	Y	Y	Y
Year FE	Y	Y	Y	Y	Y	Y
City FE	Y	Y	Y	Y	Y	Y
N	388650	388650	388650	388650	388650	388650
R^2	0.696	0.834	0.728	0.767	0.840	0.695
Adj-R^2	0.508	0.732	0.560	0.622	0.741	0.506
F	93.055	35.170	40.769	116.248	42.410	49.509

注：***、** 和 * 分别表示在 1%、5% 和 10% 的水平上显著；采用高维固定效应方法同时固定企业特征、年份特征、行业特征和城市特征；括号中报告的是企业层面的标准误差；使用半径匹配法（$r=0.03$）重新运行 PSM，然后进行回归。

从表 2-6 的结果可以看出，"宽带中国"政策对企业电力、煤炭和石油能源效率的影响分别为 -17.2%、10.5% 和 11.3%，对企业电力、煤炭和石油能源消耗的平均影响分别为 17.5%、-10.3% 和 -11.1%。这个结论与表 2-2 的估计结果基本一致，说明本章的结论是比较可靠的。

（三）基于不同因变量的再估计

为避免变量设置对估计结果的潜在影响，本章选取单位能耗营业收入来衡量企业能源效率。同时，本章选取人均能耗来计量企业能源消耗。表 2-7 报告了替换因变量的再估计结果。表 2-7 结果显示，"宽带中国"政策对单位电力、煤炭、石油的单位能耗营业收入的平均影响分别为 -18.8%、17.4%、4.9%。"宽带中国"政策实施对企业电力、煤炭和石油能源消耗的平均影响分别为 18.8%、-11.9% 和

7

−4.5%。这一结论也与表 2-2 的结果基本一致，说明本章的结论是相对可靠的。

表 2-7　替换因变量的再估计结果

项目	企业能源效率			企业能源消耗		
	电力	煤炭	石油	电力	煤炭	石油
BCP	−0.188*** (0.017)	0.174*** (0.031)	0.049** (0.021)	0.188*** (0.015)	−0.119*** (0.027)	−0.045** (0.018)
C	6.383*** (0.004)	−5.804*** (0.008)	7.485*** (0.005)	−0.376*** (0.004)	−0.077*** (0.007)	−1.431*** (0.005)
Firm FE	Y	Y	Y	Y	Y	Y
Industry FE	Y	Y	Y	Y	Y	Y
Year FE	Y	Y	Y	Y	Y	Y
City FE	Y	Y	Y	Y	Y	Y
Observations	316175	147323	213428	364589	170952	245529
R^2	0.232	0.259	0.188	0.176	0.260	0.188
Adj-R^2	0.231	0.257	0.186	0.175	0.258	0.186
F	116.191	31.995	5.393	154.516	19.854	6.474

注：***、** 和 * 分别表示在 1%、5% 和 10% 的水平上显著；采用高维固定效应方法同时固定企业特征、年份特征、行业特征和城市特征；括号中报告的是企业层面的标准误差；新因变量采用自然对数值。

第五节　本章小结

已有研究表明，数字转型政策在区域层面对能源技术进步产生了积极影响。然而，数字化在微观层面对企业能源技术进步的影响容易被忽视。本章基于大样本企业税务记录数据集，通过 PSM-DID 模型探讨了数字化对企业能源技术进步的影响。与现有研究相比，本章还评估了数字化对企业电力、煤炭和石油能源技术进步影响的差异。

第一，基于 PSM-DID 模型的结果表明，"宽带中国"政策的实施使企业煤炭和石油能源效率分别提高了 10.5% 和 11.3%，使电力能源效率降低了 17.2%。"宽带中国"政策的实施导致企业用电量增加了

17.4%，煤炭和石油消耗分别减少了10.2%和11.1%。研究结果表明，"宽带中国"政策带来的能源效率提高主要来自能源消耗的变化。一系列稳健性检验支持了上述分析结果，包括平行趋势检验、安慰剂试验、替换变量和匹配方法的重新估计。

第二，机制分析结果表明，数字化能够通过推动产业升级和提升产业智能化水平来影响企业能源效率。此外，本章还发现，政府干预的增加不仅放大了"宽带中国"政策对企业电力能源效率的负面影响，也放大了"宽带中国"政策对企业煤炭能源效率的正面影响。

第三，异质性分析显示，数字化对不同地区、不同行业部门、不同规模、不同资源依赖程度企业能源技术进步的影响存在显著差异。从区域来看，数字化对东部地区企业电力能源效率的负面影响最小，但对中部地区企业煤炭和石油能源效率的改善最为显著。从行业部门来看，"宽带中国"政策导致的企业电力能源效率下降主要来自交通运输业和服务业。"宽带中国"政策对轻工业三种能源效率的影响都是积极的。这进一步表明，"宽带中国"政策导致的服务部门转型在企业层面降低了能源效率。从企业规模的角度来看，数字化对大型企业能源效率的正向影响远大于中小企业。从不同资源依赖型企业来看，数字化对资源依赖型企业的电力能源效率有更显著的负面影响。

本章提供了数字化影响企业能源技术进步的证据，根据本章的研究结果提出以下建议。首先，制定有针对性的措施，减少企业在数字化转型过程中的低效用电。研究结果表明，"宽带中国"政策的实施导致企业电力能源效率降低了17.2%，企业电力能源消耗增加了17.4%，这意味着数字化改造带来了大量的电力浪费。针对这种情况，政府可以向数字化转型中有效使用电力的企业提供财政补贴，以提高企业的电力能源效率。其次，限制效率低下行业的数字化转型。政府应该为效率偏低行业的企业制定差异化电价，通过价格机制减少电力浪费。最后，有选择地鼓励企业通过设备和技术升级来削弱数字化带来的负面影响。例如，政府可以为中小企业和资源依赖型企业的数字化转型发放研发补贴，主要是引入更节能的设备和技术。

参考文献

Acemoglu D., Restrepo P., "Unpacking Skill Bias: Automation and New Tasks," *AEA Papers and Proceedings*, 2020, 110.

Adom P. K., Amakye K., Abrokwa K. K., Quaidoo C., "Estimate of Transient and Persistent Energy Efficiency in Africa: A Stochastic Frontier Approach," *Energy Conversion and Management*, 2018, 166.

Amasawa E., Ihara T., Hanaki K., "Role of E-reader Adoption in Life Cycle Greenhouse Gas Emissions of Book Reading Activities," *The International Journal of Life Cycle Assessment*, 2018, 23.

Anthopoulos L., Kazantzi V., "Urban Energy Efficiency Assessment Models from an AI and Big Data Perspective: Tools for Policy Makers," *Sustainable Cities and Society*, 2022, 76.

Barbera E., Mio A., Massi Pavan A., Bertucco A., Fermeglia M., "Fuelling Power Plants by Natural Gas: An Analysis of Energy Efficiency, Economical Aspects and Environmental Footprint Based on Detailed Process Simulation of the Whole Carbon Capture and Storage System," *Energy Conversion and Management*, 2022, 252.

Bałaga D., Siegmund M., Kalita M., Williamson B. J., Walentek A., Mała-chowski M., "Selection of Operational Parameters for a Smart Spraying System to Control Airborne PM_{10} and $PM_{2.5}$ Dusts in Underground Coal Mines," *Process Safety and Environmental Protection*, 2021, 148.

Berndt E. R., Wood D. O., "Technology, Prices, and the Derived Demand for Energy," *Economics, Environmental Science · The Review of Economics and Statistics*, 1975, 57.

Cai W., Li Y., Li L., Lai K., Jia S., Xie J., Zhang Y., Hu L., "Energy Saving and High Efficiency Production Oriented Forward-and-reverse Multidirectional Turning: Energy Modeling and Application," *Energy*, 2022, 252.

Cui J. , Wang C. , Zhang J. , Zheng Y. , " The Effectiveness of China's Regional Carbon Market Pilots in Reducing Firm Emissions," *Proceedings of the National Academy of Sciences*, 2021, 118.

Dehghan S. Z. , Shahnazi R. , " Energy Consumption, Carbon Dioxide Emissions, Information and Communications Technology, and Gross Domestic Product in Iranian Economic Sectors: A Panel Causality Analysis," *Energy*, 2019, 169.

Devlin A. , Yang A. , " Regional Supply Chains for Decarbonising Steel: Energy Efficiency and Green Premium Mitigation," *Energy Conversion and Management*, 2022, 254.

Dong F. , Li Y. , Qin C. , Zhang X. , Chen Y. , Zhao X. , Wang C. , "Information Infrastructure and Greenhouse Gas Emission Performance in Urban China: A Difference-in-differences Analysis," *Journal of Environmental Management*, 2022, 316.

Dong F. , Li Y. , Zhang X. , Zhu J. , Zheng L. , " How does Industrial Convergence Affect the Energy Efficiency of Manufacturing in Newly Industrialized Countries? Fresh Evidence from China," *Journal of Cleaner Production*, 2021, 316.

Fisher-Vanden K. , Jefferson G. H. , Jingkui M. , Jianyi X. , " Technology Development and Energy Productivity in China," *Energy Economics*, 2006, 28.

Gao Y. , Zheng J. , Wang X. , "Does High-speed Rail Reduce Environmental Pollution? Establishment-level Evidence from China," *Socio-Economic Planning Sciences*, 2021.

He Y. , Fu F. , Liao N. , "Exploring the Path of Carbon Emissions Reduction in China's Industrial Sector through Energy Efficiency Enhancement Induced by R&D Investment," *Energy*, 2021, 225.

Hong Q. , Cui L. , Hong P. , "The Impact of Carbon Emissions Trading on Energy Efficiency: Evidence from Quasi-experiment in China's Carbon Emissions Trading Pilot," *Energy Economics*, 2022, 11.

Hsu P. H. , Tian X. , Xu Y. , "Financial Development and Innovation: Cross-country Evidence," *Journal of Financial Economics*, 2014, 112.

Hu B. , Zhou P. , Zhang L. P. , "A Digital Business Model for Accelerating

Distributed Renewable Energy Expansion in Rural China," *Applied Energy*, 2022, 316.

Huang G. , HeL. Y. , Lin X. , "Robot Adoption and Energy Performance: Evidence from Chinese Industrial Firms," *Energy Economics*, 2022, 107.

Husaini D. H. , Lean H. H. , "Digitalization and Energy Sustainability in ASEAN," *Resources, Conservation and Recycling*, 2022, 184.

Kang J. , Yu C. , Xue R. , Yang D. , Shan Y. , "Can Regional Integration Narrow City-level Energy Efficiency Gap in China?" *Energy Policy*, 2022, 163.

Khoshroo A. , Izadikhah M. , Emrouznejad A. , "Energy Efficiency and Congestion Considering Data Envelopment Analysis and Bounded Adjusted Measure: A Case of Tomato Production," *Journal of Cleaner Production*, 2021, 328.

Lange S. , Pohl J. , Santarius T. , "Digitalization and Energy Consumption. Does ICT Reduce Energy Demand?" *Ecological Economic*, 2020, 176.

Li B. , Han Y. , Wang C. , Sun W. , "Did Civilized City Policy Improve Energy Efficiency of Resource-based Cities? Prefecture-level Evidence from China," *Energy Policy*, 2022, 167.

Li M. , Pan X. , Yuan S. , "Do the National Industrial Relocation Demonstration Zones Have Higher Regional Energy Efficiency?" *Applied Energy*, 2022, 306.

Li Y. , Zhang J. , Yang X. , Wang W. , Wu H. , Ran Q. , Luo R. , "The Impact of Innovative City Construction on Ecological Efficiency: A Quasi-natural Experiment from China," *Sustainable Production and Consumption*, 2021, 28.

Lin B. , Huang C. , "Analysis of Emission Reduction Effects of Carbon Trading: Market Mechanism or Government Intervention?" *Sustainable Production and Consumption*, 2022.

Lin B. , Zhu R. , "Energy Efficiency of the Mining Sector in China, What are the Main Influence Factors?" *Resources, Conservation and Recycling*, 2021, 167.

Liu J. , Li X. , Zhong S. , "Does Innovation Efficiency Promote Energy Consumption Intensity? New Evidence from China," *Energy Reports*, 2022.

Liu Y. , Wang X. , Zhou S. , Chen H. , "Enhancing Public Building Energy

Efficiency Using the Response Surface Method: An Optimal Design Approach," *Environmental Impact Assessment Review*, 2021, 87.

Mayers K., Koomey J., Hall R., Bauer M., France C., Webb A., "The Carbon Footprint of Games Distribution: The Carbon Footprint of Games Distribution," *Journal of Industrial Ecology*, 2015, 19.

Mišík M., Oravcová V., "Ex Ante Governance in the European Union: Energy and Climate Policy as a 'test run' for the Post-Pandemic Recovery," *Energy Policy*, 2022, 167.

Noussan M., Jarre M., Degiorgis L., Poggio A., "Data Analysis of the Energy Performance of Large Scale Solar Collectors for District Heating," *Energy Procedia*, 2017, 134.

Pan X., Ai B., Li C., Pan Xianyou, Yan Y., "Dynamic Relationship among Environmental Regulation, Technological Innovation and Energy Efficiency Based on large Scale Provincial Panel Data in China," *Technological Forecasting and Social Change*, 2019, 144.

Pohl J., Frick V., Finkbeiner M., Santarius T., "Assessing the Environmental Performance of ICT-based Services: Does User Behaviour Make All the Difference?" *Sustainable Production and Consumption*, 2022, 31.

Qin P., Liu M., Su L., Fei Y., Tan-Soo J.S., "Electricity Consumption in the Digital Era: Micro Evidence from Chinese Households," *Resources, Conservation and Recycling*, 2022, 182.

Ramanathan R., "A Multi-factor Efficiency Perspective to the Relationships among World GDP, Energy Consumption and Carbon Dioxide Emissions," *Technological Forecasting and Social Change*, 2006, 73.

Rawte R., "The Role of ICT in Creating Intelligent, Energy Efficient Buildings," *Energy Procedia*, 2017, 143.

Shah W. U. H., Hao G., Yan H., Yasmeen R., Padda I. U. H., Ullah A., "The Impact of Trade, Financial Development and Government Integrity on Energy Efficiency: An Analysis from G7-Countries," *Energy*, 2022, 255.

Shahbaz M., Wang J., Dong K., Zhao J., "The Impact of Digital Economy on Energy Transition across the Globe: The Mediating Role of Government Governance", *Renewable and Sustainable Energy Reviews*, 2022, 166.

Shao M., Xue M., "Decomposition Analysis of Carbon Emissions: Considering China's Energy Efficiency," *Energy Reports*, 2022, 8.

Strobel T., "ICT Intermediates and Productivity Spillovers—Evidence from German and US Manufacturing Sectors," *Structural Change and Economic Dynamics*, 2016, 37.

Sun H., Edziah B. K., Kporsu A. K., Sarkodie S. A., Taghizadeh-Hesary F., "Energy Efficiency: The Role of Technological Innovation and Knowledge Spillover," *Technological Forecasting and Social Change*, 2021, 167.

Usman M., Balsalobre-Lorente D., "Environmental Concern in the Era of Industrialization: Can Financial Development, Renewable Energy and Natural resources Alleviate Some Load?" *Energy Policy*, 2022, 162.

Vanden B. D., Kolk A., "An Exploration of Smart City Approaches by International ICT Firms", *Technological Forecasting and Social Change*, 2019, 142.

Vu K., Hartley K., "Effects of Digital Transformation on Electricity Sector Growth and Productivity: A Study of Thirteen Industrialized Economies," *Utilities Policy*, 2022, 74.

Wang Z., Wang X., "Research on the Impact of Green Finance on Energy Efficiency in Different Regions of China Based on the DEA-Tobit Model," *Resources Policy*, 2022, 77.

Wen J., Okolo C. V., Ugwuoke I. C., Kolani K., "Research on Influencing Factors of Renewable Energy, Energy Efficiency, on Technological Innovation. Does Trade, Investment and Human Capital Development Matter?" *Energy Policy*, 2022, 160.

Wen S., Jia Z., "The Energy, Environment and Economy Impact of Coal Resource Tax, Renewable Investment, and Total Factor Productivity Growth," *Resources Policy*, 2022, 77.

Xu Q., Zhong M., Li X., "How does Digitalization Affect energy? International Evidence," *Energy Economics*, 2022, 107.

Xue Y. , Tang C. , Wu H. , Liu J. , Hao Y. , "The Emerging Driving Force of Energy Consumption in China: Does Digital Economy Development Matter?" *Energy Policy*, 2022, 165.

Yazar M. , York A. , Larson K. L. , "Adaptation, Exposure, and Politics: Local Extreme Heat and Global Climate Change Risk Perceptions in the Phoenix Metropolitan Region," *Cities*, 2022, 127.

Yu Y. , Zhang N. , "Does Industrial Transfer Policy Mitigate Carbon Emissions? Evidence from a Quasi-natural Experiment in China," *Journal of Environmental Management*, 2022, 307.

Zhang D. , Kong Q. , "Green Energy Transition and Sustainable Development of Energy Firms: An Assessment of Renewable Energy Policy," *Energy Economics*, 2022, 111.

Zhang Z. , Chen H. , "Dynamic Interaction of Renewable Energy Technological Innovation, Environmental Regulation Intensity and Carbon Pressure: Evidence from China," *Renewable and Sustainable Energy Reviews*, 2022, 192.

Zhao R. , Peng H. , Jiao W. , "Dynamics of Long-term Policy Implementation of Eco-transformation of Industrial Parks in China," *Journal of Cleaner Production*, 2021, 280.

Zheng Z. , "Energy efficiency Evaluation Model Based on DEA-SBM-Malmquist Index," *Energy Reports*, 2021, 7.

Zhong Z. , Peng B. , "Can Environmental Regulation Promote Green Innovation in Heavily Polluting Enterprises? Empirical Evidence from a Quasi-natural Experiment in China," *Sustainable Production and Consumption*, 2022, 30.

Zhou S. , Xu Z. , "Energy Efficiency Assessment of RCEP Member States: A Three-stage Slack Based Measurement DEA with Undesirable Outputs," *Energy*, 2022, 253.

Zhu J. , Lin B. , "Economic Growth Pressure and Energy Efficiency Improvement: Empirical Evidence from Chinese cities," *Applied Energy*, 2022, 307.

第三章

建筑业企业生产效率测度与提升路径分析

本章利用重庆市第三次与第四次全国经济普查数据，对 2015 ~ 2019 年 4750 家建筑业企业的生产效率进行研究，采用 DEA 基础模型测算了重庆市建筑业的生产效率，并对不同区域的建筑业企业的生产效率进行了对比，同时使用最小二乘法（OLS）与分位数回归分别测算了创新研发和财税政策对重庆市建筑业企业生产效率的影响。结果表明，重庆市建筑业企业生产效率逐年增长后微降，但整体不高。企业生产效率存在区域差异：近八成区县建筑业企业综合技术效率和纯技术效率提升，近四成区县企业规模效率提升。企业的创新研发投入和财税政策对建筑业企业的生产效率均有显著影响，且对不同效率水平企业的影响程度不同。创新研发方面，创新研发投入对中低水平综合技术效率的企业具有更显著的正向影响，对建筑业企业各个分位数上的纯技术效率均有显著正向影响，对各个分位数上的规模技术效率均有显著负向影响。财税政策方面，营业税和所得税对大部分建筑业企业综合技术效率均有显著负向影响。

第一节　建筑业企业生产效率测度与提升路径的背景与资料概述

一　建筑业企业生产效率测度与提升路径的研究背景与意义

党的十九大报告指出，我国经济已由高速增长阶段转向高质量发展阶段，要以供给侧结构性改革为主线，推动经济发展质量变革、效率变革、动力变革。其中，效率变革是三大变革的重点。因此，进入高质量发展的新时代，深入研究效率问题是紧扣新时代发展需要、适应高质量发展阶段的必然要求。

建筑业作为国民经济的支柱产业之一，带动了大量关联产业，为工业化和城市化发展作出了重要贡献。同时，建筑业也是深化供给侧结构性改革，统筹推进稳增长、稳就业等方面工作的重要领域，建筑业的生产效率问题必将成为影响经济效率的重要方面。要实现建筑业的高质量发展，效率问题是关键。

建筑业生产效率体现的是建筑业的投入产出转化能力，是衡量建筑业发展质量的综合指标。从微观层面对重庆市建筑业企业的生产效率进行测算，了解不同区域的建筑业企业生产效率演变情况和特征，并从创新研发和财税政策角度探讨二者对建筑业企业生产效率的影响及提升效应，有针对性地提出对策建议，对于促进建筑业企业生产效率提升、推动高质量发展之路越走越宽广具有重要的现实意义，有助于为政府科学决策和制定相关政策提供参考和依据。此外，对建筑业企业的生产效率及其提升路径进行研究是落实党的十九大精神、促进建筑业转型升级的重要举措，具有十分重要的应用价值与实践意义。

二 建筑业企业生产效率测度与提升路径的文献总结

（一）生产效率界定

对生产效率的界定，需要结合现有关于效率的理论进行研究。目前主要的效率理论包括基于效用理论的宏观的帕累托效率和基于投入产出的微观的投入产出率。帕累托效率是一个国家或者地区整体上资源分配的理想状态，当存在固定的资源和资源使用者时，任何一个资源使用者都不能通过不损害他人的境况来改善自身的境况，也就是说在这种状态下利己一定是有损于他人的。而投入产出率是从微观企业个体角度出发分析企业的资源配置情况，考察企业的投入资源量与产出量之间的关系，是一种微观的效率，通常用投入与产出之比或者成本与收益之比来表示。当前学者对生产效率定义的研究主要可分为三个方面。

从交易效率和资金配置来看，宋文兵（1998）认为生产效率包括交易效率和配置效率。赵守国等（2011）认为企业个体的生产效率最终会体现为资金这种社会稀缺资源的宏观配置，而对于企业个体来说，选择不同的方式进行融资，生产效率将会具体体现在企业的资本筹集效率、资本配置效率以及公司治理效率等方面。

从融资能力和企业价值来看，刘海虹和王明华（2001）认为企业融资实质上是资本作为一种资源进行配置的过程，而企业依靠不同方式获取不同资金量的能力体现为企业的生产效率。马亚军和宋林（2004）认为通过低成本的资金融入和良好的资金配置为企业创造价值的能力就是生产效率。

从投入和产出来看，魏开文（2001）认为生产效率是一定时空范围内对融资投入和产出的评价。方芳和曾辉（2005）认为微观企业个体的生产效率是以最低融资风险以及最低融资成本为企业创造最大收益的能力。杨兴全（2004）把企业的生产效率分为微观效率和宏观效率，又基于微观企业个体将微观效率分为筹资结构效率和企业治理效率。

按照已有文献对生产效率的研究，本章认为生产效率应该立足于经济学中生产效率是投入与产出之比的定义，从微观企业个体出发，考虑要素结构和其为企业创造的价值。因此，本章认为生产效率是指一定时空范围内，企业由于要素结构的选择，要素投入量与其为企业创造的价值之比。

（二）生产效率研究

国外部分学者关于企业生产效率的研究探讨了各类要素结构对企业价值的影响和融资顺序的选择。Franco 和 Merton（1958）提出了无税的 MM 定理，认为公司的总价值与融资结构和资本成本无关，也就是说融资结构只能影响到其所创造价值的分配，而不能影响到其所创造价值的规模大小。而在将企业所得税和个人所得税引入理论模型后，有税的 MM 理论认为，当存在企业所得税时，债务融资能够提高企业的市场价值，而当企业所得税和个人所得税同时存在时，个人所得税会使企业债务融资的税盾效应减弱，从而造成企业的价值下降。Myers 和 Majluf（1984）提出了优序融资理论，认为在融资方式选择上，企业首先偏好内部融资，其次是发债融资，最后才是股权融资。优序融资理论在发达国家市场得到了普遍的验证。Allen 和 Gregory（1998）提出了企业金融成长周期理论，认为当处于不同生命周期时，企业对经营活动具有不同的要求，而这种不同阶段的不同要求正是企业融资结构变化的内在原因。Allen 和 Gregory（1998）将企业金融成长周期划分为初创期、成长期、成熟期和衰退期 4 个阶段，初创期的企业主要依靠风险投资等直接融资方式，成长期的企业采用直接融资和间接融资相结合的外部融资方式，成熟期的企业通常采用多种融资方式以优化融资结构，而衰退期的企业主要依靠内源融资，较少选择外源融资。

国外学者还对生产要素结构的影响因素和生产效率的提升进行了研究。Malcolm 和 Jeffrey（2002）利用线性回归模型，以发展不成熟的资本市场为研究对象，发现企业的资本结构受相机决策行为和历史市场价值的影响较大。Suyanto 和 Salim（2010）以印度尼西亚的电机生产与食品加工行业为研究对象，发现外国直接投资能提高企业的生产效率。Thomas 等（2011）以制造行业的私有企业为研究对象，发现风险投资不仅会影响企业的生产效益，而且能够提高全要素生产率。Larry 和 Silvia（2018）以 1999~2012 年澳大利亚上市公司为研究对象，研究了企业特定因素和行业特定因素对资本结构的影响，发现行业特定因素对企业资本结构的形成有重要影响。Rumeysa 和 Yusuf（2019）以 2012~2017 年土耳其 261 家上市公司为研究对象，发现保理并不影响企业的初始杠杆决策，但决定了杠杆企业的资本结构。

国内关于企业生产效率的研究资料较为丰富，可以从研究内容、研究对象和研究方法三个方面来进行归纳。

在研究内容上，中国学者也多涉及融资偏好以及生产效率的影响因素等方面的内容。刘星等（2004）基于中国沪深两市上市公司的融资情况，发现上市公司融资首选股权融资，其次选择债务融资，最后选择内部融资，在债务融资中更偏好短期债务融资而非长期债务融资，并指出这种融资顺序选择与中国特定的融资环境以及公司治理机制有关。牛文浩（2013）提出，中国上市公司进行融资选择时，会优先选择股权融资，并认为可以从意识和制度两个方面入手优化上市公司的融资结构，意识上要提高股东和政府的经济伦理意识，制度上要完善市场运作和监管制度等。张根文等（2015）采用了超效率 DEA-Tobit 的研究方法，研究了 43 家节能环保上市公司的生产效率及其影响因素，发现样本公司从整体上来说生产效率低，并且公司规模、资本密集度、盈利和营运能力等对生产效率具有积极影响。

在研究对象上，学者们选择的公司以上市公司为主，涉及生物医药、节能环保和房地产等行业。邵永同和陈淑珍（2013）采用数据包络分析的经典模型，测算了 56 家上市生物医药公司的生产效率，发现大部分样本公司处于有效或者接近有效的状态，并且整体的生产效率处于稳步上升状态。邓超等（2013）运用 CCR 和 BCC 模型对 32 家上市环保公司的生产效率进行了测算，发现虽然生产效率出现了两极化，但是整体上仍然偏高。李菁等（2016）测算了 134 家中国房地产上市公司的生产效率，发现生产效率整体偏低，资金配置的水平有待提高。

在研究方法上，Berger 和 Humphrey（1997）对 130 多篇有关金融机构效率的论文进行了综述，从中总结出 5 种主要的估计方法，这些方法可以分为参数方法和非参数方法两大类。其中，参数方法包括随机前沿面方法（SFA）、自由分布方法（DFA）以及稠密前沿面方法（TFA），而非参数方法包括数据包络分析（DEA）方法和无边界方法（FDH）。在我国，学者运用 SFA 方法、DFA 方法和 TFA 方法对效率进行了研究，但这些参数方法的主要缺陷为生产前沿面限定了函数形式，而函数形式设置的不合理会造成效率计量出现偏差。对于非参数方法而言，DEA 是一种适合多投入多产出的方法，不需要假设因素间的隐含关系，不需要假设生产函数，指标权重由线性规划的方式产生，可以避免主观因素的影响，可以较为客观真实地进行评价，而 FDH 是DEA 的一种特殊情况，二者的差异在于 FDH 的边界或与 DEA 的边界一致，或在其内部。

国内学者常使用 DEA 方法对不同的效率进行测算，包括股权生产效率、债权生产效率以及技术创新效率等。陈蓉和周思维（2012）使用 DEA 方法分行业测度了创业板上市公司的股权生产效率，发现创业板的大部分上市公司股权生产效率不高。林宇等（2013）以沪深交易所 39 家房地产上市公司为样本，采用三阶段 DEA 模型对房地产调控政策下各公司债务生产效率进行了研究，发现上市公司的债务融资技术效率较投入变量调整前有所上升，债务融资纯技术效率水平具有明显的差异性，大部分的企业处于规模报酬递减状态。李宏宽等（2020）结合广义三阶段 DEA 和 Tobit 模型，研究了中国集成电路产业及产业链各个环节的技术创新效率及其影响因素，发现技术效率、纯技术效率以及规模效率均呈现上升态势，且规模效率是更主要的影响因素。

建筑业企业的生产效率具有多投入多产出的特点，考虑到生产函数设定的不合理可能带来的效率误差，本章认为非参数的方法更契合本研究的目的，因此选择 DEA 方法作为本章的研究方法。

目前关于生产效率的研究存在以下不足：首先，部分学者选择一家公司作为研究对象，再按照一定标准比如资产规模、经营资质等，选择部分可比公司作为样本，采用数据包络法进行对比分析；部分学者选择整个行业或者省份的企业生产效率进行研究，但也是采用行业或者省份的部分上市公司作为样本，而比较全面的基于一个省份的某一行业的研究比较少。其次，DEA 是用于评价相对有效性的方法，选择的决策单元之间要具有可比性，但是较多的学者，特别是进行整个行业或者省份企业生产效率研究的学者，在样本选取时没有考虑到可比性的问题，没有进行样本的分类筛选，最后的生产效率有效性也存在一定的偏差。

三　建筑业企业生产效率测度与提升路径的研究方法

（一）规范分析与实证研究相结合

立足于"生产效率"这一关键词，在厘清"生产效率"内涵的基础上，明确建筑业企业生产效率的已有研究涉及的行业和对象以及使用的研究方法等，以获得对建筑业企业生产效率研究方法较为全面的认识，并通过 DEA 模型测算了建筑业企业生产效率的综合技术效率、纯技术效率和规模效率。

（二）对比分析与定量研究相结合

本章对比了重庆市建筑业企业在不同地区的发展和效率分布，并结合重庆市的具体情况对分析结果背后的合理性进行了定性分析与讨论，以综合评价重庆市建筑业企业生产效率的演变特征。

第二节　建筑业企业生产效率测度与提升路径研究的方案设计

一　基于 DEA 方法的建筑业企业生产效率测度步骤

（一）DEA 基本原理

数据包络分析（Data Envelopment Analysis，简称 DEA）是数学、运筹学、管理科学和计算机科学交叉研究的领域，由 Charnes 和 Cooper 于 1978 年创建，用于研究相对有效性。DEA 适用于多投入多产出的研究对象，"DEA 有效性"取决于输入与输出的数据，本质上是在判断决策单元是否位于生产前沿面上（生产前沿面是由以投入最小、产出最大为目标的 Pareto 最优解构成的面）。用 DEA 理论、模型和方法对决策单元进行相对有效性评价时，可以得到很多管理信息。同时，DEA 是一种非参数统计估计方法，可以根据输入输出数据的不同确定不同的生产前沿面，并通过建立非参数的最优化模型进行分析。

DEA 模型分为投入导向型和产出导向型。投入导向是指产出既定时，投入是否达到相对最少；产出导向是指投入既定时，产出是否达到相对最多。本章的研究对象为建筑业，是资金密集型行业，运营管理者多会从调节投入入手来提高企业经营效益，并且投入端具有比产出端更易于控制的优点。因此，中国学者的研究也多从投入端入手。基于上述原因，本章也选取了投入导向型 DEA 模型。

CCR 模型假设规模报酬不变，即当技术水平和要素价格不变、所有要素都按同一比例变动时，产量会按照要素的变动比例而变动。投入导向型建筑业企业生产效率的 CCR 模型：

对于 DMU_K：

$$\min \theta_k$$

$$st \sum_{k=1}^{K} \lambda_{ki} x_{ki} \leq \theta_k x_{ki} (i = 1, 2, \cdots, N)$$

$$\sum_{k=1}^{K} \lambda_{kj} y_{kj} \geq y_{kj} (j = 1, 2, \cdots, M)$$

$$\lambda_k \geq 0 (k = 1, 2, \cdots, K)$$

其中，DMU_K 指第 k 个决策单元，效率值 θ_k 指 CCR 模型下的技术效率值，λ_{ki} 和 λ_{kj} 指决策单元 k 第 i 种投入和第 j 种产出的价格，x_{ki} 指决策单元 k 的第 i 种投入，y_{kj} 指决策单元 k 的第 j 种产出。将 CCR 模型中的假设条件改为规模报酬可变，加入约束条件 $\sum_{h=1}^{K} \lambda_h = 1$，即决策单元 K 的要素价格之和为 1，可得到 BCC 模型，由此得到的 θ_k 是去除了规模效率影响的纯技术效率值。技术效率值与纯技术效率值之比则为规模效率值。

（二）选取 DEA 模型测算建筑业企业生产效率的可行性

本章的研究目的在于评价重庆市建筑业企业的生产效率，发现未达到相对有效性的企业所存在的问题，并根据投入冗余分析提出改进方向，从而推动建筑业的高质量发展。

本章选取 DEA 模型进行研究的原因在于，DEA 相比其他方法有三大优点。一是应用范围广。本章的研究对象是建筑业，建筑业属于资金密集型行业且具有多投入多产出的特点。与回归分析等其他只能解决多投入单产出的方法相比，DEA 能够对多投入多产出的复杂问题进行研究并作出评价，因此更适合本章的研究。二是客观性更强。采用 DEA 模型进行研究，不需要预先假设输入输出之间可能存在的生产函数关系，从而克服了一些主观因素，降低了风险。同时，评价指标的权重由线性规划的方式产生，有助于客观真实地进行效率评价。三是可以为决策管理部门提供有效的建议。DEA 不仅可以找出有效和非有效企业，还能够通过对生产效率指标的分解，找到企业生产效率存在问题的原因和改进方向，能够为决策部门提供相关建议，从而有利于实现建筑业的高质量发展。综上所述，采用 DEA 模型能够更有效地达到本章的研究目的。

在使用 DEA 模型测算生产效率时，本章选取的测算软件为 Stata15.0，此版本不能解决投入产出指标出现负值数据的问题，但在获取的实际数据中，投入产出指标通常会出现负值。针对此问题，本章对原始数据进行归一化处理，将原始数据映射到 0 至 1 的范围，从而满足投入产出指标非负的要求。此外，由于 DEA 是一种相对评价方法，要求决策单元之间具有可比性，本章采用聚类分析，根据决策单元的不同特征，对决策单元进行分类，从而使同一类决策单元具有可比性。

（三）运用 DEA 方法测算建筑业企业生产效率的步骤

DEA 评价方法的应用主要包括三个阶段：一是明确问题阶段；二是建模计算阶段；三是分析结果阶段。每个阶段都有不同的任务和所要遵循的原则，具体来说主要包括以下几个步骤（见图 3-1）。

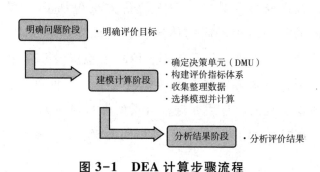

图 3-1 DEA 计算步骤流程

第一，明确评价目标。在用 DEA 进行效率测算时，首先要明确实际的研究问题和研究目标，并以研究目标为中心进行测算。通过识别主目标和子目标，以及对这些目标产生影响的因素，综合考虑各个因素之间可能存在的定性或定量关系。在此基础上还需辨明决策单元，分析决策单元的层次和结构。

第二，确定决策单元（DMU）。DEA 是通过对比同种类型的 DMU

进而得到相对效率的一种方法。DEA 评价方法要求各决策单元具有同质性，因此 DMU 的确定必须满足一些基本特征。首先，相同类型的 DMU 要具有相同的目标、任务、投入产出指标和外部环境；其次，决策单元要具有代表性。

第三，构建评价指标体系。在 DEA 计算步骤中，评价指标的确定是至关重要的一个环节，科学地选择评价指标是准确建立输入输出指标体系的前提。在选取评价指标时，要遵循价值取向的原则，同时兼顾指标与研究内容相适应、指标尽量全面且避免重复计量、指标选取具有可行性和可靠性 3 个要求。评价指标的选取无法避免研究人员的主观性，因此要运用科学的方法对指标进行验证和整合，以使指标选取达到最佳。

第四，收集整理数据。在用 DEA 进行效率测算时，要保证使用的数据具有广泛性，在整理数据时剔除变异数据，以确保总体评价结果不受个别无效数据的影响。

第五，选择模型并计算。DEA 评价方法包括 CCR 模型和 BCC 模型，不同的模型适用不同的情况。CCR 模型假设 DMU 处于固定规模报酬情形下，用来衡量总效率；BCC 模型假设 DMU 处于变动规模报酬情形下，用来衡量纯技术和规模效率。在明确了实际研究问题和研究所要实现的目标后，选择合适的模型对研究目标进行测算。

第六，分析评价结果。对评价结果的合理性作出理性、客观、综合的分析。

二　建筑业企业生产效率测度的评价指标选取

选择生产效率影响因素的衡量指标需要结合研究对象的特点。建筑业企业属于劳动密集型企业，高度依赖于重机械运转作业，施工领域的机械化施工程度、施工规模等都影响其生产效率。因此，本章选取了 6 个衡量指标，详见表 3-1。

表 3-1　投入产出指标

项目	指标名称	数据层级
投入指标（Xi）	建筑业企业从业人员数	企业级数据
	年末自有施工机械设备总功率	
	年末自有施工机械设备资产净值	
	房屋施工面积	
产出指标（Yi）	建筑业企业总产值	
	建筑业企业营业利润	

本章投入指标（Xi）的选取情况如下所示。

$X1$：建筑业企业从业人员数。建筑业企业从业人员数是指与建筑业企业正式签订劳动合同，根据合同条例在企业中从事相关生产经营并为企业创造预期利润的人数总和。建筑业是典型的劳动密集型产业，在推动城乡融合发展、农村人口妥善就业等方面发挥着中流砥柱的作用。因此，透过建筑业企业的从业人员数可预见企业未来发展动力的持续性，故此项指标可作为人力资源方面的投入指标，反映企业当下可实现的生产能力。

$X2$：年末自有施工机械设备总功率。年末自有施工机械设备总功率是指年末本企业直接投入的用于施工建设、生产建造且被列为固定资产的设备输出总功率。年末自有施工机械设备总功率依据设备设定功率或查定能力计算，其中包括为设备提供运转支持的单独设备动力，不包括用于运输、试验、维护的辅助生产设备动力。基于建筑业高度依赖于重机械运转作业从而决定产成品产出效率的特点，此项指标可作为施工能力方面的投入指标，用于衡量建筑业企业在年度内期望完成的生产规模。

$X3$：年末自有施工机械设备资产净值。年末自有施工机械设备资产净值是指年末归属于本企业的可按照生产质量标准正常运转作业并完成生产计划的机械设备的实际价值，按照原值扣减折旧之后的净值进行计量。机械设备的规模决定了施工领域的机械化施工程度，故此项指标可作为固定资产方面的投入指标，反映建筑业施工机械整体水平。

$X4$：房屋施工面积。房屋施工面积是指报告期内企业已经竣工、正在施工、暂缓施工的全部房屋面积的总和，包括本年度内新开工的、本年度内完成竣工的、以前年度尚未竣工本年度继续施工的、以前年度暂停或延缓施工本年度继续施工的、本年度施工后又停工缓建的所有房屋的面积。企业可通过施工面积制定施工计划、平衡施工材料、安排施工力量，故此项指标可作为生产能力方面的投入指标，反映建筑业企业的施工规模。

本章产出指标（Yi）的选取情况如下所示。

$Y1$：建筑业企业总产值。建筑业企业总产值是指企业在报告期内通过新建、改建、扩建等所生产的产品价值，以及在报告期内通过安装、维修、保护等所提供的服务价值，包括施工产值、为外单位提供的建筑制品和工业性作业价值、为外单位提供的服务价值、设备租赁收入和其他价值等。总产值可作为产出指标综合反映企业一段时间内的生产成果。

$Y2$：建筑业企业营业利润。建筑业企业营业利润是利润总额的一部分，指企业在一定时间内通过销售产品和提供服务所实现的利润，包括主营业务利润和其他利润，是企业利润的主要来源。营业利润可作为产出指标精准反映企业一段时间内生产经营活动的稳健性。

三　数据收集与处理

本章以重庆市联网直报建筑业企业的生产效率为研究对象，数据来源于进行本研究时可以获取到的最新的重庆市统计局第四次经济普查数据及第三次经济普查数据。除去数据缺失、异常的样本，最终选取 2015~2019 年共 4750 家建筑业企业进行生产效率测算。不同于汇总的统计年鉴的年度数据，此数据具体到微观企业个体，可以直接测算每家企业的生产效率水平，并根据投入冗余分析改善投入冗余情况。由于重庆市的建筑上市企业数量较少，针对单个企业的案例分析代表性不足，且测算相对效率时选择对比企业的标准也难以确定，因此本章选取的是具体到微观企业个体层面的重庆市建筑业企业数据。一方面，这类统计数据可以反映微观企业个体生产效率的水平，另一方面，由于统计范围是整个重庆市的建筑业企业，因此对于测算重庆市的建筑业行业生产效率水平具有较好的代表性。

第三节　建筑业企业生产效率测度结果分析

一　建筑业企业生产效率综合分析

本章使用 R 语言基于 DEA 模型对重庆市建筑业企业生产效率进行了测算。图 3-2 报告了 2015～2019 年重庆市建筑业企业综合技术效率（TE）、纯技术效率（PTE）和规模效率（SE）平均值情况。从图 3-2 可以看出，重庆市建筑业企业综合技术效率（TE）和纯技术效率（PTE）均呈左偏分布，规模效率（SE）呈右偏分布，表明综合技术效率、纯技术效率偏低，规模效率较高，且近年来建筑业效率并未发生实质性变化。

进一步对 3 种效率进行描述性统计分析，结果如表 3-2 所示。从 2015～2019 年的平均状况来看，综合技术效率（TE）的平均值为 0.1391，中位数为 0.0927，标准差为 0.1446，全样本的综合技术效率峰度值和偏度值维持在较高水平，其中峰度值为 16.6581，偏度值为 3.3565，由此可见样本数据分布不均，呈现非对称现象。纯技术效率（PTE）的平均值为 0.2107，中位数为 0.1253，标准差为 0.2165，峰度值为 8.3107，偏度值为 2.3787。规模效率（SE）的平均值为 0.7597，中位数为 0.8606，标准差为 0.2544，峰度值为 3.4886，偏度值为 -1.2115。与综合技术效率和纯技术效率相比，规模效率表现最佳，规模效率相对有效。

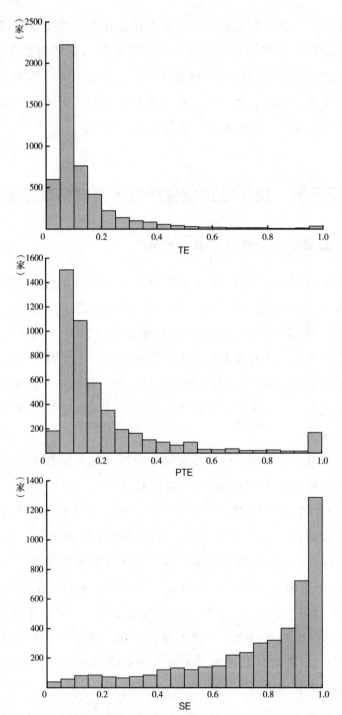

图 3-2　2015~2019 年重庆市建筑业企业 TE、PTE、SE 平均值情况

表 3-2　2015~2019 年重庆市建筑业企业 TE、PTE、SE 描述性统计

项目	样本数（个）	平均值	最小值	中位数	最大值	标准差	峰度值	偏度值
2015 年								
综合技术效率（TE）	946	0.1222	0.0030	0.0862	1.0000	0.1223	21.8648	3.8473
纯技术效率（PTE）	946	0.1830	0.0227	0.1086	1.0000	0.1949	10.9968	2.8112
规模效率（SE）	946	0.7769	0.0052	0.8729	1.0000	0.2400	3.9814	-1.3370
2016 年								
综合技术效率（TE）	1031	0.1346	0.0011	0.0903	1.0000	0.1422	19.2059	3.6596
纯技术效率（PTE）	1031	0.1969	0.0153	0.1170	1.0000	0.2015	9.6419	2.5826
规模效率（SE）	1031	0.7729	0.0025	0.8774	1.0000	0.2491	3.7536	-1.3013
2017 年								
综合技术效率（TE）	1060	0.1403	0.0057	0.0927	1.0000	0.1501	15.9004	3.2903
纯技术效率（PTE）	1060	0.2103	0.0208	0.1255	1.0000	0.2186	8.2577	2.3859
规模效率（SE）	1060	0.7557	0.0116	0.8553	1.0000	0.2548	3.3202	-1.1456
2018 年								
综合技术效率（TE）	917	0.1547	0.0008	0.0997	1.0000	0.1596	13.2924	2.9720
纯技术效率（PTE）	917	0.2349	0.0124	0.1439	1.0000	0.2279	6.7356	2.0635
规模效率（SE）	917	0.7456	0.0190	0.8470	1.0000	0.2652	3.1970	-1.1253
2019 年								
综合技术效率（TE）	796	0.1454	0.0095	0.0958	1.0000	0.1445	14.7210	3.0770
纯技术效率（PTE）	796	0.2341	0.0165	0.1378	1.0000	0.2373	6.8947	2.1299
规模效率（SE）	796	0.7441	0.0095	0.8372	1.0000	0.2629	3.2329	-1.1380
2015~2019 年								
综合技术效率（TE）	4750	0.1391	0.0008	0.0927	1.0000	0.1446	16.6581	3.3565
纯技术效率（PTE）	4750	0.2107	0.0124	0.1253	1.0000	0.2165	8.3107	2.3787
规模效率（SE）	4750	0.7597	0.0025	0.8606	1.0000	0.2544	3.4886	-1.2115

从 2015~2019 年各年的情况来看，重庆市建筑业企业综合技术效率（TE）平均值逐年增长后微降，总体而言始终处于较低水平，其发展趋势受到纯技术效率和规模效率的影响。重庆市建筑业企业综合技术效率（TE）从 2015 年的 0.1222 平稳增长到 2018 年的 0.1547，2019年下降了 6.01%。从纯技术效率和规模效率的影响来看，2015~2018年，纯技术效率提高对综合技术效率的正效应强于规模效率下降对综合技术效率的负效应，而在 2019 年，规模效率下降和纯技术效率下降导致了对综合技术效率的双重负效应。

纯技术效率（PTE）在 2016~2019 年的增速分别为 7.60%、6.81%、11.70%、-0.34%，其变化态势与综合技术效率基本趋同，且同样保持在低位。纯技术效率是企业在管理和技术等因素影响下的生产效率。重庆市建筑业企业纯技术效率相对无效是由于企业内部设备不先进、设备功率低和企业内部管理的相对无效。

2015~2019 年，规模效率（SE）相对有效，位居 0.75 左右的高位，但呈现逐年下降趋势，降幅分别为 0.51%、2.23%、1.34%、0.20%，与综合技术效率和纯技术效率的变动相比，规模效率的变动幅度更小。规模效率是受到企业规模因素影响的生产效率。重庆市建筑业企业的生产规模状态较佳，资源投入规模与生产水平相对匹配，存在资源浪费的企业数量较少。

二 建筑业企业生产效率的区域差异分析

（一）近八成区县建筑业企业综合技术效率提升

2015~2019 年重庆市不同区域建筑业企业 TE 平均值情况如表 3-3 所示。2015~2019 年，重庆市共有 30 个区县的建筑业企业综合技术效率（TE）平均值呈现波动上升态势，占比为 78.9%。其中，秀山县上升得最多，上升了 0.2101；石柱县上升得最少，仅上升了 0.0011。此外，共有 8 个区县的建筑业企业综合技术效率（TE）平均值波动下降，包括万州区、江北区、九龙坡区、大足区、渝北区、黔江区、南川区、彭水县。其中，彭水县下降得最多，下降了 0.1215；南川区下降得较少，下降了 0.0046。

表 3-3　2015~2019 年重庆市不同区域建筑业企业 TE 平均值情况

地区	2015 年	2016 年	2017 年	2018 年	2019 年
万州区	0.1546	0.1581	0.1370	0.1064	0.1031
涪陵区	0.1091	0.0990	0.1084	0.1361	0.1614
渝中区	0.0832	0.0803	0.0997	0.0825	0.1009
大渡口区	0.1155	0.1175	0.1352	0.1474	0.1389
江北区	0.1334	0.1496	0.0825	0.1002	0.1100
沙坪坝区	0.1749	0.1389	0.1411	0.1571	0.1847
九龙坡区	0.1464	0.1170	0.0779	0.1394	0.1286
南岸区	0.1096	0.1447	0.1803	0.1656	0.2137
北碚区	0.0789	0.1185	0.1136	0.1121	0.0908
綦江区	0.1271	0.1271	0.1433	0.1439	0.1491
大足区	0.1502	0.1519	0.1361	0.1423	0.1417
渝北区	0.1471	0.1190	0.1373	0.1261	0.0972
巴南区	0.0825	0.1000	0.1059	0.0928	0.1011
黔江区	0.1530	0.1518	0.1896	0.1928	0.1230
长寿区	0.1213	0.1646	0.1591	0.2232	0.1902
江津区	0.0805	0.0989	0.0938	0.1030	0.1316
合川区	0.1011	0.1079	0.1334	0.1509	0.1159
永川区	0.1236	0.1275	0.1458	0.1558	0.1332
南川区	0.0863	0.1220	0.0880	0.0672	0.0817
璧山区	0.0918	0.1591	0.1556	0.1410	0.1242
铜梁区	0.0940	0.1181	0.1019	0.1252	0.1220
潼南区	0.1108	0.1310	0.1457	0.1196	0.2046
荣昌区	0.0989	0.1172	0.1216	0.1914	0.1646
开州区	0.1446	0.1623	0.2052	0.2589	0.2315
梁平区	0.0913	0.0945	0.1152	0.1224	0.1264
武隆区	0.1450	0.1583	0.1659	0.1050	0.2608
城口县	0.0537	0.5593	0.3452	0.1964	0.2181
丰都县	0.0973	0.1942	0.1760	0.2378	0.2357
垫江县	0.0995	0.1158	0.1223	0.2098	0.1532
忠县	0.0960	0.0869	0.1258	0.1350	0.1110

地区	2015 年	2016 年	2017 年	2018 年	2019 年
云阳县	0.1230	0.1629	0.1359	0.2036	0.1881
奉节县	0.1214	0.2287	0.2100	0.2734	0.2019
巫山县	0.1638	0.1583	0.2883	0.2776	0.2514
巫溪县	0.1518	0.0905	0.1148	0.1420	0.1648
石柱县	0.0892	0.0866	0.1496	0.1911	0.0903
秀山县	0.1561	0.3254	0.4911	0.4714	0.3662
酉阳县	0.1012	0.1332	0.1604	—	0.1509
彭水县	0.1981	0.1509	0.1057	—	0.0766

从区县的建筑业企业综合技术效率平均值与重庆市全市建筑业企业综合技术效率平均值的对比来看，2015~2019 年各年沙坪坝区、开州区、巫山县、秀山县等区县的建筑业企业综合技术效率平均值都高于当年全市 38 个区县的平均值，在重庆市内处于领先位置。而渝中区、大渡口区、北碚区、巴南区、江津区、合川区、南川区、铜梁区、梁平区、忠县 10 个区县的综合技术效率平均值都低于全市建筑业企业综合技术效率平均值，说明这些区县的建筑业发展水平较低。南岸区、长寿区、城口县、丰都县、奉节县、黔江区、武隆区在 2015~2019 年仅有一年低于全市建筑业企业综合技术效率平均值，说明这些区县的建筑业企业的发展水平较高，而九龙坡区、渝北区在 5 年间仅有一年高于全市平均值，在观察期内未达到综合技术效率有效。

（二）近八成区县建筑业企业纯技术效率提升

2015~2019 年重庆市不同区域建筑业企业 PTE 平均值情况如表 3-4 所示。2015~2019 年，重庆市共有 30 个区县的建筑业企业纯技术效率（PTE）平均值呈波动上升趋势，占比为 78.9%。其中，南岸区上升最多，上升了 0.2431；永川区上升最少，仅上升了 0.0194。此外，共有 8 个区县的建筑业企业的纯技术效率（PTE）平均值波动下降，包括万州区、江北区、大足区、渝北区、南川区、荣昌区、城口县、彭水县。其中，城口县下降得最多，下降了 0.1967；荣昌区下降得较少，下降了 0.005。

表 3-4　2015~2019 年重庆市不同区域建筑业企业 PTE 平均值情况

地区	2015 年	2016 年	2017 年	2018 年	2019 年
万州区	0.2442	0.2699	0.2525	0.1881	0.2206
涪陵区	0.2306	0.1956	0.2014	0.2755	0.2983
渝中区	0.2237	0.2057	0.3015	0.2315	0.3088
大渡口区	0.3507	0.3112	0.2988	0.3157	0.4111
江北区	0.1872	0.1863	0.1204	0.1337	0.1700
沙坪坝区	0.3012	0.2269	0.2478	0.3293	0.3341
九龙坡区	0.2169	0.1857	0.1229	0.2724	0.2907
南岸区	0.1657	0.2143	0.2542	0.2906	0.4088
北碚区	0.1019	0.1782	0.1679	0.1569	0.1311
綦江区	0.1763	0.1830	0.2193	0.2279	0.2117
大足区	0.2040	0.1802	0.1912	0.2211	0.1959
渝北区	0.2245	0.1999	0.2325	0.2527	0.1875
巴南区	0.1618	0.1604	0.2043	0.1838	0.2196
黔江区	0.1813	0.1723	0.2150	0.2362	0.2152
长寿区	0.1842	0.2420	0.2343	0.3229	0.2905
江津区	0.1031	0.1641	0.1561	0.1540	0.1983
合川区	0.1345	0.1885	0.1981	0.2431	0.2152
永川区	0.1865	0.1746	0.2096	0.2118	0.2059
南川区	0.1147	0.1424	0.1139	0.0922	0.1039
璧山区	0.1154	0.1697	0.1805	0.1748	0.1547
铜梁区	0.1175	0.1791	0.1355	0.1791	0.1981
潼南区	0.1507	0.2092	0.2549	0.2854	0.3103
荣昌区	0.2248	0.2094	0.2043	0.2605	0.2198
开州区	0.1877	0.2102	0.2543	0.3370	0.2973
梁平区	0.1027	0.1040	0.1297	0.1384	0.1410
武隆区	0.1662	0.1745	0.1882	0.1196	0.2915
城口县	0.5004	0.5723	0.3893	0.2629	0.3037
丰都县	0.1515	0.2863	0.2924	0.3633	0.3766
垫江县	0.1060	0.1212	0.1308	0.2316	0.2071
忠县	0.1167	0.1387	0.1852	0.1904	0.1416

地区	2015 年	2016 年	2017 年	2018 年	2019 年
云阳县	0.1663	0.1699	0.1448	0.2183	0.2298
奉节县	0.1369	0.2460	0.2352	0.3085	0.2395
巫山县	0.1865	0.1823	0.3101	0.2948	0.2746
巫溪县	0.1618	0.0978	0.1516	0.1641	0.2464
石柱县	0.1503	0.1060	0.2028	0.2697	0.2623
秀山县	0.1670	0.3739	0.5324	0.9381	0.4046
酉阳县	0.1119	0.1392	0.1738	—	0.1596
彭水县	0.3320	0.2727	0.3398	—	0.2550

从区县平均值与全市平均值的对比来看，2015~2019 年，大渡口区、沙坪坝区、长寿区、开州区、城口县的建筑业企业纯技术效率平均值都高于当年重庆市 38 个区县的平均值，说明这 5 个区县的建筑业企业的技术水平与管理能力在全市处于领先地位。而北碚区、巴南区、江津区、南川区、璧山区、铜梁区、梁平区、垫江县、忠县、云阳县、酉阳县的纯技术效率平均值每一年都低于全市平均值，说明这些区县的建筑业可能存在技术水平和管理能力低下造成的投入浪费现象。渝中区、南岸区、渝北区、潼南区、丰都县、奉节县、巫山县、秀山县等区县的建筑业企业纯技术效率平均值仅有一年低于全市建筑业企业纯技术效率平均值，而江北区、綦江区、大足区、合川区、永川区、武隆区、巫溪县在 5 年间仅有一年高于全市平均值，这 7 个区县的纯技术效率平均值处于落后水平。

（三）近四成区县建筑业企业规模效率提升

2015~2019 年重庆市不同区域建筑业企业 SE 平均值情况如表 3-5 所示。2015~2019 年，重庆市共有 14 个区县的建筑业企业规模效率（SE）平均值呈现波动上升趋势，包括涪陵区、渝中区、江北区、北碚区、大足区、长寿区、南川区、荣昌区、梁平区、武隆区、城口县、云阳县、巫山县、酉阳县，占比为 36.8%。其中，城口县上升得最多，

上升了 0.5734；梁平区上升得最少，仅上升了 0.0018。此外，2015～
2019 年，重庆市共有 24 个区县的建筑业企业规模效率（SE）平均值
波动下降，其中，巫溪县下降得最多，5 年下降了 0.238；璧山区下降
得最少，5 年下降了 0.0003。

表 3-5　2015～2019 年重庆市不同区域建筑业企业 SE 平均值情况

地区	2015 年	2016 年	2017 年	2018 年	2019 年
万州区	0.7482	0.6947	0.6673	0.6503	0.6231
涪陵区	0.6397	0.6375	0.6648	0.6434	0.6483
渝中区	0.6105	0.6418	0.5461	0.5999	0.6221
大渡口区	0.6003	0.5670	0.5897	0.5248	0.4670
江北区	0.6905	0.7504	0.6782	0.7877	0.7681
沙坪坝区	0.6257	0.6325	0.6185	0.5665	0.6236
九龙坡区	0.7547	0.7141	0.6973	0.6615	0.6319
南岸区	0.6865	0.7136	0.7374	0.6552	0.6610
北碚区	0.7807	0.7343	0.7105	0.7958	0.7949
綦江区	0.7964	0.7687	0.7094	0.6945	0.7540
大足区	0.7926	0.8575	0.8519	0.8111	0.8328
渝北区	0.7197	0.7211	0.7013	0.6626	0.7193
巴南区	0.7029	0.7448	0.7132	0.6992	0.6838
黔江区	0.8841	0.9049	0.8914	0.9029	0.7484
长寿区	0.7697	0.8222	0.8328	0.7832	0.7986
江津区	0.8362	0.7375	0.7257	0.7380	0.7949
合川区	0.8149	0.7525	0.7597	0.7309	0.7229
永川区	0.8368	0.8233	0.8433	0.8278	0.7971
南川区	0.7450	0.8035	0.7543	0.7939	0.8300
璧山区	0.8002	0.9137	0.8494	0.8226	0.7999
铜梁区	0.8623	0.8184	0.7752	0.7322	0.6516
潼南区	0.7596	0.6451	0.6274	0.6238	0.6840
荣昌区	0.6829	0.7478	0.7589	0.7965	0.7840
开州区	0.8462	0.8047	0.8164	0.7566	0.7877
梁平区	0.9017	0.9164	0.8942	0.8883	0.9035
武隆区	0.8602	0.8859	0.8512	0.8808	0.8979

续表

地区	2015 年	2016 年	2017 年	2018 年	2019 年
城口县	0.1074	0.8699	0.7749	0.7130	0.6808
丰都县	0.6430	0.6488	0.6214	0.6459	0.6207
垫江县	0.9394	0.9452	0.9356	0.9085	0.8828
忠县	0.8498	0.7337	0.7838	0.7593	0.8169
云阳县	0.8983	0.9457	0.9411	0.9271	0.9018
奉节县	0.8970	0.9132	0.8497	0.8675	0.8395
巫山县	0.8744	0.8713	0.9003	0.8971	0.9276
巫溪县	0.9606	0.9178	0.7954	0.8570	0.7226
石柱县	0.6615	0.8292	0.6856	0.7363	0.5430
秀山县	0.9303	0.8791	0.9117	0.5025	0.8406
酉阳县	0.9040	0.9605	0.9137	—	0.9290
彭水县	0.6955	0.7258	0.5804	—	0.6710

从区县平均值与全市平均值的对比来看，2015~2019 年，大足区、黔江区、永川区、璧山区、开州区、梁平区、武隆区、垫江县、酉阳县、云阳县、奉节县、巫山县的建筑业企业规模效率平均值每一年都高于当年重庆市 38 个区县建筑业企业规模效率的平均值，这些地区的建筑业企业生产规模状态较佳，资源投入规模与生产水平较为吻合，存在资源浪费现象的企业数量较少。而万州区、涪陵区、渝中区、大渡口区、沙坪坝区、九龙坡区、南岸区、渝北区、巴南区、潼南区、丰都县、彭水县每一年的规模效率平均值都低于全市建筑业企业规模效率平均值，说明这些区县的建筑业企业的生产规模不是最优的，投入与产出方面存在失衡现象。另外，长寿区、忠县、巫溪县、秀山县在 2015~2019 年的平均值仅有一年低于全市平均值，这些区域的建筑业企业的生产规模较为合适；而石柱县在 5 年间仅有一年高于全市平均值，说明石柱县的建筑业企业在资源投入与产出水平的搭配上不太合理，存在资源浪费的现象。

第四节 创新研发对重庆市建筑业企业
生产效率的影响

一 创新研发影响建筑业企业生产效率的模型构建与变量选择

为检验创新研发对重庆市建筑业企业生产效率的影响，本章构建以下 OLS 模型：

$$Y = \alpha + \beta_1 Cx + \beta_2 Scale + \beta_3 Lev + \beta_4 Profit + \beta_5 Cost + \beta_6 Fin + \beta_7 Age + \varepsilon$$

其中，Y 代表重庆市建筑业企业生产效率，为被解释变量。Cx 代表重庆市建筑业企业创新研发水平，为解释变量。本章使用信息技术人员占从业人员总数的比重来衡量重庆市建筑业企业创新研发水平。同时，加入了一系列企业层面的控制变量，$Scale$ 代表重庆市建筑业企业的规模，使用总资产规模的对数值进行衡量。Lev 代表重庆市建筑业企业的资产负债率，使用总负债规模与总资产规模的比值进行衡量。$Profit$ 代表重庆市建筑业企业的利润率，使用营业利润占总收入的比重进行衡量。$Cost$ 代表重庆市建筑业企业的经营成本，使用经营成本占营业收入的比重进行衡量。Fin 代表重庆市建筑业企业的财务费用占比，使用财务费用占营业收入的比重进行衡量。Age 代表重庆市建筑业企业的年龄，使用企业成立时间进行衡量。α 为截距项，β_1、β_2、β_3、β_4、β_5、β_6、β_7 分别为对应的影响系数，ε 为随机误差项。

考虑到重庆市建筑业企业生产效率存在较大差异，创新研发对重庆市建筑业企业生产效率的影响可能在不同水平的组别中有所差异，所以本章进一步拓展 OLS 模型，使用分位数回归模型进行回归分析，以检验创新研发对重庆市建筑业企业生产效率的影响在不同效率组的差异，该模型构建如下：

$$Q_{\theta}(Y \mid X) = X'\beta(\theta)$$

其中，Y 代表重庆市建筑业企业生产效率，为被解释变量。X 为一系列影响重庆市建筑业企业生产效率的因素，包含了解释变量（Cx）与控制变量（$Scale$、Lev、$Profit$、$Cost$、Fin 和 Age）。$Q_{\theta}(Y \mid X)$ 代表在给定 X 情况下的重庆市建筑业企业生产效率 Y 在第 θ 分位数上的值。$\beta(\theta)$ 代表对应的 X 在第 θ 分位数上的系数值。X' 代表基于分位数模型下对应分位数 θ 下 X 的估计量。

二　创新研发对建筑业企业生产效率影响的描述性统计

在研究创新研发对重庆市建筑业企业生产效率的影响之前，要先对数据进行描述性统计分析。本章在剔除了变量的空缺值和不满足 DEA 测算条件的零值和负值之后，最终选取了 4669 组样本数据进行描述性统计分析（见表 3-6）。结果显示，重庆市建筑业企业 2015 ~ 2019 年的创新研发的平均值为 0.0142，最大值也仅有 0.8333，标准差为 0.0482，说明重庆市建筑业企业整体的创新研发水平不高，企业间的创新投入相差不大，企业的创新性普遍不强。重庆市建筑业企业的创新研发水平低可能是重庆市建筑业企业生产效率普遍偏低的原因造成的。

表 3-6　创新研发对建筑业企业生产效率影响的描述性统计

类型	变量	样本（组）	平均值	最小值	中位数	最大值	标准差
被解释变量	综合技术效率	4669	0.1388	-0.0716	0.0923	1.0150	0.1441
	纯技术效率	4669	0.2099	0.0124	0.1251	1.0160	0.2162
	规模效率	4669	0.7606	0.0025	0.8608	1.0000	0.2536
解释变量	创新研发	4669	0.0142	0.0000	0.0019	0.8333	0.0482
控制变量	企业规模	4669	11.3496	4.1431	11.2235	17.1161	1.4785
	资产负债率	4669	0.4594	-1.6896	0.4606	2.1999	0.2891
	利润率	4669	0.0472	-12.1129	0.0400	0.9508	0.2841

续表

类型	变量	样本（组）	平均值	最小值	中位数	最大值	标准差
控制变量	经营成本	4669	0.8675	0.0000	0.8810	21.5970	0.4035
	财务费用占比	4669	1.0029	−31.1084	0.1467	177.6850	4.8895
	企业年龄	4669	18.5614	0.0000	17.0000	69.0000	12.4288

三 创新研发与建筑业企业生产效率的相关性分析

相关性分析是指对两个或多个具有相关性的变量元素进行分析，从而衡量两个变量因素的密切程度。元素之间需要存在一定的联系才可以进行相关性分析。为了了解综合技术效率、纯技术效率、规模效率与代表企业创新研发投入的变量之间的依存关系，本章对相关变量进行了相关性分析（见表3-7）。

第一，综合技术效率、纯技术效率、规模效率3个效率之间的相关性均在1%的置信水平上显著，其中纯技术效率、规模效率分别和综合技术效率保持正相关，相关系数分别为0.7219、0.1817，规模效率和纯技术效率之间保持负相关，相关系数为−0.3834。第二，大多数变量之间在10%的显著性水平上具有相关性，其中企业规模、财务费用占比、企业年龄与3种效率的相关性均较强。第三，创新研发与综合技术效率的相关性不显著，与纯技术效率保持显著正相关，与规模效率保持显著负相关。

四 创新研发影响建筑业企业生产效率的基准回归分析

在通过相关性分析判断各个变量之间的强弱联系之后，再进行回归分析就可以具体判断各个变量之间的函数依存关系。为此将创新研发作为解释变量，对综合技术效率、纯技术效率和规模效率进行了基准回归分析，并引入控制变量，使实证结果更加稳健可靠（见表3-8）。

表 3-7 创新研发与建筑业企业生产效率相关性分析

变量	综合技术效率	纯技术效率	规模效率	创新研发	企业规模	资产负债率	利润率	经营成本	财务费用占比	企业年龄
综合技术效率	1.0000									
纯技术效率	0.7219***	1.0000								
规模效率	0.1817***	-0.3834***	1.0000							
创新研发	0.0133	0.1672***	-0.2509***	1.0000						
企业规模	0.1465***	0.0941***	0.1653***	-0.1630***	1.0000					
资产负债率	0.0759***	0.0963***	-0.0033	-0.0150	0.4360***	1.0000				
利润率	0.0319*	-0.0261	0.1231***	-0.0333**	0.0358**	-0.0576***	1.0000			
经营成本	-0.0361**	0.0187	0.0156	-0.0122	0.0354**	0.0295**	-0.2126***	1.0000		
财务费用占比	-0.0308***	0.0103*	-0.0799***	0.0142	0.0635***	0.0903***	-0.1114***	-0.0282*	1.0000	
企业年龄	-0.0099	-0.0177	0.0532***	-0.0863***	0.2922***	0.1421***	-0.0155***	0.0385***	0.0113**	1.0000

注：*、**、*** 分别表示在 10%、5%、1% 的水平上显著。

表 3-8　创新研发对建筑业企业 3 种效率的影响

项目	(1) 综合技术效率	(2) 综合技术效率	(3) 纯技术效率	(4) 纯技术效率	(5) 规模效率	(6) 规模效率
创新研发	0.0398 (0.9096)	0.1105** (2.5199)	0.7493*** (11.5831)	0.8169*** (12.5392)	−1.3191*** (−17.7072)	−1.1650*** (−15.6849)
企业规模		0.0157*** (9.5534)		0.0166*** (6.7760)		0.0269*** (9.6580)
资产负债率		0.0092 (1.1392)		0.0410*** (3.4283)		−0.0557*** (−4.0837)
利润率		0.0159** (2.1036)		−0.0148 (−1.3165)		0.0938*** (7.3053)
经营成本		0.0136** (2.5728)		0.0068 (0.8664)		0.0186** (2.0806)
财务费用占比		−0.0011*** (−2.5981)		−0.0003 (−0.3990)		−0.0035*** (−4.8637)
企业年龄		−0.0007*** (−3.7720)		−0.0008*** (−2.9114)		0.0000 (−0.0994)
常数项	0.1383*** (62.8940)	−0.0444** (−2.5345)	0.1993*** (61.2854)	0.0007 (0.0284)	0.7794*** (208.104)	0.4810*** (16.2173)
R^2	0.0002	0.0296	0.0279	0.0479	0.0630	0.1005

注：*、**、***分别表示在10%、5%、1%的水平上显著，括号内报告的为 t 值。

由表 3-8 可见，本节将（1）（3）（5）组作为对照组，（2）（4）（6）组作为实验组，观察企业规模、资产负债率、利润率、经营成本、财务费用占比、企业年龄等控制变量的加入对解释变量与被解释变量关系的影响。对比发现，控制变量的加入使得创新研发对综合技术效率的影响由不显著变为在 5%的置信水平上显著为正，对纯技术效率和规模效率的影响不大，均为在 1%的置信水平上显著，其中与纯技术效率的相关系数变为 0.8169，与规模效率的相关系数变为 −1.1650。不可忽视的是，加入控制变量后创新研发对建筑企业 3 种效率影响的回归模型拟合程度仍然较弱，说明在其他控制变量的联合作用下，创新研发对 3 种效率均有显著影响，但解释的范围有限。

五 创新研发影响建筑业企业生产效率的分位数回归分析

分位数回归是估计一组回归变量 X 与被解释变量 Y 的分位数之间线性关系的建模方法，通过分位数回归能够更加全面地描述被解释变量条件分布的全貌。因此，本章进行了分位数回归分析，进一步分析创新研发对 3 种效率的影响。

（一）创新研发投入对中低水平综合技术效率的建筑业企业影响更显著

对重庆市建筑业企业的综合技术效率进行分位数回归，结果如表 3-9 所示。创新研发在综合技术效率的 25 分位数和 50 分位数上作用显著，在 10 分位数、75 分位数以及 90 分位数上作用都不显著。具体来说，随着综合技术效率从低分位数向高分位数转移，创新研发对综合技术效率的影响经历了不显著到显著再到不显著的过程，说明增加创新研发对中低水平综合技术效率的企业影响更大、更显著；而对于低水平综合技术效率和高水平综合技术效率的企业来说，增加创新研发投入对企业的综合技术效率影响不大。

表 3-9　创新研发对重庆市建筑业企业综合技术效率的影响

项目	10 分位数	25 分位数	50 分位数	75 分位数	90 分位数
创新研发	0.0094 (0.5843)	0.0311** (2.0545)	0.0362** (2.4888)	0.0721 (1.2019)	0.0610 (0.3947)
企业规模	0.0093*** −15.3225	0.0089*** (15.6025)	0.0070*** −12.7551	0.0179*** (7.9421)	0.0328*** −5.6691
资产负债率	−0.0030 (−1.0205)	−0.0042 (−1.5016)	−0.003 (−1.1275)	0.0123 (1.1160)	0.0213 −0.7520
利润率	0.0328*** −11.7464	0.0358*** (13.6701)	0.0252*** −10.0327	0.0111 (1.0658)	0.0126 −0.4711
经营成本	0.0055*** −2.8220	0.0164*** (8.9789)	0.0189*** −10.7756	0.0169** (2.3410)	0.0493*** −2.6491
财务费用占比	−0.0010*** (−6.1584)	−0.0007*** (−4.4802)	−0.0003** (−2.1989)	−0.0009 (−1.5015)	−0.0010 (−0.6359)

续表

项目	10分位数	25分位数	50分位数	75分位数	90分位数
企业年龄	-0.0001* (-1.8091)	-0.0003*** (-4.2348)	-0.0002*** (-3.6559)	-0.0008*** (-3.2895)	-0.0021*** (-3.4678)
常数项	-0.0579*** (-8.9687)	-0.0406*** (-6.7065)	0.0005 (0.0911)	-0.0608** (-2.5393)	-0.1094* (-1.7734)
Pseudo R2	0.0583	0.0369	0.0159	0.0203	0.0278

注: *、**、***分别表示在10%、5%、1%的水平上显著,括号内报告的为t值。

(二)创新研发对建筑业企业各分位数上的纯技术效率均有显著的正向影响

对重庆市建筑业企业的纯技术效率进行分位数回归,结果如表3-10所示。创新研发对各个分位数上的重庆市建筑业企业的纯技术效率均有显著的正向影响。也就是说,增加企业的创新研发投入可以显著提升企业的纯技术效率。企业的纯技术效率水平越高,对企业生产效率的影响就越大,即对于中高水平纯技术效率的企业来说,增加研发投入对企业的纯技术效率影响更大。

表3-10 创新研发对重庆市建筑业企业纯技术效率的影响

项目	10分位数	25分位数	50分位数	75分位数	90分位数
创新研发	0.1973*** (10.5710)	0.2885*** (17.6570)	0.7441*** (18.7650)	1.3222*** (12.5120)	2.5843*** (9.4060)
企业规模	0.0039*** (-5.5870)	0.0031*** (5.0780)	0.0052*** (-3.5110)	0.0141*** (3.5690)	0.0393*** (-3.8100)
资产负债率	-0.0055 (-1.6000)	0.0019 (0.6340)	0.0119 (-1.6340)	0.0416** (2.1460)	0.1301*** (-2.5790)
利润率	0.0028 (-0.8700)	0.0033 (1.1850)	-0.0037 (-0.5360)	-0.0270 (-1.4780)	-0.1190** (-2.5050)
经营成本	0.0020 (-0.9000)	-0.0002 (-0.0900)	-0.0021 (-0.4420)	0.0159 (1.2470)	0.0076 (-0.2280)
财务费用占比	-0.0001 (-0.5320)	-0.0001 (-0.630)	-0.0001 (-0.3640)	0.0002 (0.1900)	-0.0021 (-0.7970)

续表

项目	10 分位数	25 分位数	50 分位数	75 分位数	90 分位数
企业年龄	-0.0003 ***	-0.0003 ***	-0.0005 ***	-0.0011 ***	-0.0023 **
	(-4.1380)	(-3.9550)	(-3.2790)	(-2.6050)	(-2.1180)
常数项	0.0274 ***	0.0553 ***	0.0654 ***	0.0426	-0.0342
	(3.6740)	(8.4740)	(4.1290)	(1.0090)	(-0.3120)
Pseudo R2	0.0118	0.0101	0.0174	0.0319	0.0595

注：*、**、*** 分别表示在 10%、5%、1%的水平上显著，括号内报告的为 t 值。

（三）创新研发对建筑业企业各分位数上的规模效率均有显著的负向影响

对重庆市建筑业企业的规模效率进行分位数回归，结果如表 3-11 所示，创新研发在各个分位数上都对重庆市建筑业企业的规模效率有显著的负向影响。也就是说，提高建筑业企业的创新研发水平，反而会降低企业的规模效率。

表 3-11　创新研发对重庆市建筑业企业规模效率的影响

项目	10 分位数	25 分位数	50 分位数	75 分位数	90 分位数
创新研发	-2.1458 ***	-2.0342 ***	-1.3860 ***	-0.9450 ***	-0.2913 ***
	(-9.6620)	(-12.1460)	(-15.0100)	(-25.5930)	(-13.1270)
企业规模	0.0359 ***	0.0317 ***	0.0223 ***	0.0132 ***	0.0043 ***
	(-4.3170)	(5.0470)	(-6.4350)	(9.5080)	(-5.2270)
资产负债率	-0.1304 ***	-0.0994 ***	-0.0279	-0.0163 **	-0.0024
	(-3.1980)	(-3.2310)	(-1.6430)	(-2.4100)	(-0.6000)
利润率	0.3734 ***	0.3438 ***	0.0905 ***	0.0593 ***	0.0406 ***
	(-9.7250)	(11.8740)	(-5.6680)	(9.2840)	(-10.5970)
经营成本	0.0244	0.0128	0.0026	0.0030	0.0000
	(-0.9100)	(0.6340)	(-0.2340)	(0.6710)	(-0.0010)
财务费用占比	-0.0009	-0.0032 *	-0.0053 ***	-0.0037 ***	-0.0024 ***
	(-0.4310)	(-1.9440)	(-5.8710)	(-10.1550)	(-10.9410)

续表

项目	10 分位数	25 分位数	50 分位数	75 分位数	90 分位数
企业年龄	0.0000 (−0.0470)	−0.0002 (−0.2900)	−0.0002 (−0.4300)	−0.0001 (−0.5480)	−0.0001 (−0.8670)
常数项	0.0257 (0.2900)	0.3238 *** (4.8410)	0.6336 *** (17.1860)	0.8185 *** (55.5090)	0.9426 *** (106.3890)
Pseudo R2	0.0798	0.0736	0.0471	0.0302	0.0114

注：* 、 ** 、 *** 分别表示在 10%、5%、1% 的水平上显著，括号内报告的为 t 值。

通过以上分析可以发现，创新研发对重庆市建筑业企业的综合技术效率（TE）、纯技术效率（PTE）、规模效率（SE）均有显著的影响，改变企业的创新研发投入可影响企业的生产效率。通过进一步的分位数回归可知，创新研发对不同生产效率水平企业的影响程度不同。在综合技术效率方面，企业的创新研发对中低水平综合技术效率的企业影响具有更大、更显著的正向影响，而对低水平综合技术效率和高水平综合技术效率企业的正向影响相对较小。在纯技术效率方面，创新研发对各个分位数上的重庆市建筑业企业的纯技术效率均有显著的正向影响，且企业纯技术效率水平越高，创新研发对企业纯技术效率的正向影响越显著。在规模效率方面，创新研发在各个分位数上都对重庆市建筑业企业的规模效率有显著的负向影响。

第五节　财税政策对重庆市建筑业企业生产效率的影响研究

一　财税政策影响建筑业企业生产效率的模型构建与变量选择

为了检验财税政策对重庆市建筑业企业生产效率的影响，本章构建以下 OLS 模型：

$$Y = \alpha + \beta_1 Cs + \beta_2 Scale + \beta_3 Lev + \beta_4 Profit + \beta_5 Cost + \beta_6 Fin + \beta_7 Age + \varepsilon$$

其中，Y 代表重庆市建筑业企业生产效率，为被解释变量。Cs 代表重庆市建筑业企业财税政策力度，使用税金占总收入比重、所得税占总收入比重与增值税占总收入的比重来衡量。为简化后文分析，税金占总收入比重简化为营业税，所得税占总收入比重简化为所得税，增值税占总收入的比重简化为增值税。营业税是对公司的营业额征税，所得税是对公司的利润征税，营业税和所得税是两个完全不同的税种。一般情况下，这 3 类税占据公司税收的绝大部分，对公司经营影响深刻，因此在研究财税政策对重庆市建筑业企业生产效率的影响时选取这 3 类税作为研究对象①。

考虑到重庆市建筑业企业生产效率存在较大差异，财税政策对重庆市建筑业企业生产效率的影响可能在不同水平的组别中有所差异，所以本章进一步拓展 OLS 模型，使用分位数回归模型进行回归分析，为检验财税政策对重庆市建筑业企业生产效率的影响在不同效率组的差异，该模型构建如下：

$$Q_\theta(Y \mid X) = X^{'} \beta(\theta)$$

其中，Y 代表重庆市建筑业企业生产效率，为被解释变量。X 为一系列影响重庆市建筑业企业生产效率的因素，包含了解释变量（Cs）与控制变量（$Scale$、Lev、$Profit$、$Cost$、Fin 和 Age）。$Q_\theta(Y \mid X)$ 代表在给定 X 情况下的重庆市建筑业企业生产效率 Y 在第 θ 分位数上的值。$\beta(\theta)$ 代表对应的 X 在第 θ 分位数上的系数值。$X^{'}$ 代表基于分位数模型下对应分位数 θ 下 X 的估计量。

二 财税政策对建筑业企业生产效率影响的描述性统计

在研究财税政策对重庆市建筑业企业生产效率的影响之前，本章先对 4669 组有效数据进行了描述性统计分析（见表 3-12）。结果显

---

① 模型还加入了 6 个控制变量，各变量和字母的含义与上一节相同，不再赘述。

示，重庆市建筑业企业的营业税和所得税的标准差分别是 0. 0552 和 0. 0003，企业间的税收支出变动不大。重庆市建筑业企业 2015 ~ 2019 年的营业税和所得税的平均值分别为 0. 0219 和 0. 0052，说明建筑业企业的税负不重。

表 3-12　财税政策对建筑业企业生产效率影响的描述性统计分析

类型	变量	样本	平均值	最小值	中位数	最大值	标准差
被解释变量	综合技术效率	4669	0. 1388	-0. 0716	0. 0923	1. 0150	0. 1441
	纯技术效率	4669	0. 2099	0. 0124	0. 1251	1. 0160	0. 2162
	规模效率	4669	0. 7606	0. 0025	0. 8608	1. 0000	0. 2536
解释变量	营业税	4669	0. 0219	0. 0099	0. 0554	2. 6529	0. 0552
	所得税	4669	0. 0052	0. 0000	0. 0113	0. 1938	0. 0003
	增值税	4669	0. 0086	0. 0000	0. 0132	0. 2054	0. 0011
控制变量	企业规模	4669	11. 3496	4. 1431	11. 2235	17. 1161	1. 4785
	资产负债率	4669	0. 4594	-1. 6896	0. 4606	2. 1999	0. 2891
	利润率	4669	0. 0472	-12. 1129	0. 0400	0. 9508	0. 2841
	经营成本	4669	0. 8675	0. 0000	0. 8810	21. 5970	0. 4035
	财务费用占比	4669	1. 0029	-31. 1084	0. 1467	177. 6850	4. 8895
	企业年龄	4669	18. 5614	0. 0000	17. 0000	69. 0000	12. 4288

三　财税政策对建筑业企业生产效率影响的相关性分析

对各个变量之间的相关性进行检验，结果如表 3-13 所示。与前文创新研发与 3 种效率的相关性分析结论一致，综合技术效率、纯技术效率、规模效率之间的相关性显著，且大多数变量之间在 10% 的显著性水平上具有相关性。与创新研发相关性研究结论不同的是，在财税政策方面，所得税与 3 种效率之间的相关性显著，相关系数分别为 -0. 0390、-0. 0640、0. 0860；营业税与综合技术效率的相关性在 1% 的水平上显著，与纯技术效率在 5% 的水平上显著，但与规模效率的相关性并不显著。

表 3-13 财税政策与建筑业企业生产效率的相关性分析

变量	综合技术效率	纯技术效率	规模效率	营业税	所得税	增值税	企业规模	资产负债率	利润率	经营成本	财务费用占比	企业年龄
综合技术效率	1.0000											
纯技术效率	0.7219***	1.0000										
规模效率	0.1817***	-0.3834***	1.0000									
营业税	-0.0487***	-0.0334**	0.0025	1.0000								
所得税	-0.0390***	-0.0640***	0.0860***	0.1606***	1.0000							
增值税	-0.0251***	-0.0358***	0.0542***	0.1542***	0.1436***	1.0000						
企业规模	0.1465***	0.0941***	0.1653***	-0.0393***	-0.0216	-0.0274***	1.0000					
资产负债率	0.0759***	0.0963***	-0.0033	-0.0472***	-0.0960***	-0.0382***	0.4360***	1.0000				
利润率	0.0319**	-0.0261*	0.1231***	-0.0321**	0.1046***	0.0258**	0.0358**	-0.0576***	1.0000			
经营成本	0.0361**	0.0187	0.0156	-0.0642***	-0.0838***	-0.0285***	0.0354	0.0295***	-0.2126***	1.0000		
财务费用占比	-0.0308**	0.0103	-0.0799***	0.2208***	-0.0161	0.0325***	0.0635***	0.0903***	-0.1114***	-0.0282*	1.0000	
企业年龄	-0.0099	-0.0177**	0.0532***	-0.0356***	-0.0369***	-0.0569***	0.2922***	0.1421***	-0.0155**	0.0385***	0.0113**	1.0000

注：*、**、***分别表示在10%、5%、1%的水平上显著。

四 财税政策影响建筑业企业生产效率的基准回归分析

将营业税作为解释变量进行基准回归分析，结果如表 3-14 所示。本节将（1）（3）（5）组作为对照组，（2）（4）（6）组作为实验组，观察其他控制变量的加入对解释变量与被解释变量关系的影响。对比发现，由于控制变量的加入，营业税对综合技术效率的影响由在 1% 的水平上显著为负变为在 5% 的水平上显著为负，相关系数绝对值有所减小；营业税对纯技术效率影响的改变不大，均为在 5% 的水平上显著为负；营业税对规模效率的影响由不显著变为在 5% 的水平上显著，且相关系数由 0.114 增至 0.1378。由此说明，营业税负担的加重，不利于企业综合技术效率和纯技术效率的提升，但对规模效率的提升有促进作用。此外，在其他控制变量的联合作用下，营业税对 3 种效率均有显著影响，但解释的范围有限。

表 3-14 营业税对建筑业企业 3 种效率的影响

项目	（1）综合技术效率	（2）综合技术效率	（3）纯技术效率	（4）纯技术效率	（5）规模效率	（6）规模效率
营业税	-0.1267*** (-3.3300)	-0.0886** (-2.2900)	-0.1306** (-2.2860)	-0.1179** (-2.0170)	0.0114 (0.1710)	0.1378** (2.0500)
企业规模		0.0150*** (9.2310)		0.0117*** (4.7670)		0.0338*** (11.9810)
资产负债率		0.0095 (1.1760)		0.0489*** (4.0210)		-0.0672*** (-4.8070)
利润率		0.0151** (1.9920)		-0.0187 (-1.634)		0.0992*** (7.5320)
经营成本		0.0127** (2.4040)		0.0048 (0.5990)		0.0213** (2.3110)
财务费用占比		-0.0009** (-1.9850)		0.0002 (0.2690)		-0.0041*** (-5.3340)

续表

项目	(1) 综合技术效率	(2) 综合技术效率	(3) 纯技术效率	(4) 纯技术效率	(5) 规模效率	(6) 规模效率
企业年龄		-0.0007*** (-3.9320)		-0.0009*** (-3.4340)		0.0002 (0.5960)
常数项	0.1416*** (62.5210)	-0.0319* (-1.8490)	0.2128*** (62.5880)	0.0708*** (2.7200)	0.7604*** (190.5660)	0.3824*** (12.7720)
R^2	0.0024	0.0294	0.0011	0.0166	0.0000	0.0539

注：*、**、*** 分别表示在10%、5%、1%的水平上显著，括号内报告的为t值。

将所得税作为解释变量进行基准回归分析，结果如表3-15所示。本部分同样将（1）（3）（5）组作为对照组，（2）（4）（6）组作为实验组，观察其他控制变量的加入对解释变量与被解释变量的影响。对比发现，控制变量的加入使得所得税对综合技术效率的影响由在1%的水平上显著为负变为在5%的水平上显著为负，对纯技术效率和规模效率影响的改变不大，均为在1%的水平上显著，其中与纯技术效率的相关性为负，与规模效率的相关性为正。由此说明，所得税对规模效率有显著的促进作用，对纯技术效率有显著的抑制作用，对综合技术效率有轻微的负向影响。此外，在其他控制变量的联合作用下，所得税对3种效率均有显著影响，但解释的范围有限。

表 3-15　所得税对建筑业企业 3 种技术效率的影响

项目	(1) 综合技术效率	(2) 综合技术效率	(3) 纯技术效率	(4) 纯技术效率	(5) 规模效率	(6) 规模效率
所得税	-0.4989*** (-2.6660)	-0.4778** (-2.5570)	-1.2286*** (-4.3810)	-1.0693*** (-3.7930)	1.9361*** (5.8960)	1.6836*** (5.1980)
企业规模		0.0152*** (9.3350)		0.0120*** (4.9010)		0.0333*** (11.8430)

续表

项目	（1）综合技术效率	（2）综合技术效率	（3）纯技术效率	（4）纯技术效率	（5）规模效率	（6）规模效率
资产负债率		0.0086		0.0460***		-0.0622***
		（1.0640）		（3.7830）		（-4.4530）
利润率		0.0171**		-0.0146		0.0930***
		（2.2470）		（-1.274）		（7.0550）
经营成本		0.0126**		0.0039		0.0231**
		（2.3830）		（0.4850）		（2.5160）
财务费用占比		-0.0011**		-0.0001		-0.0037***
		（-2.5590）		（-0.1870）		（-5.0100）
企业年龄		-0.0007***		-0.0009***		0.0002
		（-3.9490）		（-3.4940）		（0.6910）
常数项	0.1414***	-0.0325*	0.2163***	0.0726***	0.7506***	0.3775***
	（60.9650）	（-1.8930）	（62.2370）	（2.7990）	（184.4360）	（12.6670）
R^2	0.0015	0.0297	0.0041	0.0188	0.0074	0.0585

注：*、**、***分别表示在10%、5%、1%的水平上显著，括号内报告的为t值。

将增值税作为解释变量进行基准回归分析，结果如表3-16所示。从实证结果可知，增值税对综合技术效率的影响系数为-0.3494，对应的t值为-4.717，通过了1%的显著性水平检验，说明增值税每提高1个单位将导致综合技术效率降低0.3494个单位。增值税对纯技术效率的影响系数为-0.2349，对应的t值为-2.097，通过了5%的显著性水平检验，说明增值税每提高1个单位将导致纯技术效率降低0.2349个单位。增值税对规模效率的影响系数为-0.2123，对应的t值为-1.647，通过了10%的显著性水平检验，说明增值税每提高1个单位将导致规模效率降低0.2123个单位。

表 3-16　增值税对建筑业企业 3 种技术效率的影响

项目	综合技术效率	纯技术效率	规模效率
增值税	−0.3494 ***	−0.2349 **	−0.2123 *
	(−4.717)	(−2.097)	(−1.647)
企业规模	0.0153 ***	0.0119 ***	0.0338 ***
	(9.43)	(4.86)	(11.99)
资产负债率	0.01	0.0499 ***	−0.0689 ***
	(1.25)	(4.11)	(−4.932)
利润率	0.0152 **	−0.0184	0.0984 ***
	(2.00)	(−1.608)	(7.47)
经营成本	0.0138 ***	0.006	0.0204 **
	(2.62)	(0.75)	(2.21)
财务费用占比	−0.0010 **	−0.0001	−0.0037 ***
	(−2.430)	(−0.124)	(−4.957)
企业年龄	−0.0007 ***	−0.0009 ***	0.0002
	(−3.933)	(−3.410)	(¥0.54)
常数项	0.0044	0.0927 ***	0.4124 ***
	(0.23)	(3.21)	(12.40)
R^2	0.033	0.017	−0.2123 *

注: * 、 ** 、 *** 分别表示在 10%、5%、1%的水平上显著，括号内报告的为 t 值。

五　财税政策影响建筑业企业生产效率的分位数回归分析

（一）营业税对建筑业企业生产效率影响的分位数回归分析

根据重庆市建筑业企业综合技术效率的分位数回归结果可知，企业的营业税对综合技术效率的影响在 10 分位数上表现为 5%水平上的显著为负，相关系数为−0.0280，在 25 分位数和 50 分位数上表现为 1%水平上的显著为负，在 75 分位数上表现为在 10%水平上的显著为负；而在 90 分位数上，则不显著（见表 3-17）。由此可见，对综合技术效率处于中下水平的重庆市建筑业企业来说，营业税的增加对其有轻微的抑制作用。伴随着综合技术效率从低分位数向高分位数转移，营业税对企业综合技术效率的作用由强转弱，改变企业的营业税支出对中等水平综合技术效率的建筑业企业的影响最大，而对高水平综合技术效率的企业作用不明显。

表 3-17　营业税对建筑业企业综合技术效率的影响

项目	10 分位数	25 分位数	50 分位数	75 分位数	90 分位数
营业税	-0.0280 ** (-2.0645)	-0.0424 *** (-3.1905)	-0.0570 *** (-4.6500)	-0.0976 * (-1.8100)	-0.1039 (-0.7762)
企业规模	0.0093 *** (16.3667)	0.0087 *** (15.5547)	0.0068 *** (13.1537)	0.0159 *** (7.0099)	0.0322 *** (5.7276)
资产负债率	-0.0053 * (-1.8935)	-0.0052 * (-1.8663)	-0.0027 (-1.0651)	0.0180 (1.6077)	0.0163 (0.5867)
利润率	0.0296 *** (11.1478)	0.0383 *** (14.7103)	0.0266 *** (11.0743)	0.0070 (0.6585)	0.0129 (0.4932)
经营成本	0.0046 ** (2.4630)	0.0104 *** (5.7206)	0.0189 *** (11.2309)	0.0168 ** (2.2776)	0.0411 ** (2.2401)
财务费用占比	-0.0006 *** (-3.8867)	-0.0004 *** (-2.8412)	-0.0002 (-1.3178)	-0.0004 (-0.6598)	-0.0004 (-0.2446)
企业年龄	-0.0001 * (-1.7683)	-0.0002 *** (-4.0799)	-0.0002 *** (-4.1406)	-0.0008 *** (-3.3966)	-0.0022 *** (-3.6085)
常数项	-0.0557 *** (-9.2363)	-0.0319 *** (-5.3934)	0.0042 (0.7738)	-0.0357 (-1.4843)	-0.0884 (-1.4831)
Pseudo R2	0.0593	0.0380	0.0170	0.0202	0.0288

注：*、**、*** 分别表示在 10%、5%、1% 的水平上显著，括号内报告的为 t 值。

（二）所得税对建筑业企业生产效率影响的分位数回归分析

根据重庆市建筑业企业综合技术效率的分位数回归结果可知（见表 3-18），所得税在综合技术效率的 75 分位数上表现为 5% 水平上的显著为负，在 50 分位数和 90 分位数上均表现为 10% 水平上的显著为负，在 10 分位数和 25 分位数上作用均不显著。由此可见，对于处于中高等水平的综合技术效率的企业来说，所得税费用的提高会对企业的综合技术效率产生负向影响，企业的综合技术效率越高，所得税越是占据着不容忽视的地位，对企业生产效率的影响越是深刻。

表 3-18 所得税对建筑业企业综合技术效率的影响

项目	10 分位数	25 分位数	50 分位数	75 分位数	90 分位数
所得税	0.0579	0.0064	-0.1050 *	-0.5184 **	-1.1657 *
	(0.8592)	(0.1005)	(-1.7318)	(-2.0292)	(-1.7981)
企业规模	0.0094 ***	0.0087 ***	0.0067 ***	0.0159 ***	0.0313 ***
	(15.9952)	(15.6717)	(12.7249)	(7.1647)	(5.5593)
资产负债率	-0.0038	-0.0036	-0.0028	0.0168	0.0243
	(-1.3174)	(-1.2937)	(-1.0826)	(1.5198)	(0.8670)
利润率	0.0307 ***	0.0343 ***	0.0269 ***	0.0121	0.0153
	(11.1994)	(13.2558)	(10.9142)	(1.1626)	(0.5817)
经营成本	0.0056 ***	0.0151 ***	0.0189 ***	0.0168 **	0.0114
	(2.9549)	(8.3562)	(10.9853)	(2.3187)	(0.6222)
财务费用占比	-0.0010 ***	-0.0007 ***	-0.0003 **	-0.0009	-0.0010
	(-6.3064)	(-4.6798)	(-2.1286)	(-1.5452)	(-0.6687)
企业年龄	-0.0001 *	-0.0003 ***	-0.0002 ***	-0.0008 ***	-0.0022 ***
	(-1.9030)	(-4.4433)	(-3.7346)	(-3.4858)	(-3.6178)
常数项	-0.0584 ***	-0.0368 ***	0.0042	-0.0345	-0.0512
	(-9.4272)	(-6.2881)	(0.7450)	(-1.4685)	(-0.8591)
Pseudo R2	0.0583	0.0365	0.0157	0.0209	0.0307

注：*、**、*** 分别表示在 10%、5%、1% 的水平上显著，括号内报告的为 t 值。

（三）增值税对建筑业企业生产效率影响的分位数回归分析

根据重庆市建筑业企业综合技术效率的分位数回归结果可知（见表 3-19），企业增值税除了在综合技术效率的 10 分位数不显著，在其余分位数上均显著，且均通过了 1% 的显著性水平检验。增值税对建筑业企业综合技术效率的影响系数均为负，说明提高企业的增值税税率，增加企业的增值税支出会抑制企业综合技术效率的提升，不利于企业的生产经营。

表 3-19　增值税对建筑业企业综合技术效率的影响

项目	10 分位数	25 分位数	50 分位数	75 分位数	90 分位数
增值税	-0.0447 (-1.622)	-0.0680 *** (-2.589)	-0.1407 *** (-5.776)	-0.4298 *** (-4.366)	-0.9749 *** (-3.573)
企业规模	0.0094 *** (15.53)	0.0089 *** (15.52)	0.0071 *** (13.23)	0.0162 *** (7.53)	0.0336 *** (5.63)
资产负债率	-0.004 (-1.345)	-0.0038 (-1.327)	-0.0044 * (-1.669)	0.0159 (1.50)	0.0132 (0.45)
利润率	0.0309 *** (10.99)	0.0346 *** (12.93)	0.0246 *** (9.87)	0.0104 (1.04)	0.0161 (0.58)
经营成本	0.0057 *** (2.91)	0.0116 *** (6.22)	0.0190 *** (10.93)	0.0173 ** (2.46)	0.0454 ** (2.34)
财务费用占比	-0.0010 *** (-6.080)	-0.0006 *** (-3.835)	-0.0003 ** (-2.009)	-0.0008 (-1.483)	-0.0008 (-0.526)
企业年龄	-0.0001 (-1.593)	-0.0003 *** (-4.068)	-0.0002 *** (-4.316)	-0.0008 *** (-3.314)	-0.0021 *** (-3.218)
常数项	-0.0528 *** (-7.433)	-0.0288 *** (-4.252)	0.0186 *** (2.96)	0.0102 (0.40)	0.0093 (0.13)
Pseudo R2	0.0586	0.0373	0.0171	0.0229	0.0342

注：*、**、*** 分别表示在 10%、5%、1%的水平上显著，括号内报告的为 t 值。

　　财税政策对重庆市建筑业企业的综合技术效率（TE）、纯技术效率（PTE）、规模效率（SE）均有显著的影响，改变企业的税收会显著影响企业的生产效率。其中，通过营业税对 3 种效率的基准回归分析可知，营业税对 3 种效率均有显著的影响，营业税负担的加重会抑制企业综合技术效率和纯技术效率的提升，但对规模效率有促进作用。通过所得税对 3 种效率的基准回归分析可知，所得税对规模效率有显著的促进作用，对纯技术效率有显著的抑制作用，对综合技术效率有轻微的负向影响。通过增值税对 3 种效率的基准回归分析可知，增值税对企业生产效率的综合技术效率、纯技术效率和规模效率存在显著的负向影响。进一步通过财税政策对 3 种效率的分位数回归分析可知，企业的税收对不同生产效率水平企业的影响程度不同。企业的营业税支出对企业综合技术效率的影响随着综合技术效率的提高而减弱；企业的所得税费用对企业综合技术效率水平的影响随着综合技术效率水平的提高而逐渐增强；企业的增值税费用对企业综合技术效率的影响随着综合技术效率水平的提高而逐渐增强。

参考文献

曹刚锋：《中国房地产市场主体博弈分析与政策选择》，博士学位论文，中国科学技术大学，2010。

陈蓉、周思维：《创业板上市公司股权融资效率分析》，《会计之友》2012年第 5 期。

崔杰、胡海青、张道宏：《非上市中小企业融资效率影响因素研究——来自制造类非上市中小企业的证据》，《软科学》2014 年第 12 期。

邓超、魏慧文、唐莹：《基于 DEA 方法的我国环保企业融资效率评价分析》，《中南大学学报》（社会科学版）2013 年第 5 期。

方芳、曾辉：《中小企业融资方式与融资效率比较》，《经济理论与经济管理》2005 年第 4 期。

方先明、吴越洋：《中小企业在新三板市场融资效率研究》，《经济管理》2015 年第 10 期。

何蛟、傅强：《中国商业银行效率评估的 TFA 方法及 1996-2006 年效率实证分析》，第八届全国科技评价学术研讨会论文集，2008。

兰耕云：《以提高融资效率为重心　推进农村金融体制改革》，《农业经济问题》1990 年第 3 期。

李宏宽、何海燕、单捷飞、蔡静静：《剔除非管理性因素影响的我国集成电路产业技术创新效率研究：基于广义三阶段 DEA 和 Tobit 模型》，《管理工程学报》2020 年第 2 期。

李菁、刘旭玲、赵毅：《基于 DEA 的中国房地产企业融资效率分析》，《中国房地产》2016 年第 18 期。

林宇、邱煜、高清平：《基于三阶段 DEA 的房地产公司债务融资效率研究》，《科研管理》2013 年第 8 期。

刘海虹、王明华：《企业融资制度》，中国经济出版社，2001。

刘青山：《新三板挂牌企业的融资效率研究》，硕士学位论文，湖南大学，2017。

刘星、魏锋、詹宇、Benjamin Y. Tai：《我国上市公司融资顺序的实证研究》，《会计研究》2004 年第 6 期。

刘志新、刘琛：《基于 DFA 的中国商业银行效率研究》，《数量经济技术经济研究》2004 年第 4 期。

马苏、高良谋、赵光辉：《基于 Bootstrap-DEA 模型的企业生命周期划分及其效率研究》，《中国软科学》2019 年第 11 期。

马亚军、宋林：《企业融资效率及理论分析框架》，《吉林财税高等专科学校学报》2004 年第 2 期。

牛文浩：《我国上市公司融资偏好问题研究——以经济伦理学为视角》，《武汉科技大学学报》（社会科学版）2013 年第 1 期。

邵永同、陈淑珍：《基于 DEA 方法的我国上市生物医药企业融资效率实证研究》，《科技管理研究》2013 年第 2 期。

宋文兵：《关于融资方式需要澄清的几个问题》，《金融研究》1998 年第 1 期。

汤晨妮：《基于 DEA-Malmquist 的恒大地产融资效率研究》，硕士学位论文，华南理工大学，2018。

魏开文：《中小企业融资效率模糊分析》，《金融研究》2001 年第 6 期。

魏培培：《基于 DEA 的房地产行业上市公司融资效率分析》，硕士学位论文，华东交通大学，2011。

伍装：《中国中小企业融资效率研究》，《软科学》2006 年第 1 期。

谢婷婷、马洁：《西部节能环保产业上市公司融资效率及影响因素探究》，《财会月刊》2016 年第 24 期。

杨兴全：《上市公司融资效率问题研究》，博士学位论文，厦门大学，2004。

姚禄仕、赵佳卉：《区域性股权交易市场融资效率及影响因素研究——基于不完全信息博弈的分析》，《华东经济管理》2019 年第 4 期。

姚树洁、冯根福、姜春霞：《中国银行业效率的实证分析》，《经济研究》

2004 年第 8 期。

张根文、唐琴、曾行运:《节能环保上市公司技术效率及其影响因素——基于超效率 DEA-Tobit 模型原理》,《企业经济》2015 年第 5 期。

赵守国、孔军、刘思佳:《基于 DEA 模型的陕西上市公司融资效率分析》,《中国软科学》2011 年第 S2 期。

Allen N. B. , Gregory F. U. , "The Economics of Small Business Finance: The Roles of Private Equity and Debt Markets in the Financial Growth Cycle," *Journal of Banking and Finance*, 1998, 22.

Berger A. N. , Humphrey D. B. , "Efficiency of Financial Institutions: International Survey and Direction For Future Research," *European Journal of Operational Research*, 1997, 98.

Cooper W. W. , L. M. Seiford, J. Zhu, *Handbook on Data Envelopment Analysis*, Kluwer Academic Publishers, 2004.

Filipe S. , Żélia S. , Elisabete G. S. , "Does Venture Capital Affect Capital Structure Rebalancing? The Case of Small Knowledge-intensive Service Firms," *Structural Change and Economic Dynamics*, 2020, 53.

Franco M. , Merton H. M. , "The Cost of Capital, Corporation Finance and the Theory of Investment," *American Economic Review*, 1958, 48.

Heitor A. , Daniel W. , "The Effect of External Finance on the Equilibrium Allocation of Capital," *The Journal of Finance*, 2005, 75.

Larry L. , Silvia Z. I. , "Firm and Industry Specific Determinants of Capital Structure: Evidence from the Australian Market," *International Review of Economics and Finance*, 2018.

Malcolm B. , Jeffrey W. , "Market Timing and Capital Structure," *The Journal of Finance*, 2002, 57.

Myers S. C. , Majluf N. S. , "Corporation Financing and Investment Decisions When Firms Have Information That Investors Do Not Have," *The Journal of Financial Economies*, 1984.

Rumeysa B. , Yusuf D. , "Factoring As a Determinant of Capital Structure for Large Firms: Theoretical and Empirical Analysis," *Borsa Istanbul Review*,

2019, 19.

Shu-hen C. , "Housing Markets in China and Policy Implications: Comovement or Ripple Effect," *China & World Economy*, 2014, 22.

Suyanto, Ruhul A. S. , "Sources of Productivity Gains from FDI in Indonesia: Is It Efficiency Improvement or Technological Progress?" *The Developing Economies*, 2010, 48.

Thomas J. C. , Karthik K. , Debarshi K. N. , "How Does Venture Capital Financing Improve Efficiency in Private Firms? A Look Beneath the Surface," *Review of Financial Studies*, 2011, 24.

Varun J. , Rama S. , "A New Order of Financing Investments: Evidence from Acquisitions by India's Listed Firms," *Journal of Corporate Finance*, 2019, 58.

| 第四章 |

生产性服务业集聚对城市生产率的影响评估

第一节　生产性服务业集聚影响城市
生产率的背景概述

一　生产性服务业集聚与城市生产率提升的研究背景

改革开放以后，市场化进程加快，服务业在经济发展中的占比逐渐增多，服务业，尤其是生产性服务业成为城市经济发展的主要动力。一方面，生产性服务业集聚增加了很多消费需求，为经济发展提供了更多就业机会，推动城市经济高质量发展；另一方面，生产性服务业集聚还可以通过发挥知识的溢出效应来提高相关行业人员的生产率，推动经济高速发展。党的十八大报告指出推进经济结构战略性调整。党的十九大报告再次强调加快发展现代服务业，瞄准国际标准提高水平。这给生产性服务业的发展提出了更高的要求，也指明了方向。可见，在城市中发展服务业，推进制造业与服务业深度融合，是推动我国经济高质量发展的重要途径。

一般而言，产业集聚不仅可以产生规模效应，提高城市生产率，还可以带动周边地区的城市生产率提高。但是这两种效应都需要城市达到一定规模才能发挥出来。如果城市规模较小,制造业集聚水平较低,那么制造业对生产性服务业的需求较少;如果生产性服务业集聚度过高,那么城市内的制造业和生产性服务业的供需结构就可能不平衡,从而影响城市生产率的提高(赵曜、柯善咨,2015)。因此,若想通过发挥生产性服务业集聚的作用促进城市发展,就需要将城市规模和生产性服务业集聚放在一个分析框架内,以便更全面地分析生产性服务业集聚与城市规模的交互作用对城市生产率的影响。本章的研究意义可以从理论意义和现实意义两方面进行总结。

就理论意义而言,先前的研究大多关注生产性服务业集聚给城市生产率带来的影响,但是并未得出一致的结论。本章利用 244 个地级市的数据开展实证分析,考察生产性服务业集聚和城市规模对城市生产率的交互影响。一方面,本章的研究发现生产性服务业集聚与城市生产率呈"U"形关系;另一方面,生产性服务业集聚对城市生产率具有空间溢出效应,即本地生产性服务业集聚情况发生改变时,不仅会对本地城市生产率产生影响,还会波及邻近地区的城市生产率。本章还发现生产性服务业集聚和城市规模对城市生产率有着协同影响。本章借助空间计量模型开展的实证检验为生产性服务业集聚、城市规模以及城市生产率三者间的联系给予了新的认识,充实了有关生产性服务业集聚对城市生产率影响方面的研究。

从现实意义来看,城市生产率是提高经济增长质量的主要动力源泉,因此有必要深入探讨城市生产率的提升路径。本章的研究表明生产性服务业集聚与城市生产率的关系呈"U"形,并且城市规模与生产性服务业集聚对城市生产率存在交互影响。生产性服务业规模的扩大与集聚并不一定能提升城市生产率,不同的城市在制定和优化产业政策时,应考虑本地城市规模,根据本地比较优势制定有针对性的产业政策,吸引适合本地产业发展的生产性服务业。本章的研究可以为政府制定区域政策和提升城市生产率提供一定的政策建议。

二　生产性服务业集聚与城市生产率的研究现状评述

(一)　生产性服务业集聚的相关研究

产业集聚被认为是达成规模经济效应、实现收益最大化的重要途径之一。当企业间具有一定程度的共性或互补性时,地理邻近性能够显著促进企业的沟通与协作,从而提升生产效率并带动区域经济发展。

作为产业集聚的关键组成部分,生产性服务业集聚体现了相关企业因地理空间集中分布而形成的特殊经济现象。Scott (2006) 率先对这一领域展开系统研究,强调在集聚区内,各企业虽保持核心业务的独立运营,但其辅助性职能更倾向于通过跨企业协作实现资源的优化配置,从而提升整体经济效益。此后,学界对该议题的关注度持续上升。Sassen (1994) 基于制造业视角进行分析,指出经济的发展促使制造业对企业的生产效率与生产力提出了更高要求,这种要求进一步推动了生产性服务业向特定区域的集中。随着制造业的不断发展,其关联产业也同步提升至更高水平。作为制造业重要组成部分的生产性服务业,在提升产业链整体效能方面发挥着关键作用。政府通过推行相对规范化的管理模式,并为相关企业搭建高效协作平台,不断推动生产性服务业形成空间集聚态势。Krugman (1991) 从成本收益角度深入分析了生产性服务业集聚的原因,指出区域内获取高端人才的成本优势是推动该地区形成生产性服务业集聚现象的关键因素之一。

国内学者对生产性服务业集聚的效应、成因及其驱动因素进行了深入研究。相关成果 (张浩然,2015;张苹,2016;文丰安,2018) 表明,生产性服务业的集聚效应对经济增长的正向影响在不同城市等级和城市规模上存在显著差异。其中,文丰安 (2018) 基于中国制度情境强调,只有统筹考虑城镇化进程、人力资本分布及社会体制等多重因素,才能充分释放其经济效能。部分学者 (田振中,2019;黄先海等,2019) 聚焦集聚作用机制,指出其通过提升技术创新能力与信息化水平等途径促进了区域经济发展。

生产性服务业的空间集聚现象源于内外部因素的共同驱动。生产性服务业的空间集聚不仅增强了区域内企业间的互动联系，提高了信息传递与沟通效率，还促进了技术创新能力与科技水平的提升，从而推动了区域经济发展。

（二）生产性服务业集聚对城市生产率的影响研究

随着经济发展水平的持续提升，生产性服务业的空间集聚已成为产业集聚研究中的关键分支领域，其对全要素生产率的提升作用及城市经济发展的推动效应受到越来越多的关注。当前，学术界围绕生产性服务业集聚影响城市生产率的议题，主要从以下几个维度进行了深入分析和探讨。

生产性服务业的集聚对城市生产率提升具有显著促进作用。Wang等（2022）发现，这种促进效应主要体现在推动城市绿色发展绩效以及改善排放效率等方面。于斌斌（2017）运用空间计量模型，基于中国地级市数据，探讨了生产性服务业集聚与生产率之间的关联，结果表明多样化的集聚模式可显著促进生产率的提升。

对此，学术界亦存在不同观点。吴亚菲和孙淼（2017）运用中国长三角地区城市面板数据进行了实证研究，分析生产性服务业与制造业集聚的经济影响，发现二者对区域经济发展的作用方向相异：生产性服务业集聚显著抑制了城市经济增长，而制造业集聚则表现出积极的促进作用；同时，生产性服务业集聚可能对同类产业中不同属性的企业产生异质性效应。李亚楠和宋昌耀（2021）进一步表明，生产性服务业集聚会阻碍资本密集型制造业技术效率的提升。

部分学者通过实证研究发现，生产性服务业集聚与城市生产率之间并非简单的线性关联。吕凯波和任志成（2017）以长三角地区为研究对象，分析其相互作用时发现生产性服务业集聚与城市生产率之间存在显著的"U"形关系。陈蕊（2021）、袁冬梅和李恒辉（2021），以及张明志和余东华（2018）的研究进一步证实，生产性服务业集聚与城市生产率呈现典型的倒"U"形曲线特征。其中，张明志和余东华（2018）基于中国地级市数据指出，随着生产性服务业集聚程度的提升，初期生产性服务业集聚有助于提高城市生产率，但超过特定临界点后生产性服务业集聚可能抑制城市生产率的提高。此类经济现象具有非线性动态特性，并因关键变量阈值变化而出现拐点性质的转变。

（三）城市规模与生产率关系研究

城市生产率受到多重因素的共同影响，其中城市规模作为反映城市扩张与经济发展水平的关键指标，对城市生产率具有显著影响。随着城市规模的扩大，运输成本增加和信息传播效率降低等问题逐渐显现，这促使"最优城市规模是否存在"以及"城市扩张是否能够持续促进生产率提升"成为学术界探讨的重点问题（Krugman，1991；夏小林和王小鲁，2000）。

部分学者认为，城市规模对城市生产率提升具有促进作用。李健和刘胜华（2018）利用中国地级市数据进行了实证研究，发现城市规模扩张与城市生产率提高之间存在显著的正相关关系，证实了两者间的积极互动效应。

也有学者认为，城市确实存在一个客观的最优规模，这意味着城市生产率不会随着规模的扩张而无限增长。当城市规模扩张到某个临界点后，其边际产出将逐渐下降，最终变为负值。肖光恩等（2018）与石大千（2016）通过实证研究证实了这一观点。金晓雨（2015）借助改进的门槛模型、陈蕊（2021）采用空间面板分析，均揭示了城市规模与城市生产率之间存在倒"U"形关系。

（四）生产性服务业集聚与城市规模对城市生产率的协同影响研究

现有研究证实，城市产业集聚与规模扩张之间存在显著的双向协同效应。Capello等（2013）的研究表明，城市规模扩张能够促进产业结构优化，某一产业快速发展时不仅推动了城市规模扩张，还调整了产业的分布格局。特定产业在城市经济中的比重增加时，其集聚效应会更加明显。基于Jacobs的多样化集聚理论，跨领域的企业通过互补性合作可实现效率的提升。随着工业部门规模的扩张，其对辅助行业的依赖程度逐渐加深，生产性服务业的需求也随之上升。在产业链不断完善、产业协作趋于稳定的条件下，生产性服务业的集聚效应愈发显著并发挥核心作用。部分学者围绕城市规模差异下生产性服务业集聚对城市生产率的影响机制展开了研究。杨校美（2020）考察了高端与中低端生产性服务业空间集聚在资源优化配置方面的差异化影响，其实证分析表明，大型城市中生产性服务业集聚有助于改善资源错配状况，而中小城市中生产性服务业集聚对资源错配的改善则不够显著。金晓雨（2015）以城市人口分布为切入点，探讨了不同人口规模下生产性服务业集聚的经济效率差异，研究表明仅当城市人口规模达到特定临界值时，此类产业集聚方可显著提升生产率；反之，在人口规模较小的城市，过度集聚可能带来生产率的损失。曾艺等（2019）运用调节效应模型进行了实证检验，结果表明城市规模能够增强生产性服务业集聚所产生的正向外溢效应。张明斗等（2021）指出适宜的城市规模能够促进生产性服务业的空间集聚，进而提升整体生产率。也有研究指出城市规模与生产性服务业集聚对城市生产率的交互影响并非简单的线性关系。例如，赵曜和柯善咨（2014）、张浩然（2015）通过实证研究表明，生产性服务业集聚与城市生产率之间的关系随着城市规模的扩张呈现出倒"U"形特征，即当城市规模持续扩张时，运输成本上升和信息流通效率降低等问题不断加剧，使得生产性服务业集聚对城市生产率的影响从正向逐渐转为负向。

　　本章通过系统梳理现有文献发现，学界关于生产性服务业集聚对城市生产率的影响机制尚未形成共识。主流研究支持两者存在正向关联，但也有学者提出了负向或非线性（如倒"U"形）关系的证据。城市规模作为核心变量之一，已被证实会对城市生产率产生显著影响，并可能与生产性服务业集聚产生交互作用。现有研究对该领域中生产性服务业集聚与城市规模协同影响城市生产率的作用机制缺乏深入的探讨。现有文献已证实生产性服务业集聚具有显著的空间关联特征，但鲜少有研究运用空间计量模型探讨其与城市规模对全要素生产率的交互影响。鉴于该议题对优化我国区域经济格局与推动产业优化升级具有深远的现实意义，亟须深入解析三者间的内在联系，并采用空间计量方法进行实证分析。

三　生产性服务业集聚与城市生产率的概念界定与相关理论

（一）相关概念界定

1. 生产性服务业

生产性服务业指与生产环节密切相关的服务行业。基于于斌斌（2017）和程中华等（2017）的研究，本章参照《生产性服务业分类（2015）》并依据国家统计局的规范标准，对生产性服务业的范畴进行了明确界定。生产性服务业包括交通运输、仓储及邮政业，信息传输、计算机服务与软件业，金融业，房地产业，租赁和商务服务业，以及科学研究、技术服务与地质勘查业等。

2. 产业集聚

产业集聚是指特定产业在某一地理区域内的集中分布，其本质特征表现为从业人员的空间集聚。根据 Krugman 的理论研究，产业空间布局往往呈现非均衡特征，这一观点与实际现象高度吻合——多数相关行业倾向于向特定区域集中，而非在全国范围内均匀分散。本章聚焦的产业集聚专指某产业从业人口在地理空间上的集中程度，并采用城市中该产业就业人数占全国总就业人数的比例与全国平均水平之比作为衡量指标。该数值越高，则表明该产业的集聚程度越高。

3. 城市规模

根据赵曜和柯善咨（2014）的研究成果，城市规模常以总人口数量作为核心衡量标准。虽然随着经济发展进程的深化，仅依赖人口数量已无法充分彰显城市的综合经济实力，但是人口规模仍是评估城市总体需求及潜在经济增长潜力的重要参考指标。本章聚焦于城市规模与生产性服务业集聚的交互作用对城市生产率的影响。由于生产性服务业的集聚现象可通过从业者的空间分布密度加以体现，并反映其地理集中特征，因此采用人口规模作为城市规模的代理变量具有一定的理论依据和实践意义。

4. 城市生产率

城市生产率反映城市各类要素投入与产出的相对效率，是推动城市经济高质量发展的核心动力。由于不同生产要素对总产出的贡献存在异质性，学术界多聚焦劳动生产率，并将其作为衡量城市生产率的代理变量。赵曜和柯善咨（2014）、张明志和余东华（2018）等学者均采用市辖区人均GDP来表征城市的劳动生产率。本章延续上述研究的做法，通过考察劳动要素投入所对应的产出水平以反映城市生产率。

（二）理论基础

1. 产业集聚理论

从理论层面而言，产业集聚是指特定行业内具有共同特征与互补关系的企业及机构在地理空间上相互依存、在经济活动中彼此支撑而形成的有机组织形式。产业集聚往往能够大幅提升企业的生产率与运营效率。在集聚形成的初始阶段，由于企业间合作关系尚未稳固且迁移行为较为普遍，产业集聚可能对生产率或运营效率产生一定程度的消极影响。但是，从长期发展视角来看，产业集聚将显著促进企业竞争力的提升与区域经济的整体进步。

2. 新经济地理学理论

新经济地理学作为区域经济学的关键分支，其显著特点在于将运输成本这一变量引入并系统整合至理论分析框架之中（Commendatore和Kubin，2013）。新经济地理学理论包含三种关键效应。首先是本地市场效应。基于运输成本因素，企业往往选择在市场规模较大的地区进行生产，并向市场规模较小的地区提供商品。其次是价格指数效应。企业选址会对当地物价水平产生影响。当某区域内产业集聚明显时，产品种类丰富会加剧市场竞争，促使该区域相对价格维持在较低水平。最后是市场拥挤效应。过度集聚会强化市场竞争，因此企业通常倾向于在竞争对手较少的区域布局生产活动。从实际情况来看，前两种效应能促使企业逐渐集聚，而第三种效应则起到分散作用，在三种效应的共同作用下，企业的集聚水平最终会趋于市场均衡的稳定状态。

3. 经济增长理论

经济增长理论着重探讨了经济长期发展的内在机理，并深入分析影响增长的核心因素。该理论包含总产出规模的扩大与人均实际产出的增加两个层面。20世纪初期，新古典增长模型逐渐确立，其主要观点为：人均实际产出的增加依赖于技术进步推动的人均资本存量的增加。在缺乏外部动力的情况下，经济体系难以实现持续增长，唯有借助技术创新、人口增长等外生变量的驱动，才能达成可持续发展的目标。由于新古典理论将所有决定性因素归结为外生变量，其局限性促使了新经济增长理论的兴起。后者强调内生变量的重要性，主张人均实际产出的增长源于个体基于理性决策追求利润最大化的行为，从而赋予经济系统不断增长的潜力。

第二节　生产性服务业集聚对城市生产率的直接影响

一　生产性服务业集聚对城市生产率的影响机制分析

生产性服务业集聚程度差异导致其对城市生产率的影响效应有所不同。一般而言，低水平集聚区域内企业的协同效率往往不足（Dong等，2020），生产性服务业集聚产生的正向效应常被同期衍生的负向效应所抵消甚至超越。在该类产业集聚发展的初始阶段，即规模较小且企业间互动联系薄弱时（Wang等，2022），其对区域经济增长的实际推动作用相对有限。

在集聚区的初始阶段，集聚区内的企业布局呈现分散特征，未能达成预期的协同效应。产业关联度较低导致区域内企业间的互动具有明显的随机性（Bouquet等，2009）。从供需关系来看，异质性企业间的支持作用较为有限，难以实现产品层面的有效互补。集聚区可能包含大量的同质化企业，其业务领域存在明显的重叠。尽管地理邻近性与属性相似性为深度合作提供了潜在条件（Hewitt-Dundas，2013），但这一推断仅存在于理想化的假设情境中。事实上，由于初始阶段的集聚区发展尚不完善，同类型企业之间既可能形成深度协作关系，也可能面临激烈的竞争态势。在生产性服务业集聚的初始阶段，尚未构建完善的产业协同机制或形成完整的产业链，并且同类企业的供应商与合作伙伴大多来源于相同市场，当集聚区内的某企业在定价策略或产品质量方面存在显著差异时，供需双方均可快速感知并做出响应。考虑到集聚区仍处于发展初期且未臻成熟，占据优势地位的企业往往能够凭借其业务实力压制竞争者，进而逐步形成单极化的市场格局。随着同类型新兴企业不断入驻产业集聚区，前述发展进程可能会再次出现。在此发展阶段，区域内协作效率相对低下、企业更新频率较快且生命周期偏短（Sun 和 Li，2022），致使生产性服务业的集聚优势难以有效地推动区域经济增长。同时，因激烈竞争与低效协同等问题持续存在，集聚所产生的消极影响可能逐步超越其积极效应，最终使生产性服务业集聚对城市生产率呈现显著的抑制作用（Lu 等，2021）。

在集聚区的发展阶段，集聚区内部环境不断改善。随着入驻企业数量的稳步增加，企业间的合作概率显著提高，带动区域内产品与服务协作频率上升，为产业链形成提供了支持。一般而言，生产性服务业集聚可划分为专业化集聚和多样化集聚两类（Pei 等，2021）。专业化集聚可以有效提升同类产业关联企业类型丰富性，深化同类业务的互动；而多样化集聚虽难以实现高度同质化产品的深度协作，但因汇聚多领域主体，能够激发跨行业协同效应与知识共享机制，在特定情境下更利于创新活动的推进（Li 等，2021）。生产性服务业集聚在发展阶段呈现鲜明的特征，其内部已分化出专业化与多样化两种集聚模式。与初始阶段企业数量的无序波动不同，该阶段的集聚能够通过集聚区的类型引导区域内企业类型的变化，逐步朝专业化或多样化方向演进。在此过程中，发展阶段的生产性服务业集聚能够对城市生产率产生正向效应，有效缓解了初始阶段的低效性带来的负面影响，促使城市生产率由负值逐步转变为正值。

在集聚区的成熟阶段，生产性服务业的集聚效应表现得尤为突出。这一阶段是发展阶段经过多轮优化升级后形成的高级模式，其运行机制与功能体系更为完备。在高度专业化的集聚区内，产业链的构建具有现实可行性。由于企业间的地理邻近性达到了最优状态，各类协作效率显著提高，包括产品对接、技术共享等互动行为得以更高效地开展。在此条件下，企业能够以较低成本获取竞争优势，并通过紧密的内部关联（Zheng 和 Hu，2022）增强抵御外部风险的能力，从而促进城市生产率的稳步提升。而在多样化集聚区内，不同领域的企业通过频繁交流与深度合作，使得某一行业的主体能够从其他行业视角重新审视自身业务模式，进而激发区域创新产品的研发潜能。由于各企业属于不同类型的产业，相互间竞争程度较小，这为区域内企业生产率的持续提升创造了有利条件。同时，初始阶段企业存在的效率低下的问题在成熟阶段得到明显改善，集聚区内企业间的协作关系表现出持续性、紧密性和高效性的特征。基于以上分析，在成熟阶段，生产性服务业的空间集聚对城市生产率存在显著的正向影响。由此，本章提出假设 1。

假设 1：生产性服务业集聚与城市生产率存在"U"形关系。

二 生产性服务业集聚影响城市生产率的实证策略

（一）数据来源与处理

本章选取 2004～2020 年我国 244 个地级市的平衡面板数据作为研究样本，数据来自各年的《中国城市统计年鉴》与《中国统计年鉴》。在统计口径上，本章选取的地级市数据主要是"市辖区"口径的指标数据，因为"全市"口径还包含了地级市下属的县级市的数据，可能会降低估计结果的可靠性。此外，考虑到部分样本存在数据缺失的问题，本章仅保留了 2004~2020 年不存在数据缺失的样本，共包含 244 个城市。为了避免不同指标因量纲差异导致的结果偏误，本章对总量类指标进行了对数化处理。

（二）变量选取

1. 因变量

本章选取的因变量是城市生产率。参考赵曜和柯善咨（2015）的研究，本章选取劳均 GDP 的对数值衡量城市生产率，该指标能够有效地反映城市单位劳动的产出情况。

2. 自变量

本章选取的自变量是生产性服务业集聚。生产性服务业集聚指的是生产性服务业从业人员在地理范围内的集中。本章以地级市为地理尺度，通过测度地级市内生产性服务业从业人员的集中度来衡量生产性服务业集聚程度，具体的测度方式如下所示：

$$agg_{it} = \frac{sp_{it}/ep_{it}}{tsp_t/tep_t} \tag{4.1}$$

其中，sp_{it} 表示城市 i 第 t 年的生产性服务业从业人员总数；ep_{it} 表示城市 i 第 t 年的从业人员总数；tsp_t 表示全国第 t 年的生产性服务业从业人员总数；tep_t 表示全国第 t 年的从业人员总数。通过以上指标可以计算得到城市 i 第 t 年的生产性服务业集聚程度 agg_{it}，该指标值越高表明城市 i 第 t 年的生产性服务业集聚程度越高。此外，城市规模（lnsize）也是本章关注的核心自变量。本章利用城市总人口的对数值来衡量城市规模。本章将在第四节详细剖析生产性服务业集聚与城市规模的交互影响。

3. 控制变量

为了更可靠地评估生产性服务业集聚与城市规模对城市生产率的影响，本章参考于斌斌（2017）的研究，控制了一系列城市层面变量，包括固定资产投资（ln$k$）、金融发展程度（fin）、政府干预程度（gov）、信息与通信技术发展程度（lnict）、教育投入（edu）、科技投入（sci）与医疗健康环境（$health$）。其中，固定资产投资利用城市固定资产投资总额的对数值来衡量；金融发展程度利用金融机构存贷款余额占 GDP 的比重来衡量；政府干预程度利用政府财政支出占 GDP 的比重来衡量；信息与通信技术发展程度利用国际互联网用户数的对数值来衡量；教育投入利用政府财政支出中教育投入的占比来衡量；科技投入利用政府财政支出中科技投入的占比来衡量；医疗健康环境利用所在城市医院床位数的对数值来衡量。

（三）模型构建

根据假设，生产性服务业集聚与城市生产率存在"U"形关系，本章通过构建如下模型进行检验：

$$\ln y_{it} = \alpha + \beta_1 \times agg_{it} + \beta_2 \times agg\_sqr_{it} + \beta_3 \times Con_{it} + \varepsilon_{it} \qquad (4.2)$$

其中，$\ln y_{it}$ 表示城市 i 在第 t 年的城市生产率；agg_{it} 表示城市 i 第 t 年的生产性服务业集聚；agg_sqr_{it} 表示城市 i 第 t 年的生产性服务业集聚的平方项；Con_{it} 表示城市 i 第 t 年的一系列城市层面的控制变量，包括固定资产投资（ln$k$）、金融发展程度（fin）、政府干预程度（gov）、信息与通信技术发展程度（lnict）、教育投入（edu）、科技投入（sci）与医疗健康环境（$health$）。

三 生产性服务业集聚影响城市生产率的实证结果分析

（一）描述性统计分析

在进行进一步的实证分析前，首先需要对各变量进行描述性统计分析，以确保各变量的统计分布不存在错误值与极端值，从而提升实证检验的可靠性。描述性统计结果如表 4-1 所示。其中被解释变量（ln$y$）为城市生产率，该变量的平均值为 10.285。该变量的最小值和最大值分别为 4.564 和 13.009，中位数和标准差分别为 10.329 和 0.783。可以看出，城市生产率的平均值和中位数较为接近，且中位数的取值较小，因此城市生产率的分布较为接近正态分布，并未出现明显异常。

表 4-1 描述性统计结果

变量	样本数(个)	平均值	标准差	最小值	中位数	最大值
lny	4148	10.285	0.783	4.564	10.329	13.009
agg	4148	1.039	0.260	0.298	1.043	2.736
lnsize	4148	5.060	0.690	2.833	5.014	8.136
lnk	4148	13.682	1.494	8.693	13.751	17.677
fin	4148	0.890	0.578	0.075	0.715	9.622
gov	4148	0.165	0.085	0.040	0.146	1.485
lnict	4148	12.879	1.227	5.468	12.924	17.762
edu	4148	0.183	0.044	0.018	0.181	0.494
sci	4148	0.014	0.015	0.000	0.009	0.166
health	4148	9.488	0.738	6.846	9.470	12.115

核心解释变量之一为生产性服务业集聚（agg），该变量的平均值为 1.039，最小值和最大值分别为 0.298 和 2.736，中位数和标准差分别为 1.043 和 0.260。可以看出，生产性服务业集聚的平均值和中位数较为接近，且中位数的取值较小，因此生产性服务业集聚的分布较为接近正态分布，并未出现明显异常。另一个核心解释变量为城市规模（lnsize），该变量的平均值为 5.060，最小值和最大值分别为 2.833 和 8.136，中位数和标准差分别为 5.014 和 0.690。可以看出，城市规模的平均值和中位数较为接近，且中位数的取值较小，因此城市规模的分布较为接近正态分布，并未出现明显异常。

控制变量 lnk 的平均值为 13.682，最小值和最大值分别为 8.693 和 17.677，中位数和标准差分别为 13.751 和 1.494。可以看出，固定资产投资的平均值和中位数较为接近，且中位数的取值较小，因此固定资产投资的分布较为接近正态分布，并未出现明显异常。控制变量 *fin* 为金融发展程度，该变量的平均值为 0.890，最小值和最大值分别为 0.075 和 9.622，中位数和标准差分别为 0.715 和 0.578。可以看出，金融发展程度的统计特征并未出现明显异常值。控制变量 *gov* 为政府干预程度，该变量的平均值为 0.165，最小值和最大值分别为 0.040 和 1.485，中位数和标准差分别为 0.146 和 0.085。可以看出，政府干预程度的平均值和中位数较为接近，且中位数的取值较小，因此政府干预程度的分布较为接近正态分布，并未出现明显异常。控制变量 ln*ict* 为信息与通信技术发展程度，该变量的平均值为 12.879，最小值和最大值分别为 5.468 和 17.762，中位数和标准差分别为 12.924 和 1.227。可以看出信息与通信技术发展程度的平均值和中位数较为接近，且中位数的取值较小，因此信息与通信技术发展程度的分布较为接近正态分布，并未出现明显异常。控制变量 *edu* 为教育投入，该变量的平均值为 0.183，最小值和最大值分别为 0.018 和 0.494，中位数和标准差分别为 0.181 和 0.044。可以看出，教育投入的平均值和中位数较为接近，且中位数的取值较小，因此教育投入的分布较为接近正态分布，并未出现明显异常。控制变量 *sci* 为科技投入，该变量的平均值为 0.014，最小值和最大值分别为 0.000 和 0.166，中位数和标准差分别为 0.009 和 0.015。控制变量 *health* 为医疗健康环境，该变量的平均值为 9.488，最小值和最大值分别为 6.846 和 12.115，中位数和标准差分别为 9.470 和 0.738。可以看出，医疗健康环境的平均值和中位数较为接近，且中位数的取值较小，因此医疗健康环境的分布较为接近正态分布，并未出现明显异常。

（二）相关性分析

在进行回归分析之前，变量需要满足回归分析的基本假设，即解释变量间不存在严重的共线性。为此，本章对选取的变量进行了相关性分析（见表 4-2）。可以看出，城市生产率（ln*y*）与生产性服务业

表 4-2 生产性服务业集聚与城市规模影响城市生产率的相关性分析

变量	lny	agg	lnsize	lnk	fin	gov	lnict	edu	sci	health
lny	1									
agg	-0.426***	1								
lnsize	0.062***	-0.153***	1							
lnk	0.728***	-0.193***	-0.488***	1						
fin	0.356***	-0.019	-0.007	0.438***	1					
gov	-0.092***	0.387***	0.130***	-0.057***	0.176***	1				
lnict	0.720***	-0.191***	-0.501***	0.882***	0.425***	0.040***	1			
edu	-0.326***	0.142***	-0.303***	-0.134***	-0.275***	-0.227***	-0.131***	1		
sci	0.605***	-0.332***	-0.113***	0.588***	0.285***	-0.156***	0.511***	-0.125***	1	
health	0.404***	-0.058***	-0.805***	0.782***	0.313***	-0.053***	0.811***	-0.002	0.373***	1

注：*、**、*** 分别表示在 10%、5%、1% 的水平上显著。矩阵左侧为 Pearson 相关系数。

集聚 (*agg*) 呈负相关关系，相关系数为 -0.426，城市生产率 (ln*y*) 与城市规模 (ln*size*) 呈正相关关系，相关系数为 0.062。此外，本章选取的因变量和控制变量的相关系数大体都在 1% 的水平上显著，说明本章所选的因变量和控制变量是恰当的。虽然部分变量间的相关系数较高，但并没有相关系数超过 0.9 的变量组合，所以这些变量不存在明显的共线性。

(三) 基准回归分析

为了检验生产性服务业集聚与城市生产率的 "U" 形关系是否成立，本章构建了基准回归模型，通过 OLS 和 FE 模型检验了生产性服务业集聚对城市生产率的直接影响 (见表 4-3)。其中，(1) 列报告了不包含控制变量且未控制城市固定效应与年份固定效应的估计结果，(2) 列报告了包含控制变量但未控制城市固定效应与年份固定效应的估计结果，(3) 列报告了包含控制变量且控制城市固定效应与年份固定效应的估计结果。

表 4-3　生产性服务业集聚对城市生产率的直接影响

项目	(1) OLS	(2) OLS	(3) FE
agg	-2.314*** (0.228)	-1.102*** (0.125)	-0.327*** (0.098)
agg_sqr	0.503*** (0.109)	0.309*** (0.059)	0.160*** (0.043)
ln*k*		0.230*** (0.009)	0.241*** (0.007)
fin		-0.031*** (0.012)	-0.046*** (0.010)
gov		-0.770*** (0.082)	-0.401*** (0.084)
ln*ict*		0.407*** (0.011)	0.213*** (0.007)

续表

项目	(1)	(2)	(3)
	OLS	OLS	FE
edu		−3.090 ***	−0.915 ***
		(0.144)	(0.129)
sci		6.596 ***	3.057 ***
		(0.505)	(0.343)
health		−0.534 ***	0.455 ***
		(0.015)	(0.021)
C	12.076 ***	8.398 ***	0.308 **
	(0.109)	(0.095)	(0.152)
城市固定效应	未控制	未控制	控制
年份固定效应	未控制	未控制	控制
N	4148	4148	4148
R^2	0.186	0.778	0.897
Adj-R^2	0.186	0.778	0.890
F	473.313	1612.008	3751.172

注：***、** 和 * 分别表示在1%、5%和10%的水平上显著；括号中报告了标准误差。

根据表4-3的估计结果，（1）列中生产性服务业集聚（agg）的回归系数为−2.314，对应的标准误差是0.228，通过了1%的显著性水平检验；生产性服务业集聚的平方项（agg_sqr）的回归系数为0.503，对应的标准误差是0.109，通过了1%的显著性水平检验。这表明生产性服务业集聚与城市生产率存在"U"形关系，即生产性服务业集聚程度的提高在一开始会降低城市生产率，当生产性服务业集聚程度提高到一定水平后才会提升城市生产率。纳入控制变量后，（2）列中生产性服务业集聚（agg）的回归系数为−1.102，对应的标准误差是0.125，通过了1%的显著性水平检验；生产性服务业集聚的平方项（agg_sqr）的回归系数为0.309，对应的标准误差是0.059，通过了1%的显著性水平检验。该结果表明，生产性服务业集聚与城市生产率存在"U"形关系，即生产性服务业集聚程度的提高在一开始会降低城市生产率，当生产性服务业集聚程度提高到一定水平后才会提升城市生产率。进一步控制城市固定效应与年份固定效应后，（3）列中生产性服务业集聚（agg）的回归系数为 -0.327，对应的标准误差是0.098，通过了1%的显著性水平检验；生产性服务业集聚的平方项（agg_sqr）的回归系数为0.160，对应的标准误差是0.043，通过了1%的显著性水平检验。该结果表明，生产性服务业集聚与城市生产率存在"U"形关系，即生产性服务业集聚程度的提高在一开始会降低城市生产率，当生产性服务业集聚程度提高到一定水平后才会提升城市生产率。

以上分析表明，本章提出的假设1是成立的，即生产性服务业集聚与城市生产率存在"U"形关系。这意味着当生产性服务业集聚程度低于临界值时，生产性服务业集聚无法促进城市生产率的提升。根据产业集聚理论，产业集聚带来的规模收益递增需要在产业达到一定规模时才能够实现，如果产业规模较小，则集聚程度的提高无法通过规模效应与知识溢出效应带动城市生产率的提升。而当城市生产性服务业集聚水平达到较高程度后，生产性服务业的进一步集聚能够带来规模效应，这意味着服务业的厂商或者劳动者能够以更高的效率服务更多的消费者。

（四）异质性分析

考虑到我国存在区域间发展差距，所以探究生产性服务业集聚对城市生产率的影响时需要进一步考虑东部、中部、西部地区的异质性。不同地区的异质性分析结果如表4-4所示。第2列报告了生产性服务业集聚对东部地区城市生产率影响的估计结果；第3列报告了生产性服务业集聚对中部地区城市生产率影响的估计结果；第4列报告了生产性服务业集聚对西部地区城市生产率影响的估计结果。

表 4-4　不同地区的异质性分析结果

项目	东部地区	中部地区	西部地区
agg	−0.564 ***	−0.345	−0.098
	(0.104)	(0.221)	(0.350)
agg_sqr	0.232 ***	0.126	0.153
	(0.046)	(0.100)	(0.146)
ln*k*	0.268 ***	0.213 ***	0.247 ***
	(0.011)	(0.009)	(0.016)
fin	−0.031	−0.036 **	−0.071 ***
	(0.022)	(0.015)	(0.019)
gov	−0.122	0.159	−1.646 ***
	(0.147)	(0.143)	(0.181)
ln*ict*	0.144 ***	0.278 ***	0.232 ***
	(0.011)	(0.012)	(0.015)
edu	−0.972 ***	−0.731 ***	−0.942 ***
	(0.193)	(0.195)	(0.302)
sci	3.332 ***	3.534 ***	2.674 **
	(0.472)	(0.504)	(1.105)
health	0.422 ***	0.296 ***	0.638 ***
	(0.034)	(0.032)	(0.046)
C	1.202 ***	1.254 ***	−1.561 ***
	(0.231)	(0.253)	(0.361)
城市固定效应	控制	控制	控制
年份固定效应	控制	控制	控制
N	1581	1547	1020
R^2	0.900	0.920	0.885
Adj-R^2	0.893	0.914	0.877
F	1470.981	1843.761	812.445

注：***、** 和 * 分别表示在 1%、5% 和 10% 的水平上显著；括号中报告了标准误差。

根据表 4-4 的回归结果，第 2 列中生产性服务业集聚（*agg*）的回归系数为 −0.564，对应的标准误差为 0.104，通过了 1% 的显著性水平检验；生产性服务业集聚的平方项（agg_sqr）的回归系数为 0.232，对应的标准误差为 0.046，通过了 1% 的显著性水平检验。这表明生产性服务业集聚与东部地区城市生产率存在"U"形关系。第 3 列中生产性服务业集聚（agg）的回归系数为 -0.345，对应的标准误差为 0.221，没有通过 10% 的显著性水平检验；生产性服务业集聚的平方项（agg_sqr）的回归系数为 0.126，对应的标准误差为 0.100，也没有通过 10% 的显著性水平检验。这表明生产性服务业集聚对中部地区城市生产率的影响不显著。第 4 列中生产性服务业集聚（agg）的回归系数为 -0.098，对应的标准误差为 0.350，没有通过 10% 的显著性水平检验；生产性服务业集聚的平方项（agg_sqr）的回归系数为 0.153，对应的标准误差为 0.146，没有通过 10% 的显著性水平检验。这表明生产性服务业集聚对西部地区城市生产率的影响不显著。

生产性服务业集聚对城市生产率的影响在不同产业结构的城市中也存在巨大差异。探究生产性服务业集聚对城市生产率的影响时需要进一步考虑第二产业主导城市和第三产业主导城市的异质性。不同产业结构城市的异质性分析结果如表 4-5 所示。其中，第 2 列报告了生产性服务业集聚对第二产业主导城市生产率影响的估计结果；第 3 列报告了生产性服务业集聚对第三产业主导城市生产率影响的估计结果。

表 4-5　不同产业结构城市的异质性分析结果

项目	第二产业主导城市	第三产业主导城市
agg	-0.063	-0.513***
	(0.202)	(0.131)
agg_sqr	0.106	0.227***
	(0.078)	(0.061)
$\ln k$	0.296***	0.229***
	(0.016)	(0.008)
fin	-0.004	-0.058***
	(0.020)	(0.012)

续表

项目	第二产业主导城市	第三产业主导城市
gov	−1.478***	0.167
	(0.190)	(0.103)
ln*ict*	0.224***	0.216***
	(0.017)	(0.008)
edu	−0.345	−1.039***
	(0.267)	(0.149)
sci	1.101	3.891***
	(0.692)	(0.417)
health	0.471***	0.422***
	(0.046)	(0.024)
C	−1.108***	0.871***
	(0.341)	(0.174)
城市固定效应	控制	控制
年份固定效应	控制	控制
N	1222	2926
R^2	0.862	0.902
Adj-R^2	0.835	0.893
F	709.392	2753.304

注：***、** 和 * 分别表示在1%、5%和10%的水平上显著；括号中报告了标准误差。

根据表4-5的回归结果，第2列中生产性服务业集聚（*agg*）的回归系数为−0.063，对应的标准误差为0.202，没有通过10%的显著性水平检验；生产性服务业集聚的平方项（*agg_sqr*）的回归系数为0.106，对应的标准误差为0.078，没有通过10%的显著性水平检验。这表明生产性服务业集聚对第二产业主导城市生产率的影响不显著。第3列中生产性服务业集聚（*agg*）的回归系数为−0.513，对应的标准误差为0.131，通过了1%的显著性水平检验；生产性服务业集聚的平方项（*agg_sqr*）的回归系数为0.227，对应的标准误差为0.061，通过了1%的显著性水平检验。这表明生产性服务业集聚与第三产业主导城市的生产率存在"U"形关系。

（五）内生性检验

本章致力于探究生产性服务业集聚对城市生产率的影响，但考虑到城市生产率的变化也会影响生产性服务业集聚程度，即估计结果会受到内生性干扰，所以本章通过加入城市生产率的滞后项进行了内生性检验。内生性检验的估计结果如表4-6所示。其中，（1）列报告了基于最小二乘法（OLS）的估计结果，且未加入控制变量。（2）列报告了基于OLS模型的估计结果，并加入了控制变量。（3）列报告了基于固定效应模型的估计结果，且未加入控制变量。（4）列报告了基于固定效应模型的估计结果，并加入了控制变量。

表 4-6 内生性检验的估计结果

项目	（1）	（2）	（3）	（4）
L. $\ln y$	0. 928 ***	0. 868 ***	0. 888 ***	0. 611 ***
	（0. 003）	（0. 006）	（0. 004）	（0. 012）
agg	−0. 207 ***	−0. 214 ***	−0. 356 ***	−0. 306 ***
	（0. 049）	（0. 050）	（0. 079）	（0. 073）
agg_sqr	0. 069 ***	0. 089 ***	0. 131 ***	0. 132 ***
	（0. 023）	（0. 024）	（0. 035）	（0. 032）
$\ln k$		0. 032 ***		0. 095 ***
		（0. 004）		（0. 006）
fin		−0. 008 *		−0. 029 ***
		（0. 005）		（0. 008）
gov		−0. 290 ***		−0. 284 ***
		（0. 033）		（0. 063）
$\ln ict$		0. 017 ***		0. 066 ***
		（0. 005）		（0. 006）
edu		−0. 402 ***		−0. 443 ***
		（0. 061）		（0. 099）
sci		1. 116 ***		1. 527 ***
		（0. 203）		（0. 264）
$health$		−0. 047 ***		0. 137 ***
		（0. 007）		（0. 017）

项目	（1）	（2）	（3）	（4）
C	0.978 ***	1.467 ***	1.459 ***	0.907 ***
	(0.047)	(0.062)	(0.065)	(0.115)
城市固定效应	未控制	未控制	控制	控制
年份固定效应	未控制	未控制	控制	控制
N	3660	3660	3660	3660
R^2	0.914	0.929	0.955	0.914

注：***、** 和 * 分别表示在1%、5%和10%的水平上显著；括号中报告了标准误差。

根据表 4-6 的估计结果，（1）列中城市生产率滞后一期（L. ln$y$）的回归系数为 0.928，通过了 1% 的显著性水平检验，对应的标准误差为 0.003，表明上一年的城市生产率会显著影响当年的城市生产率；生产性服务业集聚（agg）的回归系数为 -0.207，对应的标准误差为 0.049，通过了 1% 的显著性水平检验；生产性服务业集聚的平方项（agg_sqr）的回归系数为 0.069，对应的标准误差为 0.023，通过了 1% 的显著性水平检验。这表明生产性服务业集聚与城市生产率存在"U"形关系。加入控制变量后，（2）列中城市生产率滞后一期（L. ln$y$）的回归系数为 0.868，对应的标准误差为 0.006，通过了 1% 的显著性水平检验，表明上一年的城市生产率会显著影响当年的城市生产率；生产性服务业集聚（agg）的回归系数为 -0.214，对应的标准误差为 0.050，通过了 1% 的显著性水平检验；生产性服务业集聚的平方项（agg_sqr）的回归系数为 0.089，对应的标准误差为 0.024，通过了 1% 的显著性水平检验。这表明生产性服务业集聚与城市生产率存在"U"形关系。（3）列中城市生产率滞后一期（L. ln$y$）的回归系数为 0.888，对应的标准误差为 0.004，通过了 1% 的显著性水平检验，表明上一年的城市生产率会显著影响当年的城市生产率；生产性服务业集聚（agg）的回归系数为 -0.356，对应的标准误差为 0.079，通过了 1% 的显著性水平检验；生产性服务业集聚的平方项（agg_sqr）的回归系数为 0.131，对应的标准误差为 0.035，通过了 1% 的显著性水平检验。这表明生产性服务业集聚与城市生产率存在"U"形关系。（4）列中城市生产率滞后一期（L.lny）的回归系数为 0.611，对应的标准误差为 0.012，通过了 1% 的显著性水平检验，表明上一年的城市生产率会显著影响当年的城市生产率；生产性服务业集聚（agg）的回归系数为 -0.306，对应的标准误差为 0.073，通过了 1% 的显著性水平检验；生产性服务业集聚的平方项（agg_sqr）的回归系数为 0.132，对应的标准误差为 0.032，通过了 1% 的显著性水平检验。这表明生产性服务业集聚与城市生产率存在"U"形关系。

根据纳入城市生产率滞后项的动态模型的估计结果，生产性服务业集聚与城市生产率的"U"形关系仍然成立，这表明本章的分析结果是较为稳健的，内生性干扰不影响本章的分析结论。

（六）稳健性检验

为了确保分析结果的可靠性，本章使用第三产业从业人数替代生产性服务业从业人数测度生产性服务业集聚程度并进行再估计（见表4-7）。其中，（1）列报告了不包含控制变量且未控制城市固定效应与年份固定效应的估计结果；（2）列报告了包含控制变量但未控制城市固定效应与年份固定效应的估计结果；（3）列报告了不包含控制变量但控制城市固定效应与年份固定效应的估计结果；（4）列报告了基于空间杜宾模型的估计结果。

表 4-7 更换生产性服务业集聚测度指标的稳健性检验

项目	（1）	（2）	（3）	（4）
$agg1$	-0.623 ***	-0.755 ***	0.383	-0.214 **
	(0.225)	(0.123)	(0.308)	(0.104)
$agg1\_sqr$	-0.207 **	0.128 **	-0.616 ***	0.076 *
	(0.092)	(0.050)	(0.122)	(0.042)
$\ln k$		0.234 ***		0.241 ***
		(0.009)		(0.007)

续表

项目	（1）	（2）	（3）	（4）
fin		-0.022*		-0.047***
		(0.012)		(0.010)
gov		-0.744***		-0.369***
		(0.079)		(0.084)
lnict		0.402***		0.212***
		(0.011)		(0.007)
edu		-3.018***		-0.897***
		(0.143)		(0.129)
sci		6.791***		3.064***
		(0.500)		(0.344)
health		-0.536***		0.453***
		(0.015)		(0.021)
C	11.384***	8.314***	10.801***	0.323**
	(0.134)	(0.099)	(0.192)	(0.156)
城市固定效应	未控制	未控制	控制	控制
年份固定效应	未控制	未控制	控制	控制
N	3904	3904	3904	
R²	0.182	0.781	0.016	0.890

注：***、**和*分别表示在1%、5%和10%的水平上显著；括号中报告了标准误差。

根据表4-7的估计结果，（1）列中生产性服务业集聚（agg1）的回归系数为-0.623，对应的标准误差为0.225，通过了1%的显著性水平检验；生产性服务业集聚的平方项（agg1_sqr）的回归系数为-0.207，对应的标准误差为0.092，通过了5%的显著性水平检验。（2）列中生产性服务业集聚（agg1）的回归系数为-0.755，对应的标准误差为0.123，通过了1%的显著性水平检验；生产性服务业集聚的平方项（agg1_sqr）的回归系数为0.128，对应的标准误差为0.050，通过了5%的显著性水平检验。（3）列中生产性服务业集聚（agg1）的回归系数为0.383，对应的标准误差为0.308，未通过10%的显著性水平检验；生产性服务业集聚的平方项（agg1_sqr）的回归系数为

-0.616，对应的标准误差为 0.122，通过了 1% 的显著性水平检验。（4）列空间杜宾模型中生产性服务业集聚（$agg1$）的回归系数为 -0.214，对应的标准误差为 0.104，通过了 5% 的显著性水平检验；生产性服务业集聚的平方项（$agg1\_sqr$）的回归系数为 0.076，对应的标准误差为 0.042，通过了 10% 的显著性水平检验。以上分析结果表明，使用第三产业从业人数替代生产性服务业从业人数测度生产性服务业集聚程度后，生产性服务业集聚与城市生产率的"U"形关系依然存在，即本章的分析结果是较为稳健的。

第三节　生产性服务业集聚对城市生产率的空间溢出效应分析

一　生产性服务业集聚对城市生产率的空间溢出效应理论分析

生产性服务业集聚对城市生产率的影响并非局限于对本地生产率的直接影响，还可能通过发挥空间溢出效应对周边城市产生影响。参照前文关于集聚阶段差异的分析框架，在探讨其对邻近区域城市生产率的影响时，同样可沿用"初始、发展与成熟"三阶段的划分逻辑。在初始阶段，生产性服务业在本地的过度集中往往引发负外部性问题，具体表现为区域内企业生存环境恶化及协作秩序失衡等，进而对本地区的城市生产率形成显著抑制作用。基于外部企业视角，初始阶段的生产性服务业集聚区依然具有吸引力（Powell 等，2002）。尽管在初始阶段，生产性服务业集聚对区域内企业的直接推动作用相对有限，但一定程度上可以看出集聚区内潜藏的发展潜力。随着集聚区步入成熟阶段，生产性服务业集聚对提升本地城市生产率的促进作用愈加突出。成熟集聚区中的企业构成是由在初始与发展阶段历经竞争并成功存活下来的企业逐步累积形成的。这些企业在优胜劣汰中占据优势地位，并受益于集聚效应带来的发展红利。由此，本地生产性服务业的集聚效应对邻近地区企业产生了显著的吸引力。在经济关联与地理距离较近的情况下，部分邻近地区企业可能选择进入本地市场开展竞争或寻求合作，最终导致邻近地区企业迁移至本地或将部分业务转移至本地。从邻近地区视角来看，若大量邻近地区企业迁入本地区域，或其部分业务融入本地集聚区，可能对原有的邻近地区产业链的稳定性造成一定程度的影响。在此背景下，在初始阶段，本地生产性服务业集聚对邻近地区城市生产率的作用呈现为负面效应。

区域经济发展过程中，生产性服务业集聚对邻近地区城市生产率的影响机制呈现动态变化。随着区域内生产性服务业集聚程度的提高，其正向效应逐步显现，并对邻近地区企业产生双重效应。一方面，较高的集聚水平强化了本地企业的竞争优势与吸引力，促使邻近地区企业倾向于迁入该集聚区；另一方面，集聚区内企业数量的增加导致进入门槛提高（Zhao 等，2021）。虽然生产性服务业的空间集聚显著地提升了对邻近地区企业的吸引力，但由于进入门槛的提高，其对本地企业与邻近地区企业产生的双向作用相互抵消，邻近地区企业实际迁入本地集聚区的数量有所下降。这一现象使得本地生产性服务业集聚对邻近地区企业的吸纳能力逐步弱化。随着集聚规模的扩张，区域内累积的正外部性效应不断释放，并以日益增强的态势向周边地区扩散。在吸纳能力减弱与辐射效应增强的共同作用下，本地生产性服务业集聚对邻近地区城市生产率的影响实现了由负向到正向的转变。

在成熟阶段，生产性服务业集聚对邻近地区的城市生产率产生显著的正向影响。此时，集聚区已构建起相对完善的产业秩序与协作网络，其功能逐渐从单纯的企业吸纳转向跨区域辐射（Liu 等，2022）。本地生产性服务业的集聚程度已达较高水平，区域内高频的合作互动与显著的创新成果展现出强大的外部吸引力。随着集聚区内部关系趋于稳定并可能形成完整的产业链，新企业进入门槛显著提高，导致邻近地区企业融入集聚区的情况明显减少。在此情形下，邻近地区企业更倾向于在原驻地发展而非迁入集聚区，从而有效缓解甚至逆转邻近地区城市生产率的下滑趋势。生产性服务业集聚因其显著的合作价值与示范效应，其辐射带动作用日益突出。邻近地区企业通过加强与集聚区内高水平企业的协作交流及技术协同创新，能够对城市生产率产生显著的正向推动作用。尤其在集聚发展进入成熟阶段后，本地生产性服务业的集聚效应会进一步向外扩散至周边区域，从而对邻近地区城市生产率产生积极影响。生产性服务业集聚对城市生产率的空间溢出效应呈现非线性的"U"形特征，即初期可能存在一定的抑制作用，但随着集聚的深化逐步显现正向影响效应。基于上述理论分析，本章提出假设 2。

假设 2：生产性服务业集聚对城市生产率存在空间溢出效应。

二 生产性服务业集聚影响城市生产率的空间模型构建

根据假设 2，生产性服务业集聚对城市生产率存在空间溢出效应，本章通过构建如下模型来进行检验：

$$\ln y_{it} = \alpha + \beta_1 \sum_{j=1}^{n} W_{ij} \ln y_{it} + \beta_2 agg_{it} + \beta_3 agg\_sqr_{it} + \beta_4 \sum_{j=1}^{n} W_{ij} agg_{it} +$$

$$\beta_5 \sum_{j=1}^{n} W_{ij} agg\_sqr_{it} + \beta_6 Con_{it} + \beta_7 \sum_{j=1}^{n} W_{ij} Con_{it} + \varepsilon_{it}$$

$$(4.3)$$

其中，$\ln y_{it}$ 表示城市 i 在第 t 年的城市生产率；agg_{it} 表示城市 i 第 t 年的生产性服务业集聚程度；agg_sqr_{it} 表示城市 i 第 t 年的生产性服务业集聚的平方项；Con_{it} 表示城市 i 第 t 年一系列城市层面的控制变量，包括固定资产投资（$\ln k$）、金融发展程度（fin）、政府干预程度（gov）、信息与通信技术发展程度（$\ln ict$）、教育投入（edu）、科技投入（sci）与医疗健康环境（$health$）。$\sum_{j=1}^{n} W_{ij} \ln y_{it}$ 表示城市 i 在第 t 年的城市生产率的空间溢出效应，$\sum_{j=1}^{n} W_{ij} agg_{it}$ 和 $\sum_{j=1}^{n} W_{ij} agg\_sqr_{it}$ 表示城市 i

在第 t 年的生产性服务业集聚及其平方项的空间溢出效应，$\sum_{j=1}^{n} W_{ij} Con_{it}$ 表示城市 i 在第 t 年的各控制变量的空间溢出效应。α 为截距项，ε_{it} 为误差项，β_1、β_2、β_3、β_4、β_5、β_6、β_7 分别为对应变量的估计系数。

三 生产性服务业集聚对城市生产率的空间溢出效应结果分析

(一) 空间自相关分析

在使用空间计量模型检验生产性服务业集聚对城市生产率的空间溢出效应前，本章首先对各变量的空间相关性进行检验，表 4-8 报告了 3 个关键变量的 Moran's I 的测度结果。2004～2009 年，城市生产率（lny）、生产性服务业集聚（agg）与城市规模（lnsize）的 Moran's I 均通过了 1% 的显著性水平检验，这意味着 3 个关键变量均存在明显的空间相关性，即可以使用空间计量模型进行实证分析。

表 4-8　Moran's I 的测度结果

年份	城市生产率(lny)		生产性服务业集聚(agg)		城市规模(lnsize)	
	Moran's I	Z-value	Moran's I	Z-value	Moran's I	Z-value
2004	0.273 ***	8.447	0.046 ***	5.837	0.070 ***	8.593
2005	0.299 ***	9.222	0.039 ***	5.048	0.070 ***	8.601
2006	0.298 ***	9.189	0.043 ***	5.511	0.071 ***	8.743
2007	0.299 ***	9.224	0.050 ***	6.235	0.071 ***	8.734
2008	0.303 ***	9.347	0.049 ***	6.140	0.071 ***	8.736
2009	0.254 ***	8.109	0.038 ***	4.950	0.071 ***	8.733
2010	0.317 ***	9.775	0.049 ***	6.105	0.070 ***	8.640
2011	0.327 ***	10.085	0.043 ***	5.448	0.073 ***	8.981
2012	0.328 ***	10.096	0.040 ***	5.144	0.074 ***	9.083
2013	0.270 ***	8.357	0.049 ***	6.152	0.072 ***	8.891
2014	0.333 ***	10.262	0.066 ***	8.189	0.072 ***	8.906

年份	城市生产率（lny）		生产性服务业集聚（agg）		城市规模（lnsize）	
	Moran's I	Z-value	Moran's I	Z-value	Moran's I	Z-value
2015	0.343***	10.564	0.065***	8.033	0.074***	9.142
2016	0.304***	9.377	0.065***	8.068	0.077***	9.410
2017	0.298***	9.188	0.066***	8.182	0.081***	9.896
2018	0.302***	9.327	0.073***	8.900	0.080***	9.804
2019	0.239***	7.408	0.053***	6.566	0.081***	9.876
2020	0.278***	8.574	0.063***	6.124	0.080***	9.654

注：*** 表示在1%的水平上显著。

（二）空间计量回归分析

为了检验生产性服务业集聚对城市生产率的空间溢出效应是否存在，本章通过空间滞后模型（SLM）、空间误差模型（SEM）和空间杜宾模型（SDM）分别检验了生产性服务业集聚对城市生产率的空间溢出效应（见表4-9）。其中，（1）列报告了空间滞后模型的估计结果，（2）列报告了空间误差模型的估计结果，（3）列报告了空间杜宾模型的估计结果。

表4-9　生产性服务业集聚对城市生产率的空间溢出效应

项目	（1）	（2）	（3）
	SLM	SEM	SDM
agg	−0.348***	−0.328***	−0.386***
	(0.083)	(0.080)	(0.082)
agg_sqr	0.119***	0.097***	0.127***
	(0.037)	(0.036)	(0.036)
$\ln k$	0.143***	0.113***	0.120***
	(0.006)	(0.007)	(0.007)
fin	−0.059***	−0.055***	−0.057***
	(0.009)	(0.009)	(0.009)
gov	−0.939***	−1.229***	−1.153***
	(0.074)	(0.077)	(0.075)

续表

项目	(1)	(2)	(3)
	SLM	SEM	SDM
lnict	0.115 ***	0.090 ***	0.087 ***
	(0.007)	(0.007)	(0.007)
edu	−1.066 ***	−1.287 ***	−1.180 ***
	(0.110)	(0.111)	(0.112)
sci	1.196 ***	0.512 *	0.644 **
	(0.300)	(0.302)	(0.301)
health	0.232 ***	0.185 ***	0.175 ***
	(0.019)	(0.021)	(0.020)
Wagg			−0.168
			(0.233)
Wagg_sqr			0.160
			(0.110)
Wlnk			0.064 ***
			(0.014)
Wfin			0.005
			(0.024)
Wgov			1.524 ***
			(0.177)
Wlnict			0.069 ***
			(0.017)
Wedu			1.228 ***
			(0.224)
Wsci			2.402 ***
			(0.762)
Whealth			0.054
			(0.036)
城市固定效应	控制	控制	控制
年份固定效应	控制	控制	控制
N	3904	3904	3904
R^2	0.324	0.496	0.666

注： ***、 ** 和 * 分别表示在1%、5%和10%的水平上显著；括号中报告了标准误差。

根据表4-9中（1）列的估计结果，生产性服务业集聚（*agg*）的回归系数为−0.348，对应的标准误差是0.083，通过了1%的显著性水平检验；生产性服务业集聚的平方项（*agg_sqr*）的回归系数为0.119，对应的标准误差是0.037，通过了1%的显著性水平检验，表明生产性服务业集聚与城市生产率呈现显著的"U"形关系。（2）列的估计结果中，生产性服务业集聚（*agg*）的回归系数为-0.328，对应的标准误差是0.080，通过了1%的显著性水平检验；生产性服务业集聚的平方项（*agg_sqr*）的回归系数为0.097，对应的标准误差是0.036，通过了1%的显著性水平检验，表明生产性服务业集聚对城市生产率有显著的"U"形影响。（3）列的估计结果中，生产性服务业集聚（*agg*）的回归系数为-0.386，对应的标准误差是0.082，通过了1%的显著性水平检验；生产性服务业集聚的平方项（*agg_sqr*）的回归系数为0.127，对应的标准误差是0.036，通过了1%的显著性水平检验，表明生产性服务业集聚对城市生产率有显著的"U"形影响。由于空间杜宾模型同时考虑了空间滞后效应与空间误差效应，能更可靠地评估生产性服务业集聚对城市生产率的影响，本章进一步分析了基于空间杜宾模型的空间溢出效应的分解结果（见表4-10）。

表4-10 基于空间杜宾模型的空间溢出效应的分解结果

项目	直接效应	间接效应	总效应
agg	-0.394*** (0.085)	-0.381*** (0.126)	-0.776** (0.351)
agg_sqr	0.133*** (0.037)	0.268* (0.154)	0.401** (0.163)
ln*k*	0.125*** (0.006)	0.140*** (0.018)	0.265*** (0.020)
fin	-0.057*** (0.009)	-0.018 (0.033)	-0.075** (0.035)
gov	-1.102*** (0.071)	1.634*** (0.250)	0.532** (0.264)

续表

项目	直接效应	间接效应	总效应
ln*ict*	0.091 ***	0.130 ***	0.221 ***
	（0.007）	（0.021）	（0.022）
edu	−1.142 ***	1.209 ***	0.067
	（0.116）	（0.311）	（0.340）
sci	0.748 ***	3.695 ***	4.444 ***
	（0.283）	（1.064）	（1.149）
health	0.180 ***	0.145 ***	0.326 ***
	（0.020）	（0.048）	（0.051）

注：***、** 和 * 分别表示在 1%、5% 和 10% 的水平上显著；括号中报告了标准误差。

　　根据表 4-10 的结果，直接效应中生产性服务业集聚（*agg*）的回归系数为 -0.394，对应的标准误差为 0.085，通过了 1% 的显著性水平检验；生产性服务业集聚的平方项（*agg_sqr*）的回归系数为 0.133，对应的标准误差为 0.037，通过了 1% 的显著性水平检验。这表明生产性服务业集聚对本地城市生产率有显著的"U"形影响。间接效应中生产性服务业集聚（*agg*）的回归系数为 -0.381，对应的标准误差为 0.126，通过了 1% 的显著性水平检验；生产性服务业集聚的平方项（*agg_sqr*）的回归系数为 0.268，对应的标准误差为 0.154，通过了 10% 的显著性水平检验。这表明生产性服务业集聚对邻近地区城市生产率的影响仍为"U"形。总效应中生产性服务业集聚（*agg*）的回归系数为 -0.776，对应的标准误差为 0.351，通过了 5% 的显著性水平检验；生产性服务业集聚的平方项（*agg_sqr*）的回归系数为 0.401，对应的标准误差为 0.163，通过了 5% 的显著性水平检验。

　　以上分析结果表明，生产性服务业集聚对本地和邻近地区的城市生产率的影响均为"U"形，即生产性服务业集聚对城市生产率存在空间溢出效应，这与本章的研究假设一致。根据产业集聚理论，集聚效应在集聚规模较大时开始发挥作用，即呈现规模收益递增的态势。这意味着本地生产性服务业集聚会带来规模收益递增，而邻近地区则会通过空间溢出效应共享这种规模收益递增，从而影响其城市生产率。

第四节　生产性服务业集聚与城市规模的交互影响分析

一　生产性服务业集聚与城市规模的交互影响分析

生产性服务业集聚对城市生产率的影响呈现非线性的"U"形规律，并伴随显著的空间溢出效应。本研究进一步探讨了城市规模扩张作为调节变量的作用机理，即随着城市规模的增长，其带来的集聚效应及对城市生产率的影响均表现出动态演化特征。

在初始阶段，生产性服务业集聚对城市生产率的影响可能表现为负面效应。这种负面效应主要源于初始阶段集聚区所存在的低效性问题。伴随城市规模与市场规模的同步扩张（Lu 等，2021），区域内的企业数量呈现增长趋势，为创业活动提供了更多合作机会，同时加强了市场竞争程度。依据 Scott（2006）的理论，竞争压力推动资源向更具效率的企业集中，从而改善集聚区的企业结构。集聚区内的存续企业往往表现出较优的生产效率（Combes 等，2012）。伴随集聚区企业竞争力的提升，前期累积的正向效应得以持续强化。虽然在初始阶段生产性服务业集聚对城市生产率存在负面效应，但随着城市规模的扩张其负面效应在一定程度上被缓解。

在城市规模的扩张过程中，其效应呈现出显著的阶段性差异。随着城市规模的不断扩大，生产性服务业集聚区能够吸引更多的企业参与市场竞争（Ma 和 Yao，2022）。从宏观视角来看，在发展阶段，城市规模扩张会进一步增强生产性服务业集聚对区域城市生产率提升的边际贡献。进入成熟阶段后，生产性服务业集聚对城市生产率的影响不再局限于本地，还可以通过知识溢出与技术扩散效应对邻近地区产生辐射作用。在此阶段，集聚区内可供合作的企业数量显著增加，但随着企业总量的增加和竞争强度的提高，市场筛选机制更倾向于推动竞争力较强的企业主体与集聚区内企业建立合作关系，促使集聚区企业展现出更强的竞争力。同时，合作企业也因频繁的技术交流而获益。随着城市规模扩张带来的多重协同效应的发挥，生产性服务业集聚对城市生产率的提升作用将进一步增强。在城市规模扩张背景下，生产性服务业集聚与城市生产率间仍呈现"U"形关系，即城市规模扩张既放大了生产性服务业集聚的积极影响，又缓解了潜在的负面效应。基于此，本章提出研究假设3。

假设3：城市规模扩张可有效增强生产性服务业集聚对城市生产率提升的积极作用，同时弱化其潜在的消极影响。

二 生产性服务业集聚与城市规模交互影响城市生产率的模型构建

根据假设3，城市规模的扩张能放大生产性服务业集聚对城市生产率的积极影响，并削弱生产性服务业集聚对城市生产率的不利影响。本章构建如下模型进行检验：

$$
\begin{aligned}
\ln y_{it} = {} & \alpha + \beta_1 \sum_{j=1}^{n} W_{ij} \ln y_{it} + \beta_2 \ln size_{it} + \beta_3 \sum_{j=1}^{n} W_{ij} \ln size_{it} + \\
& \beta_4 agg_{it} + \beta_5 agg\_sqr_{it} + \beta_6 \sum_{j=1}^{n} W_{ij} agg_{it} + \\
& \beta_7 \sum_{j=1}^{n} W_{ij} agg\_sqr_{it} + \beta_8 \ln size \times agg_{it} + \beta_9 \sum_{j=1}^{n} W_{ij} \ln size \times agg_{it} + \\
& \beta_{10} Con_{it} + \beta_{11} \sum_{j=1}^{n} W_{ij} Con_{it} + \varepsilon_{it}
\end{aligned}
\tag{4.4}
$$

其中，$\ln y_{it}$ 表示城市 i 在第 t 年的城市生产率；$\ln size_{it}$ 表示城市 i 第

t 年的城市规模；agg_{it} 表示城市 i 第 t 年的生产性服务业集聚；agg_sqr_{it} 表示城市 i 第 t 年的生产性服务业集聚的平方项；$\ln size_{it} \times agg_{it}$ 表示城市规模与生产性服务业集聚的交互项，反映生产性服务业集聚与城市规模对城市生产率的交互影响；Con_{it} 表示城市 i 第 t 年一系列城市层面的控制变量，包括固定资产投资（$\ln k$）、金融发展程度（fin）、政府干预程度（gov）、信息与通信技术发展程度（$\ln ict$）、教育投入（edu）、科技投入（sci）与医疗健康环境（$health$）；$\sum_{j=1}^{n} W_{ij} \ln y_{it}$ 表示城市 i 在第 t 年的城市生产率的空间溢出效应；$\sum_{j=1}^{n} W_{ij} agg_{it}$ 和 $\sum_{j=1}^{n} W_{ij} agg\_sqr_{it}$ 分别表示城市 i 在第 t 年的生产性服务业集聚及其平方项的空间溢出效应；$\sum_{j=1}^{n} W_{ij} Con_{it}$ 表示城市 i 在第 t 年的各控制变量的空间溢出效应；$\sum_{j=1}^{n} W_{ij} \ln size_{it}$ 表示城市 i 在第 t 年的城市规模对城市生产率的空间溢出效应；$\sum_{j=1}^{n} W_{ij} \ln size_{it} \times agg_{it}$ 表示城市 i 在第 t 年的生产性服务业集聚与城市规模对城市生产率交互影响的空间溢出效应。α 为截距项，ε_{it} 为误差项，β_1、β_2、β_3、β_4、β_5、β_6、β_7、β_8、β_9、β_{10}、β_{11} 分别为对应变量的估计系数。

三 实证结果分析

为了检验假设3，本章构建了包含城市规模与生产性服务业集聚交互项的调节效应模型，通过空间杜宾模型估计生产性服务业集聚与城市规模对城市生产率的交互影响。表4-11报告了回归结果，其中（1）列报告了城市规模对城市生产率影响的估计结果；（2）列报告了城市规模与生产性服务业集聚对城市生产率影响的估计结果；（3）列报告了城市规模与生产性服务业集聚对城市生产率交互影响的估计结果。

表 4-11　生产性服务业集聚与城市规模对城市生产率的交互影响估计结果

项目	(1)	(2)	(3)
ln*size*	0.170 ***	0.162 ***	0.054 ***
	(0.027)	(0.027)	(0.018)
agg		−0.422 ***	−1.009 ***
		(0.077)	(0.155)
agg_sqr		0.133 ***	0.156 ***
		(0.034)	(0.035)
ln*size×agg*			0.108 ***
			(0.025)
ln*k*	0.095 ***	0.091 ***	0.123 ***
	(0.006)	(0.006)	(0.006)
fin	−0.059 ***	−0.059 ***	−0.056 ***
	(0.009)	(0.008)	(0.009)
gov	−1.313 ***	−1.234 ***	−1.228 ***
	(0.070)	(0.070)	(0.072)
ln*ict*	0.076 ***	0.074 ***	0.088 ***
	(0.007)	(0.007)	(0.007)
edu	−1.408 ***	−1.368 ***	−1.170 ***
	(0.110)	(0.110)	(0.109)
sci	0.261	0.089	0.928 ***
	(0.289)	(0.288)	(0.289)
health	0.173 ***	0.156 ***	0.199 ***
	(0.020)	(0.020)	(0.020)
*W*ln*size*	−0.095	−0.108	−0.172 *
	(0.069)	(0.068)	(0.090)
Wagg		−0.288	−0.602
		(0.222)	(0.427)
Wagg_sqr		0.126	0.229 **
		(0.105)	(0.108)
*W*ln*size×wagg*			0.054
			(0.059)
*W*ln*k*	−0.059 ***	−0.054 ***	0.051 ***
	(0.016)	(0.016)	(0.014)
Wfin	−0.067 **	−0.060 *	0.006
	(0.031)	(0.031)	(0.023)

续表

项目	(1)	(2)	(3)
$Wgov$	0.859 ***	0.821 ***	1.548 ***
	(0.190)	(0.191)	(0.170)
$Wlnict$	−0.008	−0.009	0.071 ***
	(0.019)	(0.019)	(0.016)
$Wedu$	−0.294	−0.314	1.110 ***
	(0.283)	(0.284)	(0.220)
$Wsci$	−2.455 ***	−2.312 ***	2.279 ***
	(0.870)	(0.869)	(0.736)
$Whealth$	−0.066	−0.062	0.037
	(0.050)	(0.050)	(0.035)
城市固定效应	控制	控制	控制
年份固定效应	控制	控制	控制
N	4148	4148	4148
R^2	0.491	0.534	0.764

注：***、** 和 * 分别表示在1%、5%和10%的水平上显著；括号中报告了标准误差。

根据（1）列的估计结果，城市规模（lnsize）的回归系数为 0.170，对应的标准误差为 0.027，通过了 1% 的显著性水平检验，表明城市规模每提升 1 个百分点会导致城市生产率提升 0.170 个百分点。（2）列的估计结果中，城市规模（lnsize）的回归系数为 0.162，对应的标准误差为 0.027，通过了 1% 的显著性水平检验，表明城市规模对城市生产率的影响为正。同时，生产性服务业集聚（agg）的回归系数为−0.422，对应的标准误差为 0.077，通过了 1% 的显著性水平检验；生产性服务业集聚的平方项（agg_sqr）的回归系数为 0.133，对应的标准误差为 0.034，通过了 1% 的显著性水平检验。这表明生产性服务业集聚对本地城市生产率的影响为"U"形。（3）列估计结果中，城市规模与生产性服务业集聚交互项（lnsize×agg）的回归系数为 0.108，对应的标准误差为 0.025，通过了 1% 的显著性水平检验。这表明城市规模的扩张会显著放大生产性服务业集聚对城市生产率的积极影响，并削弱生产性服务业集聚对城市生产率的消极影响。在此基础上，本章进一步通过空间杜宾模型评估了生产性服务业集聚与城市规模的交互作用对城市生产率的空间溢出效应（见表4-12）。

表 4-12　生产性服务业集聚与城市规模的交互作用对城市生产率的空间溢出效应

项目	直接效应	间接效应	总效应
ln$size$	0.049	-0.208	-0.158
	(0.040)	(0.131)	(0.142)
agg	-1.049***	-1.259**	-2.309***
	(0.154)	(0.611)	(0.656)
agg_sqr	0.171***	0.394**	0.565***
	(0.035)	(0.156)	(0.168)
ln$size$×agg	0.111***	0.116***	0.227**
	(0.025)	(0.034)	(0.093)
ln$k$	0.126***	0.122***	0.248***
	(0.006)	(0.018)	(0.020)
fin	-0.056***	-0.012	-0.068**
	(0.009)	(0.033)	(0.035)
gov	-1.178***	1.628***	0.449*
	(0.075)	(0.236)	(0.250)
lnict	0.092***	0.135***	0.227***
	(0.007)	(0.021)	(0.022)
edu	-1.129***	1.054***	-0.075
	(0.109)	(0.306)	(0.334)
sci	1.041***	3.491***	4.532***
	(0.288)	(1.004)	(1.072)
$health$	0.202***	0.134***	0.336***
	(0.019)	(0.043)	(0.047)

注：***、**和*分别表示在1%、5%和10%的水平上显著；括号中报告了标准误差。

根据表4-12，直接效应估计结果中，城市规模与生产性服务业集聚交互项（ln$size$×agg）的回归系数为0.111，对应的标准误差为0.025，通过了 1% 的显著性水平检验。这表明城市规模的扩张会显著放大生产性服务业集聚对本地城市生产率的积极影响，并削弱生产性服务业集聚对本地城市生产率的消极影响。间接效应估计结果中，城市规模与生产性服务业集聚交互项（lnsize×agg）的回归系数为 0.116，对应的标准误差为 0.034，通过了 1% 的显著性水平检验。这表明城市规模的扩张会显著放大生产性服务业集聚对邻近地区城市生产率的积极影响，并削弱生产性服务业集聚对邻近地区城市生产率的消极影响。总效应估计结果中，城市规模与生产性服务业集聚交互项（lnsize×agg）的回归系数为 0.227，对应的标准误差为 0.093，通过了 5% 的显著性水平检验。这表明城市规模的扩张会显著放大生产性服务业集聚对城市生产率的积极影响，并削弱生产性服务业集聚对城市生产率的消极影响。

第五节　生产性服务业集聚推动城市生产率提升的结论与建议

一　研究结论

基于 2004~2019 年我国 244 个地级市的平衡面板数据，本章深入探究了生产性服务业集聚对城市生产率的影响，分析了生产性服务业集聚对本地城市生产率的直接影响，评估了其对邻近地区城市生产率的空间溢出效应，同时考察了生产性服务业集聚与城市规模的交互作用对城市生产率的影响。

本章将变量的空间相关性检验视为构建空间计量模型的必要前提。通过分析 Moran's I 发现，2004~2019 年，生产性服务业集聚、城市规模及城市生产率的 Moran's I 均在 1% 水平上显著，表明生产性服务业集聚、城市规模及城市生产率均具有明显的空间相关性。

本章运用回归分析模型，系统探讨了生产性服务业集聚对城市生产率的直接影响、空间溢出效应及其与城市规模交互作用下的综合效应。实证结果表明，生产性服务业集聚对城市生产率的影响呈现显著的"U"形特征，有效验证了假设 1。通过空间计量分析进一步发现，本地生产性服务业集聚对邻近地区城市生产率的影响同样呈现"U"形关系，研究假设 2 得到了验证。城市规模与生产性服务业集聚的交互作用对城市生产率影响的实证分析显示，随着城市规模的扩张，生产性服务业集聚对城市生产率的积极影响得到放大，其可能产生的消极影响则趋于减弱，研究假设 3 得到了验证。

二　政策建议

（一）提高生产性服务业集聚度

研究显示，生产性服务业集聚程度一旦突破特定临界点，将对城市生产率产生显著的正向推动作用。一方面，需结合城市的资源禀赋与发展条件，优先促进具备区域比较优势的生产性服务业集群化布局，强化其对制造业的辐射与带动功能，同时防范盲目扩张引发的资源配置效率低下问题；另一方面，应预先设计科学合理的产业规划与配套政策，尽可能减少因要素供给短缺或成本骤增导致的空间拥挤效应。应对本地落后产能实施有序转移，针对与生产性服务业协同度较低的传统制造业，可通过适度"挤出"机制引导其外迁升级，从而实现城市产业结构优化与整体经济效率的稳步提升。

（二）积极防范外部虹吸效应

研究表明，生产性服务业集聚程度较低的城市往往易受外部虹吸效应的冲击，这种现象会导致高端要素资源（例如高技术人才）不断外流，最终对制造业生产效率形成制约。针对这一问题，城市应主动采取措施应对虹吸效应引发的高端要素流失问题，并着力促进本地生产性服务业向集群化方向发展。考虑到社会资源配置存在限制性条件，各城市需采取梯度推进的发展策略，通过典型示范的方式推动区域整体协同发展。基于前述背景，应从双重维度推进策略优化。一方面，主动对接先进城市资源，深入开展技术与管理经验等多领域的交流合作，同时承接相关产业转移，以缓解虹吸效应对区域造成的不利影响；另一方面，重点加大教育投入与职业培训体系建设，将优质人力资本视为提升核心竞争力的关键要素，通过完善引才政策、构建留才机制以及健全福利保障体系，最大程度降低本地高素质人才的流失。

（三）强化与外地城市的合作交流

研究表明，生产性服务业集聚对城市生产率具有显著的正向溢出效应。这一现象主要源于城市间存在的资源禀赋差异推动了城市的专业化分工，而本地生产性服务业供给难以完全满足制造业的需求。深化与邻近地区的协同发展显得尤为重要。通过跨区域互动，不仅能使制造业获取更具竞争力的外部服务与产品支持，进而提升制造环节的技术效率，还可促进技术、管理经验及知识的跨区域传播，强化生产性服务业集聚的空间溢出效应，为区域城市生产率的提高提供持续动力。

参考文献

陈蕊：《生产性服务业集聚、城市规模对城市生产率的影响研究》，《企业经济》2021 年第 8 期。

程中华、李廉水、刘军：《生产性服务业集聚对工业效率提升的空间外溢效应》，《科学学研究》2017 年第 3 期。

黄先海、王煌、陈航宇：《人口集聚如何影响出口企业加成率：理论机制与经验证据》，《国际贸易问题》2019 年第 7 期。

金刚、于斌斌、沈坤荣：《中国研发全要素生产率的溢出效应》，《科研管理》2016 年第 1 期。

金晓雨：《中国生产性服务业发展与城市生产率研究》，《产业经济研究》2015 年第 6 期。

李健、刘胜华：《珠三角地区创新与城市化耦合协调度及其空间分析》，《特区经济》2018 年第 3 期。

李亚楠、宋昌耀：《信息化视角下生产性服务业集聚对制造业效率的影响研究》，《调研世界》2021 年第 3 期。

吕凯波、任志成：《新人口红利、生产性服务业发展与城市生产率——基于长三角城市群的实证研究》，《南京社会科学》2017 年第 1 期。

石大千：《城镇化影响消费需求的动态路径》，《城市问题》2016 年第 5 期。

田振中：《生产性服务业发展影响因素实证研究》，《统计与决策》2019 年第 4 期。

文丰安：《生产性服务业集聚、空间溢出与质量型经济增长——基于中国 285 个城市的实证研究》，《产业经济研究》2018 年第 6 期。

吴亚菲、孙淼：《长三角城市群经济增长和产业集聚的关联效应研究》，《上海经济研究》2017 年第 5 期。

夏小林、王小鲁：《中国的城市化进程分析——兼评"城市化方针"》，《改革》2000 年第 2 期。

肖光恩、吴炬辉、戴舜英：《城市规模与城市生产率测度——基于工业化异质性的视角》，《江汉论坛》2018 年第 10 期。

杨校美：《生产性服务业集聚与资源配置效率——基于地区、行业和城市规模异质性的分析》，《上海对外经贸大学学报》2020 年第 6 期。

于斌斌：《生产性服务业集聚能提高制造业生产率吗？——基于行业、地区和城市异质性视角的分析》，《南开经济研究》2017 年第 2 期。

于斌斌、杨宏翔、金刚：《产业集聚能提高地区经济效率吗？——基于中国城市数据的空间计量分析》，《中南财经政法大学学报》2015 年第 3 期。

袁冬梅、李恒辉：《生产性服务业集聚提高了中国城市经济效率吗？——基于产业层次和城市规模差异视角的检验》，《厦门大学学报》（哲学社会科学版）2021 年第 2 期。

曾艺、韩峰、刘俊峰：《生产性服务业集聚提升城市经济增长质量了吗？》，《数量经济技术经济研究》2019 年第 5 期。

张萃：《生产性服务业集聚对中国城市生产率增长的影响——基于城市等级体系视角的分析》，《城市问题》2016 年第 6 期。

张浩然：《中国城市生产性服务业空间布局的演进趋势及特征分析》，《产业经济评论》2015 年第 3 期。

张明斗、李维露、吴庆帮：《制造业和生产性服务业集聚对城市经济效率的影响》，《财经问题研究》2021 年第 9 期。

张明志、余东华：《服务业集聚对城市生产率的贡献存在拐点吗？——来自中国 275 个地级及以上城市的证据》，《经济评论》2018 年第 6 期。

赵曜、柯善咨：《城市规模、中间产品与异质厂商生产率》，《管理世界》2015 年第 3 期。

Anser M. K. , Usman M. , Godil D. I. , et al. , "Does Globalization Affect the Green Economy and Environment? The Relationship between Energy Consumption, Carbon Dioxide Emissions, and Economic Growth," *Environmental Science and Pollution Research*, 2021, 28.

Bouquet C. , Morrison A. , Birkinshaw J. , "International Attention and Multinational Enterprise Performance," *Journal of International Business Studies*, 2009, 40.

Capello A. , Invernizzi F. , Jabr O. , et al. , *First Data Collection Track Record*, 2013.

Combes P-P. , Duranton G. , Gobillon L. , "The Productivity Advantages of Large Cities: Distinguishing Agglomeration from Firm Selection," *Journal of the Econometric Society*, 2012, 46.

Commendatore P. , Kubin I. , "A Three – Regions New Economic Geography Model in Discrete Time: Preliminary Results on Global Dynamics," In: Bischi G. , Chiarella C. , Sushko I. (eds.) *Global Analysis of Dynamic Models in Economics and Finance*. Springer, Berlin, Heidelberg, 2013.

Dong F. , Wang Y. , Zheng L. , "Can Industrial Agglomeration Promote Pollution Agglomeration? Evidence from China," *Journal of Cleaner Production*, 2020, 246.

Hewitt-Dundas N. , "The Role of Proximity in University-business Cooperation for Innovation," *The Journal of Technology Transfer*, 2013, 38.

He M. , Yuan C. , "Synergy and Co-agglomeration of Producer Services and Manufacturing: A Panel Data Analysis of Chinese Cities," *Regional Studies*, 2014, 48.

Ke S. , He M. , Yuan C. , "Synergy and Co-agglomeration of Producer Services and Manufacturing: A Panel Data Analysis of Chinese Cities," *Regional Studies*, 2014, 48.

Krugman P. , *Front Matter, Trade with Japan. Has the Door Opened Wider?*, University of Chicago Press, 1991.

Li T. , Han D. , Feng S. , "Can Industrial Co-agglomeration between Producer Services and Manufacturing Reduce Carbon Intensity in China?" *Sustainability*, 2019, 11.

Li X. , Lai X. , Zhang F. , "Research on Green Innovation Effect of Industrial Agglomeration from Perspective of Environmental Regulation: Evidence in China," *Journal of Cleaner Production*, 2021, 288.

Liao H. F. , Chan R. C. K. , "Industrial Relocation of Hong Kong Manufacturing Firms: Towards an Expanding Industrial Space beyond the Pearl River Delta," *GeoJournal*, 2011, 76.

Liu X. , Zhang X, Sun W. , "Does the Agglomeration of Urban Producer Services Promote Carbon Efficiency of Manufacturing Industry?" *Land Use Policy*, 2022, 120.

Lu J. , Li B. , Li H. , "Expansion of City Scale, Traffic Modes, Traffic Congestion, and Air Pollution," *Cities*, 2021, 108.

Lu P. , Liu J. , Wang Y. , "Can Industrial Agglomeration Improve Regional Green Total Factor Productivity in China? An Empirical Analysis Based on Spatial Econometrics," *Growth and Change*, 2021, 52.

Ma Y. , Yao Q. , "Impact of Producer Service Agglomeration on Carbon Emission Efficiency and Its Mechanism: A Case Study of Urban Agglomeration in the Yangtze River Delta," *Sustainability*, 2022, 14.

Pei Y. , Zhu Y. , Liu S. , "Industrial Agglomeration and Environmental Pollution: Based on the Specialized and Diversified Agglomeration in the Yangtze River Delta, Environment," *Development and Sustainability*, 2021, 23.

Powell W. W. , Koput K. W. , Bowie J. I. , "The Spatial Clustering of Science and Capital: Accounting for Biotech Firm-Venture Capital Relationships," *Regional Studies*, 2002, 36.

Sassen K. , *FARS Cirrus Measurements for FIRE* 2, 1994.

Scott A. J. , "Creative Cities: Conceptual Issues and Policy Questions," *Journal of Urban Affairs*, 2006, 28.

Sm A. , My B. , Ybz C. , et al. , "Oil Price, US Stock Market and the US Business Conditions in the Era of COVID - 19 Pandemic Outbreak," *Economic Analysis and Policy*, 2022.

Sun S. , Li X. , "Productive Services Agglomeration, Financial Development and Regional Innovation Efficiency in the Yangtze River Economic Zone," *Finance Research Letters*, 2022, 50.

Wang X. , Wang M. , Pang S. , et al. , "Does Producer Services Agglomeration Affect Environmental Quality? New Findings from a Spatial Spillover Effect Analysis," *Journal of Environmental Planning and Management*, 2022.

Zhao J. , Dong X. , Dong K. , "Can Agglomeration of Producer Services Reduce Urban-Rural Income Inequality? The Case of China," *Australian Economic Papers*, 2021, 60.

Zheng J. , Hu H. , "Industrial Agglomeration and Product Quality Improvement of Food Enterprises: Empirical Analysis Based on Data from Chinese Enterprises," *Food Science and Technology*, 2022, 42.

下 篇

第五章

政府创新支持对城市碳排放绩效的影响评估

提升城市碳排放绩效是实现城市可持续发展的重要路径和手段。部分研究认为,城市创新能力是影响城市碳排放绩效的重要因素,但忽视了政府创新政策制定的重要性。本章基于中国创新型城市试点政策的准自然实验,采用空间双重差分模型评估了政府创新支持对城市碳排放绩效的影响。基于我国 2008～2019 年 238 个城市的 1km×1km 高分辨率碳排放数据,本章运用扩展的随机前沿分析模型对城市碳排放绩效进行了测度。研究结果表明,创新型城市试点政策的实施使当地的碳排放绩效提高了 1.3%。同时,创新型城市试点政策的实施存在显著的空间溢出效应,使得周边区域碳绩效提升了 3.3%。机制分析结果表明,政府创新支持通过促进全要素生产率提升、绿色创新和产业升级来影响碳排放绩效。进一步分析表明,创新型城市试点政策对东部地区碳排放绩效的影响最大,且对大城市和资源依赖型城市的影响更大。本章进行了一系列的稳健性检验,包括平行趋势检验、安慰剂检验和不同因变量的再估计,以确保分析结果的可靠性。基于研究结果,本章从加大政府创新支持力度、制定差异化创新支持政策等方面提出了切实可行的政策建议。

第一节　政府创新支持与城市节能减排的研究背景

近年来，温室气体排放的快速增加加剧了全球变暖和极端气候现象，严重威胁着人类社会的可持续发展。作为世界上碳排放量最高的国家，中国的碳排放总量从 1978 年的 14.19 亿吨增加到 2020 年的 98.99 亿吨，增长了 5.98 倍。这意味着中国面临着巨大的碳减排压力。2020 年，中国政府提出了 2030 年前实现碳达峰和 2060 年前实现碳中和的"双碳"目标，旨在缓解温室气体排放带来的气候问题。提高碳排放绩效，即单位碳排放的产出，被认为是实现"双碳"目标的最有力的政策工具。如何提高碳排放绩效，引起了大量学者的研究和探讨。

然而，关于政府创新支持影响城市碳排放绩效的已有研究并没有得出一致的结论。一种观点认为，政府创新支持可以有效提高碳排放绩效。Pan 等（2022）选取了 2010~2018 年的企业层面面板数据来考察碳排放权交易试点（CETS）的效果，研究发现政府创新支持对碳排放绩效和全要素生产率具有显著的正向作用。Doğan 等（2022）利用 1994~2004 年 G7 国家的数据，研究了环境税对碳排放、自然资源租金、可再生和不可再生资源的影响，发现环境税政策可以显著减少碳排放，并改善这些国家的碳排放绩效。另一种观点是，政府创新支持对改善碳排放绩效的作用非常有限。Fu 等（2023）采用博弈理论框架来检验碳税政策下企业的运营策略，指出碳税不一定会导致绿色技术的采用和碳排放绩效的改善。

通过技术创新提高碳排放绩效是各国缓解未来气候问题的重要措施（Pan 等，2022）。本章的研究动机是全面评估政府创新支持对城市碳排放绩效的影响。本章认为现有研究面临三大挑战，忽视这些挑战可能会导致观点冲突。第一个挑战是选择一个更有效的模型来评估碳排放绩效。使用最广泛的方法是数据包络分析（DEA）和随机前沿分析（SFA）（Filippini 和 Hunt，2015；Kang 等，2022；Kumbhakar 等，2012）。基于线性规划的 DEA 忽略了碳排放绩效中未观察到的城市异质性（Filippini 和 Hunt，2015）。同时，传统的 SFA 方法不能同时去除个体效应、时间效应和未观察到的异质性（Kumbhakar 等，2012），这可能导致研究对城市碳排放绩效的高估或低估，干扰政府支持创新的作用。第二个挑战是规避政府创新支持的内生干扰。现有文献一般采用政府补贴、税收优惠等指标来衡量政府创新支持，但此类指标与城市经济发展具有较强的相关性（Fu 等，2023；Tang 等，2022）。碳排放绩效与经济发展密切相关，由此产生的内生干扰会降低估计结果的可靠性。第三个挑战是克服空间因素对结果的影响。中国产业集群众多，使得周边城市经济发展与碳排放具有明显的空间相关性（Zhang 等，2022）。此外，地方政府通过创新支持吸引的人才和技术也为周边地区积累了创新要素，从而影响周边地区的碳排放绩效（Gao 和 Yuan，2022；Peng 等，2021；Zhao 和 Sun，2022）。在评价模型中忽略空间因素对碳排放绩效的潜在影响会降低结果的可靠性。为克服上述挑战，本章采用空间双重差分模型，以及准自然实验，评估政府创新支持对城市碳排放绩效的影响。

本章的贡献主要体现在以下三点。首先，本章基于 2008~2019 年的地级市面板数据，采用 Kumbhakar 等（2012）提出的扩展 SFA 模型进行碳排放绩效评价。该方法考虑了时变、时不变和城市特征，有助于获得更可靠的碳排放绩效计算结果。其次，本章通过准自然实验评估了政府创新支持对碳排放绩效的影响。为探索政府在城市创新中的作用，我国实施了创新型城市试点政策，致力于通过政府参与提升城市创新要素的集聚水平。该政策具有较强的外生性，可在一定程度上避免内生性对评价结果的干扰。中国的创新型城市试点政策是一项渐进式改革，为其他致力于通过政府创新支持政策提高碳排放绩效的国家和地区提供了重要的经验。最后，本章在传统的 DID 模型中引入了空间因素。通过空间双重差分模型估计的结果减少了空间因素的干扰，能够更可靠地评估政府创新支持对碳排放绩效的影响。

第二节　政府创新支持与城市碳排放绩效的文献梳理

现有文献关注碳排放绩效的两个方面，包括碳排放绩效的度量和技术创新对碳排放绩效的影响。

在碳排放绩效的度量上，以往的研究多采用单位碳排放的经济产出指标（Filippini 和 Hunt，2015；Kang 等，2022）。该指标值越高，表明碳排放绩效水平越高。然而，该指标的局限性在于其忽略了其他因素对碳排放绩效的潜在影响，如人口和行业水平（Kang 等，2022）。为了克服这一局限性，最近的研究广泛使用 DEA 和 SFA 来衡量碳排放绩效（Filippini 和 Hunt，2015；Kang 等，2022）。在得出投入产出要素最优组合的基础上，通过最优组合的实际碳排放量与预期碳排放量之间的差距来衡量碳排放绩效（Choi 等，2012）。然而，这种方法没有考虑到城市之间未观察到的异质性。在小样本中，偏差是可以接受的。然而，对于大样本，必须考虑到未观察到的异质性导致的估计结果的偏差（Filippini 和 Hunt，2015；Kang 等，2022）。SFA 是通过从随机前沿函数估计中提取回归残差来衡量碳排放绩效（Aigner 等，1977）。回归残差越接近零，碳排放绩效越高。然而，传统的 SFA 模型不能分离出残差中未观察到的异质性。Kumbhakar 等（2012）提出了一种扩展的 SFA 模型，可以同时分离残差中的时变特征、时不变特征和城市异质性。因此，本章应用扩展的 SFA 模型来评价城市碳排放绩效。

随着工业机器人、大数据、云计算、人工智能等新兴技术的兴起，技术创新能否为节能减排提供新动力成为研究热点（Li 等，2022；Su 和 Fan，2022）。清洁生产技术的改进可以降低企业生产过程中的碳排放，降低单位产量碳排放（Zhou 等，2021）。Zhang 和 Liu（2022）研究了数字金融和绿色技术创新对中国碳排放的影响，发现技术创新提升了碳排放绩效。Kuang 等（2022）探索了绿色技术创新和可再生能源投资对降低碳排放的影响，发现长期中绿色技术创新可以提高碳排放绩效。然而，也有研究（Li 等，2022；Su 和 Fan，2022）表明，技术创新增加了企业的风险，对企业的回报有限。Shaikh 和 Randhawa（2022）发现，开放式技术创新也会在组织内部产生风险，危及公司的运营。Wang 等（2022）对高管团队的行为决策与企业绿色技术创新进行了深入的研究，指出技术创新具有周期长、投资成本高、企业风险大的特点。

仅靠企业自身的技术创新无法实现节能减排（Qiu，2022；Zhang 等，2022）。一个重要的原因是，注重能效和减排的技术创新并没有给企业带来更高的回报（Li 等，2021），企业将有限的资源用于更有利可图的项目（Gabdullina 等，2022；Salmani 和 Partovi，2021）。此时，政府必须补贴和支持企业的创新行为，以降低企业的研发风险（Fan 等，2022；Ma 和 Li，2021）。特别是对于绿色生产技术，政府的激励可以在一定程度上刺激企业的创新。因此，需要重视政府创新支持在城市碳排放绩效提升中的作用。

第三节　政府创新支持影响城市碳排放绩效的政策背景与理论预期

一　创新型城市试点的政策背景

创新型城市试点是中国基于日益激烈的国际竞争形势提出的一项

重要政策。该政策致力于增强国家创新能力，实现国家发展规划。未来，中国希望以自主创新为动力，推动产业经济结构调整，建设可持续发展的社会。2008年，深圳成为第一个创新型试点城市。国家希望利用深圳良好的创新能力辐射周边城市，发挥深圳的科技引领作用，实现区域创新水平的全面提升。2010年初，大连、青岛等16个城市加入了国家创新型试点城市行列。随着创新型城市试点规模的加速扩大，截至2018年，国家创新型试点城市（区）数量已达78个。从位置来看，全国东部、中部、西部地区均有创新型试点城市分布。东部地区经济相对发达的省份创新型试点城市较多。就创新型城市的发展而言，其建设目标正逐步从加强创新向重构城市产业和建设可持续社会转变。国家正在发挥这些创新型城市的政策优势，促进周边地区创新能力的协同发展，这一趋势对于中国加快建设创新型国家具有重要意义。

二　政府创新支持影响城市碳排放绩效的理论预期

本章假设政府创新支持通过三个渠道来提升地方碳排放绩效。首先，政府创新支持将通过提高全要素生产率来提高当地的碳排放绩效。有文献（Pan等，2022）表明，政府创新支持显著提高了全要素生产率，这意味着给定的总碳排放的产出也显著增加，从而导致碳排放绩效的提升。其次，政府创新支持提高了地方绿色创新水平，从而提高了碳排放绩效。政府创新支持可以有效降低企业创新风险，极大地激发企业在节能减排等绿色技术方面的创新行为（Lin和Ma，2022）。因此，绿色创新可以显著降低单位产出的碳排放，从而提高碳排放绩效。最后，政府创新支持也将促进产业升级，从而提高城市碳排放绩效。政府创新支持可以加速当地企业从生产加工向研发的转型，即产业升级（Su和Fan，2022）。产业升级导致了能源投入在企业生产中的比重下降，产品附加值上升（You和Zhang，2022）。因此，企业可以以更低的资源投入获得更高的产出，从而提升城市碳排放绩效。基于以上分析，本章提出第一个研究假设。

假设1：政府创新支持可以通过促进全要素生产率提升、绿色创新和产业升级来提高城市碳排放绩效。

除了影响地方碳排放绩效，地方政府创新支持还可能通过溢出效应影响周边区域的碳排放绩效。政府创新可以有效地吸引研发人员、研发资金等各类创新要素向本地集聚。Li 等（2021）在其研究中提到，政府环境支持具有显著的创新集聚效应。这一观点也得到了 Peng 等（2021）的支持。周边地区可以通过技术合作分享本地创新集聚的收益，从而提高自身的碳排放性能。此外，周边地区可以为本地创新要素的输出提供广阔的市场，匹配技术人才，由此产生的产业升级将提升区域的整体碳排放绩效（Kuang 等，2022）。因此，本章提出第二个研究假设。

假设2：政府创新支持对周边地区碳排放绩效存在显著的正向溢出效应。

第四节 政府创新支持影响城市碳排放绩效的实证研究方案

一 政府创新支持影响城市碳排放绩效的空间双重差分模型构建

本章将创新型城市试点政策作为一个准自然实验，并采用空间双重差分模型来评估政府创新支持对城市碳排放绩效的影响。选择创新型城市试点政策的实施情况作为因变量，可以在一定程度上减少内生性问题造成的潜在干扰。此外，本章考虑了城市碳排放的空间溢出效应（Gao 和 Yuan，2022；Zhao 和 Sun，2022），进一步将空间因素纳入传统的双重差分模型，利用空间双重差分模型评价创新支持政策的实施对城市碳排放绩效的影响。在纳入空间因素方面，应用最广泛的方法是空间滞后模型（SLM）、空间误差模型（SEM）和空间杜宾模型（SDM）（Zhao 和 Sun，2022）。SLM 将因变量的空间滞后项包含在模型中。SEM 将误差项的空间滞后项纳入模型中。
SDM 将自变量和因变量的空间滞后项都纳入模型中。本章将在基准
分析中报告这 3 个模型的估计结果。首先,基于 SLM 的空间双重差分
模型如式 (5.1) 所示。

$$Y_{it} = \alpha + \delta \sum_{j=1}^{n} W_{ij} Y_{it} + \beta ICP_{it} + \varepsilon_{it}, \varepsilon_{it} \sim N(0, \sigma^2 I) \qquad (5.1)$$

其中,Y_{it} 表示第 t 年城市 i 的碳排放绩效;ICP_{it} 表示创新型城市试
点政策的实施情况,β 为其估计系数;σ 为方差;I 代表单位矩阵;
$\sum_{j=1}^{n} W_{ij} Y_{it}$ 表示碳排放绩效的空间滞后项,δ 为其估计系数;α 为截距
项;ε_{it} 为随机误差项。其次,指定基于 SEM 的空间双重差分模型:

$$Y_{it} = \alpha + \beta ICP_{it} + \varepsilon_{it} \qquad (5.2)$$

$$\begin{aligned} \varepsilon_{it} &= \lambda W_{it}\varepsilon + \mu, \\ \mu &\sim N(0, \sigma^2 I) \end{aligned} \qquad (5.3)$$

其中,λ 表示空间自相关误差项 ε 的估计系数;μ 表示误差项。最
后,指定基于 SDM 的空间双重差分模型:

$$Y_{it} = \alpha + \delta \sum_{j=1}^{n} W_{ij} Y_{it} + \beta ICP_{it} + \xi \sum_{j=1}^{n} W_{ij} ICP_{it} + \lambda Con_{it} +$$
$$\tau \sum_{j=1}^{n} W_{ij} Con_{it} + \varepsilon_{it}, \varepsilon_{it} \sim N(0, \sigma^2 I) \qquad (5.4)$$

其中,Con_{it} 为控制变量;$\sum_{j=1}^{n} W_{ij} Con_{it}$ 为控制变量的空间滞后项,τ
为其估计系数;$\sum_{j=1}^{n} W_{ij} ICP_{it}$ 是创新支持政策实施的空间滞后项,ξ 为其
估计系数。根据 LeSage 和 Pace (2009) 的研究,如果空间面板模型存
在空间滞后,使用点估计方法来检验空间溢出效应可能会产生偏差。
因此,通过微积分法可以将总效应分为直接效应和间接效应。原始的
SDM 模型可以改写为以下形式:

$$Y_t = (1 - \delta W)^{-1} (\beta ICP_t + \gamma W ICP_t) + (1 - \delta W)^{-1} \varepsilon_t \quad (5.5)$$

以第 k 个自变量为例，根据上式可将结果表示为偏微分矩阵：

$$\left[\frac{\partial Y}{\partial X_{1k}} \quad \cdots \quad \frac{\partial Y}{\partial X_{Nk}} \right]_t = (1 - \delta W)^{-1} \begin{bmatrix} \beta_k & \cdots & W_{12} \lambda_k & \cdots & W_{1N} \lambda_k \\ W_{21} \lambda_k & \cdots & \beta_k & \cdots & W_{2N} \lambda_k \\ \vdots & \vdots & \vdots & \ddots & \vdots \\ W_{N1} \lambda_k & \cdots & W_{N2} \lambda_k & \cdots & \beta_k \end{bmatrix}$$

$$(5.6)$$

式（5.6）反映偏微分矩阵中对角元素和非对角元素的平均值，其中该区域自变量的变化反映了对因变量的直接影响，周边区域自变量的变化反映了对因变量的间接影响。其中，X 为解释变量，即 ICP；Y 为被解释变量，即碳排放绩效。

二 政府创新支持影响城市碳排放绩效的变量设定

（一）因变量

在对现有碳排放绩效评估方法进行综述的基础上，本章采用了 Kumbhakar 等（2012）提出的扩展 SFA 模型。该模型可以同时区分出残差中的时变、时不变和城市异质性。模型规定如下：

$$CE_{it} = \beta_0 + f(X_{it}; \beta) + \mu_{it} + \lambda_i - \tau_{it} - \gamma_i \quad (5.7)$$

$$PCEP_i = \exp(-\widehat{\gamma_i}) \quad (5.8)$$

$$RCEP_{it} = \exp(-\widehat{\tau_{it}}) \quad (5.9)$$

$$CEP_{it} = PCEP_i \times RCEP_{it} \quad (5.10)$$

其中，CE_{it} 表示城市 i 在第 t 年的碳排放量；$f(X_{it}; \beta)$ 是碳排放量的随机前沿函数。X_{it} 为与碳排放相关的产出因子（Filippini 和 Hunt，2015），β 为回归系数，μ_{it} 为回归误差项，λ_i 为城市效应，τ_{it} 为连续碳排放无效率，γ_i 为残留碳排放无效率。同时，参数符合以下要求：$\mu_{it} \sim$

$N(0, \sigma_u^2)$, $\lambda_i \sim N(0, \sigma_\lambda^2)$, $\tau_{it} \sim N^+(0, \sigma_\tau^2)$, $\gamma_i \sim N^+(0, \sigma_\gamma^2)$。将持续碳排放绩效（$PCEP$）与剩余碳排放绩效（$RCEP$）相乘，可以计算出城市碳排放绩效（$CEP$）。

（二）自变量

创新型城市试点政策是一种渐进式改革，2010年以来，国家发展和改革委员会与科技部累计批准78个国家创新型试点城市（区）。本章以政府创新支持（ICP）为自变量，评估政府创新支持对城市碳排放绩效的影响。如果 i 市在第 t 年实施了创新支持政策，该值为1；如果 i 市没有实施，该值为0。

（三）控制变量

为了更可靠地评估创新型城市试点政策对城市碳排放绩效的影响，本章在模型中纳入了一系列控制变量，包括经济发展水平、产业结构、政府干预、金融发展水平和外国投资水平。各变量的定义和具体测度方式如表5-1所示。变量的描述性统计分析如表5-2所示。

表5-1　各变量的定义和具体测度方式

变量分类	符号	定义	测度
因变量	CEP	城市碳排放绩效	基于 KLH-SFA 的测度
自变量	ICP	政府创新支持	实施创新型城市试点政策取值为1，否则取值为0
控制变量	$lnrgdp$	经济发展水平	人均 GDP 的对数值
	is	产业结构	第三产业产值/第二产业产值
	gov	政府干预	财政支出/GDP
	fin	金融发展水平	存贷款总额/GDP
	fdi	外国投资水平	外资利用总额/GDP
KLH-SFA 模型变量	$\emptyset lngdp$	经济规模	GDP 对数值
	$\emptyset lnpop$	总人口	总人口对数值
	$\emptyset lngov$	财政支出	财政支出对数值
	$\emptyset lnind$	工业产出	工业总产值对数值

表 5-2　变量的描述性统计分析

变量	样本数(个)	均值	标准差	最小值	中位数	最大值
CEP	2856	0.497	0.169	0.071	0.505	0.818
ICP	2856	0.171	0.377	0.000	0.000	1.000
lnrgdp	2856	0.481	0.099	0.117	0.482	0.851
is	2856	0.174	0.079	0.044	0.158	1.485
gov	2856	0.934	0.579	0.112	0.752	6.071
fin	2856	0.003	0.003	0.000	0.002	0.030
fdi	2856	0.481	0.099	0.117	0.482	0.851
Ølngdp	2856	16.552	0.918	14.067	16.452	19.760
Ølnpop	2856	14.723	0.831	12.387	14.694	18.241
Ølngov	2856	5.965	0.641	3.833	5.986	8.134
Ølnind	2856	15.796	0.946	12.863	15.754	18.469

三　数据来源说明

本章采用了 Oda 等（2018）团队推导的空间网格碳排放数据集（ODIAC）。该数据集报告了 1km×1km 的高分辨率碳排放数据，并将其汇总成地级市面板碳排放数据集。样本期为 2008~2019 年。控制变量数据来自中国研究数据服务平台（CNRDS）中的中国城市统计数据库（CCSD）和《中国城市统计年鉴》。由于空间双重差分模型要求数据结构是一个平衡面板，因此排除了任意年份存在缺失值的城市样本。平衡面板数据集每年包含 238 个城市，共计 2856 个样本。

第五节　政府创新支持影响城市碳排放绩效的实证结果与分析

一　碳排放绩效测度与空间自相关检验

基于城市碳排放绩效的测度结果，本章发现北方城市的平均碳排放绩效相对较高，而南方城市的平均碳排放绩效相对较低。同时，沿海城市的平均碳排放绩效高于相似纬度的内陆城市。结果还表明，2010~2019 年，中国碳排放绩效平均水平处于提升阶段。此外，本章对城市碳排放绩效的空间相关性进行了检验。城市碳排放绩效的 Moran's I 如表 5-3 所示。2008~2019 年，Moran's I 在 1% 的水平上显著为负。索引的值在-1 到 0 之间。这说明中国城市的碳排放绩效具有较强的空间相关性。因此，在估计模型中应考虑空间因素。

表 5-3　城市碳排放绩效的 Moran's I

年份	Moran's I	Z-value
2008	-0.061^{***}	-24.206
2009	-0.061^{***}	-24.247
2010	-0.072^{***}	-28.834
2011	-0.073^{***}	-29.448
2012	-0.073^{***}	-29.432
2013	-0.074^{***}	-29.702
2014	-0.075^{***}	-30.458
2015	-0.079^{***}	-31.884
2016	-0.081^{***}	-32.869
2017	-0.083^{***}	-33.516
2018	-0.082^{***}	-33.201
2019	-0.083^{***}	-33.521

注：*** 表示在 1% 的水平上显著。

二　政府创新支持对城市碳排放绩效的影响

政府创新支持对城市碳排放绩效的影响如表 5-4 所示。为了保证结果的稳健性，本章报告了固定效应模型（FE）、SLM、SEM 和 SDM 的回归结果。结果表明，政府创新支持对城市碳排放绩效具有显著的正向贡献。4 种模型计算的政府创新支持对城市碳排放绩效的影响系数分别为 0.009、0.017、0.012 和 0.013。由于 SDM 同时考虑了空间滞后效应和空间误差效应，因此其对政府创新支持效应的评估更加可靠。排除了空间因素干扰后，政府创新支持最终使城市碳排放绩效提高了 1.3%。

结果表明，政府创新支持能够提高城市碳排放绩效。同时，政府创新支持有助于实现城市的绿色发展和经济改善。在其他控制变量方面，经济发展水平对城市碳排放绩效的影响在 4 种模型中均在 1%的水平上显著为负；产业结构对城市碳排放绩效的影响也是在 1%水平上显著为负；政府干预对城市碳排放绩效的影响均在 1%的水平上显著为负；金融发展水平对碳排放绩效的影响均在 1%的水平上显著为正；外国投资水平对碳排放绩效的影响不显著。

表 5-4　政府创新支持对城市碳排放绩效的影响

项目	FE	SLM	SEM	SDM
ICP	0.009 ***	0.017 ***	0.012 ***	0.013 ***
	(0.002)	(0.002)	(0.002)	(0.002)
$\ln rgdp$	-0.015 ***	-0.004 ***	-0.008 ***	-0.013 ***
	(0.002)	(0.001)	(0.002)	(0.002)
is	-0.081 ***	-0.020 ***	-0.061 ***	-0.044 ***
	(0.009)	(0.008)	(0.008)	(0.009)
gov	-0.085 ***	-0.039 ***	-0.062 ***	-0.075 ***
	(0.009)	(0.010)	(0.010)	(0.010)
fin	0.009 ***	0.006 ***	0.010 ***	0.008 ***
	(0.002)	(0.002)	(0.002)	(0.002)
fdi	-0.126	-0.085	-0.062	0.074
	(0.185)	(0.198)	(0.191)	(0.188)
$WICP$				0.033 ***
				(0.004)
$W\ln rgdp$				0.023 ***
				(0.003)
Wis				0.127 ***
				(0.015)
$Wgov$				0.111 ***
				(0.024)

续表

项目	FE	SLM	SEM	SDM
Wfin				-0.023^{***}
				（0.004）
Wfdi				-0.736
				（0.453）
City FE	Y	Y	Y	Y
Year FE	Y	Y	Y	Y
Observation	2856	2856	2856	2856
Log-L	98.384	8231.978	8239.058	8265.711
R^2	0.391	0.155	0.036	0.066

注：*、**、*** 分别表示在 10%、5%、1% 的水平上显著；City FE 和 Year FE 分别表示城市固定效应和年份固定效应；括号内为稳健标准误差。

SDM 的估计结果表明，政府创新支持对城市碳排放绩效具有重要的增强作用。由于试点城市分布在全国各地，且城市碳排放绩效也具有空间自相关性，因此有必要探讨其空间溢出效应。空间杜宾模型（SDM）的直接效应、间接效应和总效应如表5-5所示。在1%的水平上，政府创新支持对城市碳排放绩效改善的直接效应、间接效应和总效应均显著为正。这表明，区域内政府创新支持不仅对该区域的城市碳排放绩效有显著贡献，也对周边区域的城市碳排放绩效有显著贡献。因此，政府创新支持有助于提升城市碳排放绩效，政府创新支持对本区域城市碳排放绩效的贡献大于周边区域。此外，一些研究使用财政创新支出或碳税来衡量政府创新支出，发现碳排放绩效的改善并不显著（Fu 等，2023）。本章认为，基于上述指标的评价结果可能会受到内生干扰，因此本章采用创新型城市试点政策测度政府创新支持，可以减少来自内生的潜在干扰。综上所述，政府还应重视试点城市的示范作用，通过制定跨区域合作等政策来提高辐射效率（Tang 等，2022）。此类政策能够在更大范围内促进城市碳排放绩效的整体提升。

表5-5　空间杜宾模型（SDM）的直接效应、间接效应和总效应

效应类型	ICP	lnrgdp	is	gov	fin	fdi
直接效应	0.033 ***	0.023 ***	0.127 ***	0.111 ***	-0.023 ***	-0.736
	(0.004)	(0.003)	(0.015)	(0.024)	(0.004)	(0.453)
间接效应	0.014 ***	-0.012 ***	-0.038 ***	-0.071 ***	0.007 ***	0.056
	(0.002)	(0.002)	(0.009)	(0.009)	(0.002)	(0.191)
总效应	0.048 ***	0.026 ***	0.155 ***	0.122 ***	-0.028 ***	-0.935
	(0.005)	(0.003)	(0.019)	(0.031)	(0.006)	(0.620)

注：*、** 和 *** 分别表示在10%、5%和1%的水平上显著；括号内为稳健标准误差。

三　政府创新支持影响城市碳排放绩效的平行趋势检验

平行趋势检验结果如图5-1所示。创新型城市试点政策实施前各回归系数均未通过显著性检验。这表明，在政策实施前，对照组和实验组之间没有显著差异，符合平行趋势假设。创新型城市试点政策实施后，回归系数呈现先升高后降低的趋势，这说明创新型城市试点政策在实施后的第一年效果最强。随着时间的推移，政策对碳排放绩效的影响开始减弱。以上分析表明，在短期内，创新型城市试点政策可

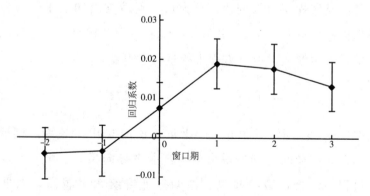

图5-1　平行趋势检验结果

注：横轴表示创新型城市试点政策实施的窗口期，纵轴表示事件分析模型中的回归系数。

以带来城市碳排放绩效的改善，但效果会逐渐减弱。政府在保证创新型城市试点政策短期绩效的同时，更应提高创新型城市试点政策的长期有效性。

四　进一步分析：影响机制与城市异质性分析

（一）政府创新支持对城市碳排放绩效的影响机制

为检验假设 1，本章构建了以下中介效应模型，探索政府创新支持对城市碳排放绩效的影响机制。

$$CEP_{it} = \alpha + \beta\, ICP_{it} + \lambda\, Con_{it} + \varepsilon_{it} \tag{5.11}$$

$$M_{it} = \alpha + \beta\, ICP_{it} + \varepsilon_{it} \tag{5.12}$$

$$CEP_{it} = \alpha + \beta\, ICP_{it} + \gamma M_{it} + \lambda\, Con_{it} + \varepsilon_{it} \tag{5.13}$$

其中，CEP_{it} 为城市碳排放绩效；ICP_{it} 为政府创新支持；Con_{it} 为控制变量；β、λ、γ 分别为对应变量的估计系数；α 为截距项；ε_{it} 为随机误差项；M_{it} 为中介变量，包括全要素生产率（tfp）、绿色创新（$green\_inn$）和产业升级（iu）。全要素生产率通过扩展 SFA 模型进行测量，其中经济规模为因变量，总人口、财政支出和工业产出为自变量。绿色创新由第 t 年城市 i 绿色发明专利总数和绿色实用专利总数的对数来衡量。本章通过以下方程来衡量产业升级。

$$iu_{it} = \sum_{m=1}^{3} y_{imt} \times m,\, m = 1, 2, 3 \tag{5.14}$$

其中，y_{imt} 表示第 t 年城市 i 产业 m 产值占 GDP 的比重。该指标反映了中国三大产业的比例关系由第一产业主导向第二、第三产业主导的演变过程。该指标数值越高，说明产业升级水平越高。如果公式（5.11）中 ICP_{it} 的系数和公式（5.12）中 M_{it} 的系数通过显著性检验，说明政府创新支持可以通过促进全要素生产率提升、绿色创新和产业升级来影响城市碳排放绩效。政府创新支持影响城市碳排放绩效的机制分析结果如表 5-6 所示。

表 5-6　政府创新支持影响城市碳排放绩效的机制分析结果

项目	tfp	CEP	green_inn	CEP	iu	CEP
ICP	0.252 ***	0.024 ***	1.376 ***	0.008 ***	0.191 ***	0.011 ***
	(0.014)	(0.002)	(0.082)	(0.002)	(0.014)	(0.002)
tfp		0.018 ***				
		(0.006)				
green_inn				0.008 ***		
				(0.001)		
iu						0.033 ***
						(0.004)
Control	Y	Y	Y	Y	Y	Y
City FE	Y	Y	Y	Y	Y	Y
Year FE	Y	Y	Y	Y	Y	Y
Observation	2856	2856	2856	2856	2856	2856
F	326.475	31.785	278.610	102.345	184.184	96.233
R^2	0.111	0.079	0.096	0.415	0.066	0.387

注：*** 表示在 1% 的水平上显著；City FE 和 Year FE 分别表示城市固定效应和年份固定效应；括号内为稳健标准误差。

　　由表 5-6 的结果可知，政府创新支持对全要素生产率提高、绿色创新和产业升级的影响分别为 0.252、1.376 和 0.191，均通过了 1% 的显著性检验。这表明，政府创新支持可以显著促进城市全要素生产率提高、绿色创新和产业升级，这与 Xu 等（2021）的研究一致。结果表明，全要素生产率提高、绿色创新和产业升级对城市碳排放绩效的影响系数分别为 0.018、0.008 和 0.033。这意味着政府创新支持政策可以通过促进城市全要素生产率提高、绿色创新和产业升级来提高城市碳排放绩效，即研究结果支持假设 1。因此，政府不仅要加强对技术创新的支持，还要进一步完善生产要素的市场配置，强化上述 3 种机制的积极影响。

（二）异质性分析

　　中国不同地区之间的发展差异很大。在经济发展水平上，中部地区和东部地区高于西部地区。创新支持政策作为政府主导的财政支持政策，在不同地区的实施力度和效果可能存在差异。因此，有必要分析政府创新支持对不同地区影响的差异。政府创新支持的影响效应还与城市规模有关。城市规模越大，工业体系越复杂、越发达，政府创新支持实施的规模效应越高（Pan 等，2022）。因此，需要进一步探究政府创新支持对不同规模城市碳排放绩效影响的差异。城市的资源类型也是需要考虑的因素。与资源型城市相比，非资源型城市的能源消耗更少，碳排放绩效的上行空间更低。因此，本章还评价了政府创新支持对不同资源类型城市影响的差异。

政府创新支持对城市碳排放绩效的异质性分析结果如表 5-7 所示。表 5-7 第一行为基线行，从左到右分别为东部地区城市、小城市、非资源型城市。从地理位置上看，政府创新支持对东部地区城市碳排放绩效的影响为 1.9%。因 $ICP×Central$ 反映的是中部地区与东部地区的差异，所以该政策对中部地区的净影响仅为 0.1%（1.9% - 1.8% = 0.1%），政府创新支持对中部城市碳排放绩效的影响显著低于东部地区。

表 5-7　政府创新支持对城市碳排放绩效的异质性分析结果

项目	*Region*	*Size*	*Resource Type*
ICP	0.019*** (0.002)	0.009*** (0.002)	−0.001 (0.003)
ICP×Central	−0.018*** (0.004)		
ICP×Western	−0.005 (0.004)		
ICP×Big		0.008*** (0.003)	
ICP×Res			0.020*** (0.003)

续表

项目	*Region*	*Size*	*Resource Type*
ln*rgdp*	−0.013 *** (0.002)	−0.013 *** (0.002)	−0.012 *** (0.002)
is	−0.048 *** (0.009)	−0.044 *** (0.009)	−0.043 *** (0.009)
gov	−0.078 *** (0.009)	−0.073 *** (0.009)	−0.076 *** (0.009)
fin	0.008 *** (0.002)	0.008 *** (0.002)	0.008 *** (0.002)
fdi	0.159 (0.188)	0.091 (0.188)	0.085 (0.188)
WICP	0.020 *** (0.005)	0.046 *** (0.006)	0.030 *** (0.007)
WICP×Central	0.075 *** (0.011)		
WICP×Western	−0.009 (0.010)		
WICP×Big		−0.024 *** (0.007)	
WICP×Res			0.001 (0.009)
*W*ln*rgdp*	0.023 *** (0.003)	0.022 *** (0.003)	0.022 *** (0.003)
Wis	0.123 *** (0.015)	0.127 *** (0.015)	0.126 *** (0.015)
Wgov	0.112 *** (0.024)	0.111 *** (0.024)	0.107 *** (0.024)
Wfin	−0.026 *** (0.004)	−0.023 *** (0.004)	−0.023 *** (0.004)
Wfdi	−0.924 ** (0.454)	−0.762 * (0.451)	−0.576 (0.451)
City FE	Y	Y	Y
Year FE	Y	Y	Y

续表

项目	*Region*	*Size*	*Resource Type*
Observation	2856	2856	2856
R^2	0.056	0.076	0.105

　　注：*、**、*** 分别表示在 10%、5% 和 1% 的水平上显著；City FE 和 Year FE 分别表示城市固定效应和年份固定效应；括号内为稳健标准误差；*Central* 表示中部地区、*Western* 表示西部地区、*Big* 表示大城市、*Res* 表示资源型城市；因篇幅限制，本表只报告了部分回归结果。

　　异质性分析的结果表明，国家在关注大城市绿色创新发展的同时，还应重视大城市带来的辐射效应。大城市应该成为周边小城市更有效的政策执行协同的中心（Li 等，2022），通过创新支持政策的广泛布局，在更大范围内促进技术创新和绿色发展的协同增强。资源型城市与非资源型城市的差异明显。本节利用不同城市的碳排放总量数据，将碳排放总量较高的城市设为资源型城市，其余城市为非资源型城市。Kang 等（2022）的研究指出，节能减排的重点在效率较低的地区，但没有进一步评估政府创新支持对不同资源类型城市的影响差异。在非资源型城市，政府创新支持对城市碳排放绩效的影响不显著。相比之下，结合 *ICP×Res* 的估计系数，资源型城市的政府创新支持对城市碳排放绩效有 2% 的提升效应。一方面，这表明资源型城市在通过技术创新提升城市碳排放绩效方面具有独特的优势。另一方面，结果也提示应提高非资源型城市的政府创新支持的有效性。

五　政府创新支持影响城市碳排放绩效的稳健性检验

（一）安慰剂检验

　　考虑到政府创新支持也可能影响非试点城市的碳排放绩效，可能导致估计结果的不可靠。本章采用蒙特卡罗模拟进行安慰剂检验。首先，本章从对照组中多次随机抽取样本作为处理组。其次，在此基础上进行 PSM-DID 回归分析并估计参数。如果估计的参数呈正态分布且均值为 0，则本章的分析结果是可靠的。图 5-2 为随机抽取 500 个样本后的估计系数分布和核密度曲线。正如安慰剂检验所预期的那样，估计系数呈正态分布，均值为 0。这说明处理组城市碳排放绩效的变化源于政府创新支持的实施。

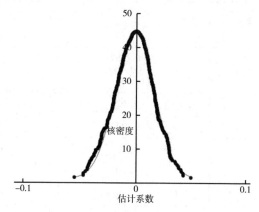

图 5-2　安慰剂检验结果

（二）使用 PSM-DID 的再估计

空间面板回归结果表明，政府创新支持对城市碳排放绩效的贡献是显著的。为了增强研究的稳健性，使用 PSM 方法进行匹配后回归。在 PSM 方法中，本章使用了 1∶1 最近邻匹配和核密度匹配两种传统的匹配方法。表 5-8 报告了使用这两种方法匹配后的回归结果。结果表明，无论采用最近邻匹配还是核密度匹配，政府创新支持均能显著提高城市碳排放绩效。这与之前使用空间面板得出的研究结果一致。因此，本章的结果是稳健的。

表 5-8　基于 PSM-DID 的再估计结果

项目	最近邻匹配	核密度匹配
ICP	0.016**	0.010***
	（0.008）	（0.002）
ln*rgdp*	−0.053***	−0.014***
	（0.008）	（0.002）

续表

项目	最近邻匹配	核密度匹配
is	−0.070*	−0.077***
	(0.038)	(0.010)
gov	−0.310***	−0.085***
	(0.073)	(0.010)
fin	−0.006	0.010***
	(0.004)	(0.002)
fdi	−0.364	−0.258
	(0.324)	(0.204)
C	1.183***	0.637***
	(0.080)	(0.022)
City FE	Y	Y
Year FE	Y	Y
Observation	469	2302
F-static	23.595	28.098
Adj-R²	0.371	0.314

注：*、**、***分别表示在10%、5%和1%的水平上显著；City FE 和 Year FE 分别表示城市固定效应和年份固定效应；括号内为稳健标准误差。

（三）不同因变量的再估计

为了避免变量设置对估计结果的潜在影响，本章还选择用单位碳排放 GDP 的对数来衡量城市碳排放绩效。替换因变量的再估计结果如表5-9所示。由表5-9可知，在固定效应模型（FE）、SLM、SEM 和 SDM 下，政府创新支持对城市碳排放绩效的影响系数分别为 0.049、0.037、0.038 和 0.034，均通过了 1% 的显著性检验。替换个别解释变量的回归结果与前文的结果基本保持一致，证明本章的结论是相对可靠的。

表 5-9　替换因变量的再估计结果

项目	FE	SLM	SEM	SDM
ICP	0.049 ***	0.037 ***	0.038 ***	0.034 ***
	(0.010)	(0.009)	(0.009)	(0.009)
WICP				1.365 ***
				(0.397)
Control	Y	Y	Y	Y
City FE	Y	Y	Y	Y
Year FE	Y	Y	Y	Y
Observation	2856	2856	2856	2856
Log-L	1161.54	2932.872	2948.328	3038.752
R^2	0.884	0.064	0.056	0.079

注：* 、** 、*** 分别表示在 10%、5% 和 1% 的水平上显著；City FE 和 Year FE 分别表示城市固定效应和年份固定效应；括号内为稳健标准误差。

(四) 排除同期政策干扰后的再估计

为排除同期其他政策对分析结果的干扰，本章进一步控制模型中低碳城市试点 (LCCP) 和碳排放交易试点 (CETP) 的政策冲击。将上述两项政策冲击相加后，剔除同期干扰的再估计结果如表 5-10 所示。由表 5-10 的结果可知，在 (1) 列中 ICP 和 LCCP 的系数分别为 0.009 和 0.001，在 (2) 列中 ICP 和 CETP 的系数分别为 0.009 和 0.011。以上结果表明，分别控制低碳城市试点和碳排放交易试点的政策冲击后，政府创新支持仍然对城市碳排放绩效有显著的正向影响。这表明政府创新支持能够提高城市碳排放绩效的结论是稳健的。

表 5-10　剔除同期政策干扰的再估计结果

项目	(1)	(2)
ICP	0.009 ***	0.009 ***
	(0.001)	(0.002)
LCCP	0.001 *	
	(0.001)	

续表

项目	（1）	（2）
$CETP$		0.011^{***}
		（0.002）
Control	Y	Y
City FE	Y	Y
Year FE	Y	Y
Observation	2856	2856
F	92.88	96.43
R^2	0.391	0.403

注：*、**、*** 分别表示在 10%、5% 和 1% 的水平上显著；City FE 和 Year FE 分别表示城市固定效应和年份固定效应；括号内为稳健标准误差。

（五）基于扩展 SDID 方法的再估计

Chagas 等（2016）提出了一种 SDID 方法，可以分解空间权重矩阵的处理效果。为了保证分析结果的可靠性，本章采用这种方法进行了再估计（见表 5-11）。

表 5-11 基于 SDID 方法的再估计

项目	约束模型	无约束模型
ICP	0.016^{***}	0.027^{***}
	（0.002）	（0.003）
$WICP$	0.067^{***}	
	（0.005）	
$W_{T,T}ICP$		0.028^{***}
		（0.009）
$W_{NT,T}ICP$		0.081^{***}
		（0.005）
Control	Y	Y
City FE	Y	Y
Year FE	Y	Y

项目	约束模型	无约束模型
Observation	2856	2856
Log-L	64.25	60.65
R^2	0.182	0.165

注：*、**、*** 分别表示在10%、5%和1%的水平上显著；City FE 和 Year FE 分别表示城市固定效应和年份固定效应；括号内为稳健标准误差。根据 Chagas 等（2016）的研究，矩阵 W 可以分解为 $W = W_{T,T} + W_{T,NT} + W_{NT,T} + W_{NT,NT}$。约束模型报告了基于矩阵 W 的估计结果。无约束模型报告了基于矩阵 $W_{T,T}$ 和 $W_{NT,T}$ 的估计结果。

由表5-11的结果可知，约束模型中 ICP 和 $WICP$ 的系数分别为0.016和0.067，均通过了1%的显著性检验。此外，在无约束模型中，$W_{T,T}ICP$ 与 $W_{NT,T}ICP$ 的相关系数分别为0.028和0.081，也通过了1%的显著性检验。这意味着政府创新支持的实施不仅显著提高了当地的城市碳排放绩效，也提升了周边地区的城市碳排放绩效，与 Chagas 等（2016）提出的 SDID 模型估计得到一致的结论，表明本章分析结果具有稳健性。

第六节　本章小结

一　结论

本章基于创新型城市试点政策的准自然实验，利用空间双重差分模型评估了政府创新支持对城市碳排放绩效的影响。本章的主要发现可以归纳为以下三点。

首先，本章通过 Kumbhakar 等（2012）提出的扩展 SFA 模型衡量了城市碳排放绩效。测算结果表明，政府创新支持的实施不仅能提高本地的城市碳排放绩效，而且对周边地区的城市碳排放绩效具有正向溢出效应。

其次，机制分析结果表明，政府创新支持主要通过促进全要素生产率提升、绿色创新和产业升级 3 种机制提升城市碳排放绩效。本章还对不同区域、不同规模和不同资源类型的城市进行了异质性分析。结果表明，政府创新支持对中部地区城市碳排放绩效的影响显著低于东部地区。与此同时，应重视大城市带来的辐射效应。此外，研究还观察到资源型城市政府创新支持对城市碳排放绩效有显著提升作用，而非资源型城市政府创新支持对城市碳排放绩效无显著影响。

最后，本章还进行了一系列稳健性检验，以保证分析结果的可靠性。平行趋势检验显示，实施政府创新支持前，处理组与对照组的城市碳排放绩效无显著差异，实施政府创新支持后，处理组的城市碳排放绩效显著高于对照组。因此，空间双重差分模型的评估结果相对可靠。安慰剂检验、基于 PSM-DID 的再估计和替换因变量的再估计均得到了一致的结论。本章进一步对低碳城市试点和碳排放交易试点两项政策进行了控制，结果表明在控制了上述两种政策后，政府创新支持政策仍对城市碳排放绩效具有显著的正向影响。

二　政府创新支持推动城市碳排放绩效提升的对策建议

一是加大政府创新支持力度，提高碳排放绩效。中国是世界上碳排放总量最高的国家。实现"双碳"目标的关键在于控制高碳部门的排放和控制所有部门的总体排放。研究结果表明，政府创新支持的实施不仅显著提高了本地的城市碳排放绩效，而且对周边地区城市碳排放绩效具有显著的溢出效应。因此，应更好地发挥政府创新支持在污染治理中的作用。一方面，政府对创新的支持应该集中在石油、钢铁和建筑等传统行业，通过财政补贴和税收优惠等方式促进传统部门碳排放绩效的提升。另一方面，政府也需要培育前沿技术，如碳捕获、利用与封存技术。这些技术可以吸收传统行业的碳排放，从而有效提高区域的整体碳排放绩效。

二是针对不同地区制定差异化的创新支持政策。中国经济发展的特点是东部沿海地区比较发达，中部、西部地区比较落后。东部地区率先完成产业转型升级，具有较高的碳性能。而中部、西部地区承接了东部地区的部分产业转移，其碳排放绩效较低。如果在全国范围内采取类似的创新支持政策，将抑制中部、西部地区通过绿色创新提升碳排放绩效的意愿。因此，政府需要给予中部、西部地区更强的激励，促使其集聚创新要素，以提高其碳排放绩效。本章研究结果表明，政府创新支持对西部地区碳排放绩效无显著提升作用，不同城市规模和不同资源类型的政府创新支持效应也存在差异。因此，政府在提供创新支持时应充分考虑地理环境、城市规模和资源依赖性。例如，对于西宁、兰州等西部城市，创新支持政策的实施可能并不能有效地提高碳排放绩效。相比之下，对于上海、南京或杭州等城市，创新支持政策可以显著提高碳排放绩效。此外，政府还可以通过设置碳排放交易额度来平衡这种区域差异。对于资源型城市的重工业，如采矿业和冶炼业，允许它们通过绿色技术创新获得更高的碳排放配额，这将进一步放大政府创新支持对这些地区碳排放绩效的影响。

三 研究的局限性

本章的研究也存在一定的局限性，进一步的研究可以从以下几个方面进行拓展。首先，由于缺乏企业层面的碳排放数据，本章仅在城市层面评估了政府创新支持对碳排放绩效的影响，进一步的研究可以通过量化企业层面的碳排放，从更微观的角度探索政府创新支持的影响。其次，本章以中国为代表研究了政府创新支持对城市碳排放绩效的影响，进一步的研究可以比较处于不同发展阶段的国家的政府创新支持对城市碳排放绩效影响的差异。

参考文献

陈向阳：《金融结构、技术创新与碳排放：兼论绿色金融体系发展》，《广东社会科学》2020 年第 4 期。

马大来、陈仲常、王玲：《中国省际碳排放效率的空间计量》，《中国人口·资源与环境》2015 年第 1 期。

邵帅、尹俊雅、范美婷等：《僵尸企业与低碳转型发展：基于碳排放绩效的视角》，《数量经济技术经济研究》2022 年第 10 期。

邵帅、张可、豆建民：《经济集聚的节能减排效应：理论与中国经验》，《管理世界》2019 年第 1 期。

王斌、刘馨、康志勇：《创新型城市政策与制造业生产率演化——来自国家创新城市试点的准自然实验》，《研究与发展管理》2021 年第 6 期。

魏梅、曹明福、江金荣：《生产中碳排放效率长期决定及其收敛性分析》，《数量经济技术经济研究》2010 年第 9 期。

许海平：《空间依赖、碳排放与人均收入的空间计量研究》，《中国人口·资源与环境》2012 年第 9 期。

严成樑、李涛、兰伟：《金融发展、创新与二氧化碳排放》，《金融研究》2016 年第 1 期。

杨莉莎、朱俊鹏、贾智杰：《中国碳减排实现的影响因素和当前挑战——基于技术进步的视角》，《经济研究》2019 年第 11 期。

Aigner D., Lovell C. A. K., Schmidt P., "Formulation and Estimation of Stochastic Frontier Production Function Models," *Journal of Econometrics*, 1977, 6.

Chagas A. L. S., Azzoni C. R., Almeida A. N., "A spatial difference-in-differences analysis of the impact of sugarcane production on respiratory diseases," *Regional Science & Urban Economics*, 2016.

Choi Y., Zhang N., Zhou P., "Efficiency and Abatement Costs of Energy-related CO_2 Emissions in China: A Slacks-based Efficiency Measure," *Applied Energy*, 2012, 10.

Doğan B., Chu L. K., Ghosh S., Diep Truong H. H., Balsalobre-Lorente D., "How Environmental Taxes and Carbon Emissions are Related in the G7 Economies?" *Renewable Energy*, 2022, 3.

Fan R. , Wang Y. , Chen F. , Du K. , Wang, Y. , "How do Government Policies Affect the Diffusion of Green Innovation among Peer Enterprises? An Evolutionary – Game model in Complex Networks," *Journal of Cleaner Production*, 2022, 9.

Filippini M. , Hunt L. C. , "Measurement of Energy Efficiency Based on Economic Foundations," *Energy Economics*, 2015, 12.

Fu K. , Li Y. , Mao H. , Miao Z. , "Firms' Production and Green Technology Strategies: The Role of Emission Asymmetry and Carbon Taxes," *European Journal of Operational Research*, 2023, 3.

Gabdullina G. , Gilmanov M. , Akhmetgareeva A. , Khusainova S. , Khamidullin M. , Gareeva G. , "Assessment of the Resource Utilization Efficiency of Transport Companies," Transportation Research Procedia, 2022, 63.

Gao K. , Yuan Y. , "Government Intervention, Spillover Effect and Urban Innovation Performance: Empirical Evidence from National Innovative City Pilot Policy in China," *Technology in Society*, 2022, 8.

Kang J. , Yu C. , Xue R. , et al. , "Can Regional Integration Narrow City-level Energy Efficiency Gap in China?" *Energy Policy*, 2022, 4.

Kuang H. , Akmal Z. , Li F. , "Measuring the Effects of Green Technology Innovations and Renewable Energy Investment for Reducing Carbon Emissions in China," *Renewable Energy*, 2022, 9.

Kumbhakar S. C. , Lien G. , Hardaker J. B. , "Technical Efficiency in Competing Panel Data Models: A Study of Norwegian Grain Farming," *Journal of Productivity Analysis*, 2012, 9.

LeSage J. , Pace R. K. , *Introduction to spatial econometrics*, 2009.

Li N. , Feng C. , Shi B. , Kang R. , Wei W. , "Does the Change of Official Promotion Assessment Standards Contribute to the Improvement of Urban Environmental Quality?" *Journal of Cleaner Production*, 2022, 5.

Li W. , Xu J. , Ostic D. , Yang J. , Guan R. , Zhu L. , "Why Low-carbon Technological Innovation Hardly Promote Energy Efficiency of China? – Based on Spatial Econometric Method and Machine Learning," *Computers & Industrial*

Engineering, 2021, 10.

Lin B. , Ma R. , "Green Technology Innovations, Urban Innovation Environment and CO_2 Emission Reduction in China: Fresh Evidence from a Partially Linear Functional-coefficient Panel Model," *Technological Forecasting and Social Change*, 2022, 3.

Ma H. , Li L. , "Could Environmental Regulation Promote the Technological Innovation of China's Emerging Marine Enterprises? Based on the Moderating Effect of Government Grants," *Environmental Research*, 2021, 11.

Oda T. , Maksyutov S. , Andres R. J. , "The Open-source Data Inventory for Anthropogenic CO_2, Version 2016 (ODIAC2016): AGlobal Monthly Fossil Fuel CO_2 Gridded Emissions Data Product for Tracer Transport Simulations and Surface Flux Inversions," *Earth System Science Data*, 2018, 1.

Pan A. , Zhang W. , Shi X. , Dai L. , "Climate Policy and Low-carbon Innovation: Evidence from Low-carbon City Pilots in China," *Energy Economics*, 2022, 12.

Peng H. , Shen N. , Ying H. , Wang Q. , "Can Environmental Regulation Directly Promote Green Innovation Behavior? ——Based on Situation of Industrial Agglomeration," *Journal of Cleaner Production*, 2021, 10.

Qiu R. , "Carbon Tax Policy-induced Air Travel Carbon Emission Reduction and Biofuel Usage in China," *Journal of Air Transport Management*, 2022, 8.

Salmani Y. , Partovi F. Y. , "Channel-level Resource Allocation Decision in Multichannel Retailing: A U.S. Multichannel Company Application," *Journal of Retailing and Consumer Services*, 2021, 11.

Shaikh I. , Randhawa K. , "Managing the Risks and Motivations of Technology Managers in Open Innovation: Bringing Stakeholder-centric Corporate Governance into Focus," *Technovation*, 2022, 7.

Su Y. , Fan Q. , "Renewable Energy Technology Innovation, Industrial Structure Upgrading and Green Development from the Perspective of China's Provinces," *Technological Forecasting and Social Change*, 2022, 6.

Tang C. , Qiu P. , Dou J. , "The Impact of Borders and Distance on Knowledge

Spillovers—Evidence from Cross-regional Scientific and Technological Collaboration," *Technology in Society*, 2022, 8.

Thompson M. A., Rushing, F. W., "An Empirical Analysis of the Impact of Patent Protection on Economic Growth," *Journal of Economic Development*, 1996, 2.

Wang L. L., Zeng T., Li, C, "Behavior Decision of Top Management Team and Enterprise Green Technology Innovation," *Journal of Cleaner Production*, 2022, 9.

Wu C., Su N., Guo W., et al., "Import Competition and the Improvement in Pollutant Discharge from Heterogeneous Enterprises: Evidence from China," *Journal of Environmental Management*, 2022, 5.

Xu L., Fan M., Yang L., Shao S., "Heterogeneous Green Innovations and Carbon Emission Performance: Evidence at China's City Level," *Energy Economics*, 2021, 7.

You J., Zhang W., "How Heterogeneous Technological Progress Promotes Industrial Structure Upgrading and Industrial Carbon Efficiency? Evidence from China's industries," *Energy*, 2022, 15.

Zhang M., Liu Y., "Influence of Digital Finance and Green Technology Innovation on China's Carbon Emission Efficiency: Empirical Analysis Based on Spatial Metrology," *Science of The Total Environment*, 2022, 9.

Zhang R., Tai H., Cheng K., Zhu Y., Hou J., "Carbon Emission Efficiency Network Formation Mechanism and Spatial Correlation Complexity Analysis: Taking the Yangtze River Economic Belt as an example," *Science of The Total Environment*, 2022, 10.

Zhao M., Sun, T., "Dynamic Spatial Spillover Effect of New Energy Vehicle Industry Policies on Carbon Emission of Transportation Sector in China," *Energy Policy*, 2022, 7.

Zhou W., Pian R., Yang F., Chen X., Zhang Q., "The Sustainable Mitigation of Ruminal Methane and Carbon Dioxide Emissions by Co-ensiling Corn Stalk with Neolamarckia Cadamba Leaves for Cleaner Livestock Production," *Journal of Cleaner Production*, 2021, 8.

第六章

知识产权保护与区域创新的协同发展

现阶段，中国经济由高速增长转向中高速增长的"新常态"，要素的规模驱动力减弱，要努力实现经济的行稳致远，促增长的主要推动力必须转移到科技创新上来。习近平总书记明确提出将中国经济"从要素驱动、投资驱动转向创新驱动"作为中国经济新常态的主要特点之一，加快从要素驱动、投资规模驱动发展为主向创新驱动发展的转变[①]，是中国经济增长动力适应"新常态"的一个显著特征。但是长期以来，知识产权保护作为影响科技创新能力的重要因素，却没有得到应有的关注和重视。

在经济转型背景下，知识产权保护与区域创新的互动关系的系列问题值得被关注。知识产权保护对于区域创新是否存在一定的内生性？中国各地区创新能力的不断提升，是否会倒逼知识产权保护水平的提高？经济转型是否会对区域创新能力和知识产权保护强度带来外部效应？本章认为，在经济转型背景下讨论区域创新与知识产权保护的互动关系对实现创新驱动发展战略和产业结构调整具有重要的现实意义。

本章从经济转型的视角切入，采用联立方程模型探讨了区域

---

① 《在中国科学院第十七次院士大会、中国工程院第十二次院士大会上习近平的讲话》，《中国青年报》2014 年 6 月 10 日。

创新和知识产权保护的互动作用机制，进一步通过替换模型中的变量和使用不同估计方法的方式进行了稳健性检验，以便更好地支持研究结论。此外，本章在实证过程中还对知识产权保护水平的计算方法进行了改进，通过对知识产权保护执法强度的分指标进行相对化处理解决了 2005 年以后各指标跨越门槛值而无法反映其真实变化的问题。

第一节　知识产权保护与创新能力的文献回顾

知识产权保护制度作为影响创新能力的重要产权制度安排，受到国内外学者的广泛关注。Nordhaus（1969）最先开展了关于知识产权保护的研究并提出了知识产权保护的双重效应，即加强知识产权保护一方面阻碍了竞争，容易产生垄断，另一方面又提升了发明者的创新积极性，还指出存在使两种效应达到均衡的最优知识产权保护强度。此后，学者们关于知识产权保护的研究主要集中在知识产权保护强度如何影响创新能力和经济增长上。

在国家间的比较研究方面，Thompson 和 Rushing（1996）利用 1970 年到 1985 年 112 个国家的数据进行了实证研究，结果发现严格的专利保护制度对发展中国家的经济增长没有显著作用，但是显著促进了发达国家的经济增长。Schneider（2005）基于 1970～1990 年发达国家和发展中国家的面板数据，通过实证研究发现加强知识产权保护能够促进发达国家创新水平的提升，抑制发展中国家创新水平的提升。Chen（2005）采用 64 个国家的面板数据进行了实证分析，认为知识产权保护对发展中国家和发达国家创新能力的影响都是正向的，且一国的知识产权保护强度与经济发展水平存在"U"形关系。王华（2011）利用 27 个发达国家和 57 个发展中国家的面板数据，检验了开放条件下知识产权保护与创新能力的系统性关联，发现发达国家适用

的最优知识产权保护强度显著高于发展中国家。尹志锋等（2013）从
微观角度，基于世界银行企业级数据，通过实证分析检验了知识产权
保护与创新的传导机制，即提升知识产权保护水平能够通过增加研发
投入和吸引外资两个渠道影响企业创新。李黎明（2016）通过测度中
国专利司法保护强度，发现专利司法保护强度与经济发展和产业利润
间均存在倒"U"形关系，专利司法保护强度的提升对专利密集型产
业利润率增长和区域经济发展有显著的促进作用。

在中国经验的研究方面，董雪兵等（2012）认为就转型期的中
国而言，较弱的知识产权保护强度更有利于经济发展。郭春野和庄
子银（2012）通过构建南北周期模型，发现发展中国家存在最优知
识产权保护强度，最优值取决于南方技能水平和市场竞争程度。邱
德馨等（2017）基于中国省级面板数据，将全国分为东部、中部、
西部地区，分析了知识产权保护对经济增长的影响，发现加大东部
地区的知识产权保护力度对促进该地区经济发展有显著正向作用，
但在中部、西部地区，这样的关系并不显著。田珺（2016）从创新
型经济发展的角度进一步指出，创新因素只对经济水平较高的东部
地区的知识产权保护有促进作用，对经济发展相对落后的中部、西
部地区的作用不明显，后者对人均收入的提高反应更强烈。余长林
（2009）基于封闭经济下技术溢出的视角，通过理论和实证分析发
现，知识产权保护强度与创新能力呈现倒"U"形关系。关成华等
（2018）在综合考虑和借鉴以上结论的基础上，分析了创新驱动、
知识产权保护与区域经济发展的关系，并提出新的观点，即知识产
权保护在创新驱动中始终有正效应，且与区域创新间存在非线性关
系。随着区域经济发展水平的提升，知识产权保护对区域创新的促
进作用将增强。胡凯等（2012）基于技术交易市场视角，利用
1997~2008年省级面板数据，以技术市场成交额占当地地区生产总
值的比重来衡量区域知识产权保护水平，发现中国大部分地区已经
跨越知识产权保护水平的门槛值，加强知识产权保护能够显著促进

技术创新。

根据以上文献可以看出，除知识产权保护外，其他因素也会对区域创新能力产生影响，制度因素便是一项重要的因素。周兴和张鹏（2014）基于 1998~2009 年的省级面板数据，分析了中国市场化进程对技术进步和区域创新能力的影响，发现市场化进程所释放的制度改革红利是推动区域创新能力不断提升的重要因素。在制度变量的选择方面，现有研究的做法主要包括两种。第一种是以某一个单一指标为市场化程度的代理变量，该方法简单易行，缺点是不能很好地从不同维度全面地反映经济转型的过程；第二种是采用综合性的市场化指标从不同维度来衡量制度变迁的过程，其中樊纲等（2003）构建的中国各地区市场化进程相对指数应用较广。综合以上文献可发现，早期的研究在研究问题方面主要讨论知识产权保护水平对技术创新和经济增长的影响机制，在视角方面主要从国家发展水平、市场结构、行业异质性等角度切入。少有关于知识产权保护与创新能力互动机制的研究，本章将从经济转型的视角，探究知识产权保护与区域创新能力的互动影响机制。

第二节　转型期知识产权保护与区域创新的影响机制

针对经济转型研究的制度变量选取问题，樊纲等（2003）首先作出了系统性的阐述，通过市场与政府关系、非国有经济发展、产品市场的发育程度、要素市场的发育程度、市场中介组织和法律制度环境5 个维度构建了中国各地区市场化进程相对指数。很多文献往往不加分析，直接使用各地区市场化相对指数作为制度的代理变量，这种做法是值得商榷的。

本章认为经济转型对区域创新能力和知识产权保护强度的影

响主要体现在以下几个方面。首先，企业市场化是经济转型进程中的重要内容，反映了非国有经济的发展规模与活跃度，而非国有经济成分的兴起提高了中国工业企业的技术效率（姚洋，1998），迫使全体企业提高技术效率与创新能力，以便能在激烈的市场竞争中存活下去。其次，政府对科技的支持是影响区域技术创新的一个显著因素（李习保，2007），所以政府与市场的关系也会对本地区的创新能力产生影响。最后，对外开放程度也是影响区域创新能力的重要因素。一方面，国外产品的进入会导致市场竞争加剧，从而促进企业进行创新；另一方面，国外先进技术部门的进入会在短期内引发国内企业竞相模仿，不利于知识产权保护强度的提升。

在模型方面，本章通过文献分析发现，现有研究多采用普通单方程模型研究知识产权保护强度对区域创新能力的影响，建模过程中没有考虑到二者之间可能存在的内生性和互动作用关系，由此带来了模型误设问题。基于此，本章基于图 6-1 所示的区域创新与知识产权保护影响机制，并通过理论机制分析构建了包括区域创新能力和知识产权保护强度的联立方程模型。

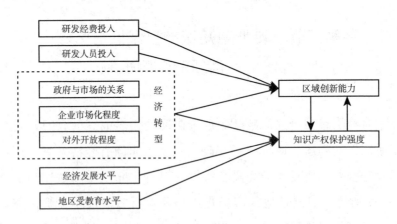

图 6-1　区域创新与知识产权保护影响机制

第三节 知识产权保护与区域创新互动的实证研究

一 知识产权保护与区域创新的联立方程模型构建

在研究创新能力来源的工具模型中，Griliches-Jaffe 知识生产函数最具有代表性（Jaffe，1989）。基于投入—产出的基本思想，本章认为区域创新能力主要由研发经费投入和研发人员投入两大因素决定，其基本模型如下：

$$Y = AK^{\alpha}L^{\beta} \tag{6.1}$$

其中，Y 表示区域创新能力产出，K 表示研发经费投入，L 表示研发人员投入，α、β 分别为研发经费投入和研发人员投入的创新产出弹性，A 为常数项。本章以该模型为基础模型并对其进行拓展和改进。

一个地区的创新产出不仅取决于研发经费投入和研发人员投入，还受到知识产权保护强度与市场化程度的影响（潘雄锋和刘凤朝，2010）。经济转型是一个综合性的制度变迁过程，其中企业市场化程度、政府与市场的关系和对外开放程度是影响区域创新能力的 3 个重要制约因素。基于以上知识生产函数的基本模型框架，本章对公式6.1 两端同时取对数后加入企业市场化程度、政府与市场的关系、对外开放程度。部分文献认为知识产权保护强度与创新能力呈线性关系，但根据王华（2011）的研究，本章认为非线性模型更适合用来描述知识产权保护强度与区域创新能力之间的关系，据此将基本模型拓展为如下实证模型：

$$\ln Y_{it} = \beta_0 + \beta_1 \ln RD_{it} + \beta_2 \ln RE_{it} + \beta_3 IPR_{it} + \beta_4 (IPR_{it})^2 + \\ \beta_5 GOV_{it} + \beta_6 MAR_{it} + \beta_7 OPE_{it} + \varepsilon_{it} \tag{6.2}$$

其中，Y_{it} 表示第 i 个省份第 t 年的区域创新能力，RD_{it} 表示第 i 个省份第 t 年的研发经费投入，RE_{it} 表示第 i 个省份第 t 年的研发人员投入，

IPR_{it} 表示第 i 个省份第 t 年的知识产权保护强度，MAR_{it}、GOV_{it} 和 OPE_{it} 分别表示第 i 个省份第 t 年的企业市场化程度、政府与市场的关系、对外开放程度，β_0 为截距项；β_1、β_2、β_3、β_4、β_5、β_6、β_7 分别为对应变量的影响系数，ε_{it} 为随机误差项。

Chen（2005）通过模型检验了知识产权保护强度的内生性，认为知识产权保护强度取决于该地区的经济发展水平（$RGDP$）、教育水平（EDU）、贸易发展情况（$TRADE$）和经济自由度（EF），且经济发展水平与知识产权保护强度存在非线性的"U"形关系，其基本模型如下：

$$IPR = f(RGDP, RGDP^2, EDU, TRADE, EF) \qquad (6.3)$$

考虑到本章研究的对象是中国省级区域，省份之间的贸易额数据难以获取，所以将变量 $TRADE$ 剔除。对于经济自由度变量 EF，采用康继军等（2007）、汪锋等（2006）对各地区市场化的研究，从政府与市场的关系（GOV）、企业市场化程度（MAR）和对外开放程度（OPE）3 个维度衡量各地区的市场化程度，改进模型为：

$$IPR = f(\ln RGDP, \ln RGDP^2, GOV, MAR, OPE, EDU) \qquad (6.4)$$

近年来创新能力不断增强，经济发展水平迅速提升。一方面，知识产权保护强度的内生性会体现在经济发展水平等因素上；另一方面，创新能力的提升也会倒逼知识产权保护强度提升。随着创新能力的增强，企业和研发部门人员会增强对自身所拥有的知识产权的维权意识，从而提升知识产权保护强度。因此，本章考虑将创新能力纳入知识产权保护强度决定的模型中，检验区域创新能力对知识产权保护强度的作用机制，i、t 表示第 i 个省份和第 t 年，改进后的实证模型如下：

$$\begin{aligned} IPR_{it} = {} & \theta_0 + \theta_1 \ln RGDP_{it} + \theta_2 (\ln RGDP_{it})^2 + \theta_3 \ln Y_{i,t} + \\ & \theta_4 GOV_{it} + \theta_5 MAR_{it} + \theta_6 OPE_{it} + \theta_7 EDU_{it} + \varepsilon_{it} \end{aligned} \qquad (6.5)$$

其中，$RGDP_{it}$ 衡量了第 i 个省份第 t 年的经济发展水平，EDU_{it} 表示

第 i 个省份第 t 年的受教育水平，其他变量定义同前。θ_0 为截距项，θ_1、θ_2、θ_3、θ_4、θ_5、θ_6、θ_7 分别为对应变量的影响系数，ε_{it} 为随机误差项。

二　知识产权保护与区域创新互动影响的变量设定

①区域创新能力（$\ln Y$）。创新能力产出有着多种度量方式，如专利申请量、专利授权量、新产品销售比重等。国内外不少学者主张利用专利数量来衡量创新能力（Krammer，2009；李蕊和巩师恩，2013）。考虑到专利从申请到审批要经历很长一段时间且具有很大的不确定性，本章认为采用专利申请量而不是专利授权量来衡量区域创新能力相对而言更加合理。但进一步的问题在于，使用专利数量来衡量创新能力有一定的缺陷，因为有些专利并不能产生经济价值，而现有研究一般将能产生经济价值的发明界定为创新。借鉴吴延兵（2009）和李勃昕等（2013）的研究，本章使用能够反映创新经济价值的新产品销售收入作为稳健性检验的变量。

②知识产权保护强度（IPR）。最早对知识产权保护强度进行定量研究的是 Ginarte 和 Park，其构建的 G-P 指数是国内外学者进行知识产权测度的常用指标。国内学者（韩玉雄和李怀祖，2005；许春明和单晓光，2008）以 G-P 指数为基础测度了中国立法保护水平，从经济发展水平（X_1）、司法保护水平（X_2）、社会公众意识（X_3）、国际监督（X_4）和行政保护水平（X_5）5 个指标测算中国执法保护水平 F，以立法保护水平与执法保护水平的乘积来衡量中国知识产权保护强度并进行区域化处理。

$$IPR_{it} = GP_t \times F_{it} \qquad (6.6)$$

公式（6.6）中 GP 代表 G-P 指数，采用 Ginarte 和 Park 的方法计算得到。由于中国各地区在立法强度上不存在差异，所以各个省份每年的 G-P 指数是相同的。执法强度 F 由上述 5 个指标进行算术平均得到。执法强度 F 的指标体系如表 6-1 所示。

表 6-1　执法强度 F 的指标体系

指标		计算方法
X_1	经济发展水平	人均 GDP 大于 2000 美元时该项分值为 1
X_2	司法保护水平	执业律师占总人口比重超过 5/10000 时该项分值为 1
X_3	社会公众意识	成人识字率①超过 95% 时该项分值为 1
X_4	国际监督	（该年年份 - 1986）×0.05②，2005 年以后该项分值为 1
X_5	行政保护水平	立法时间③超过 100 年时该项分值为 1

上述方法在执法强度测算时使用阶段划分的方式，本章认为在 2005 年以后大部分地区都跨越了门槛值，其执法强度在 2005 年后基本保持不变，现有方法不能很好衡量不同地区执法强度的变化。为了体现出不同地区执法强度在 2005 年以后的变化情况，本章对 X_1、X_2 和 X_3 3 个指标采用相对化评分处理，具体修改方法如下：

$$X_{jit}^{'} = \frac{X_{jit} - \min X_{jit}}{\max X_{jit} - \min X_{jit}} \tag{6.7}$$

公式（6.7）中 j、i 和 t 分别为执法强度的维度、省份和年度，以修正后的指数来衡量区域知识产权保护强度。从图 6-2 和图 6-3 可以看出，通过本章的修正，执法强度的变化情况能够被更加明显地反映出来。

③经济转型。经济转型是本章的核心解释变量。已有很多学者对经济转型进行了较为深入的研究，樊纲等（2003）构建了 1997~2009 年中国各地区市场化进程相对指数。汪锋等（2007）、康继军等（2007）沿用樊纲等（2003）的指数设计思路，选取其中的若干重要指标，构建了全国整体的市场化指数。樊纲等（2003）的中国各地区市场化进程相对指数主要强调的是地区间的"相对"，而不是时间上的"相对"，且其指数只更新到 2009 年，若使用外推法计算以后年份的指数可能会失去准确性。因此，该指数并不能很好地满足本章的研

---

① 15 岁及 15 岁以上识字人口占 15 岁及 15 岁以上总人口比重。

② 从 1986 年复关谈判至"入世"第五年，国际监督水平从 0 均匀变化至 1。

③ 1954 年新中国首部宪法确立，以此为立法起点，以立法 100 年为终点。

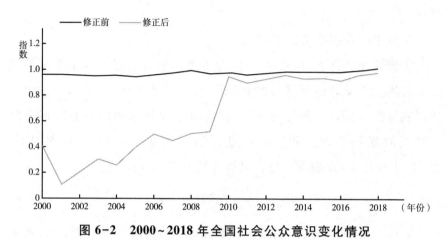

图 6-2　2000~2018 年全国社会公众意识变化情况

资料来源：根据 2001~2019 年各省份统计年鉴整理绘制。

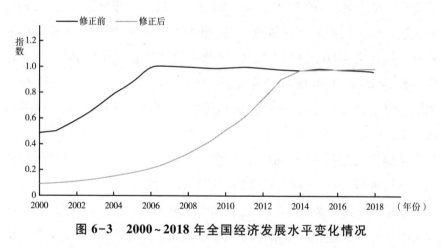

图 6-3　2000~2018 年全国经济发展水平变化情况

资料来源：根据 2001~2019 年各省份统计年鉴整理绘制。

究需要。本章参考汪锋等（2007）的指数设计方法设计并计算了各地区的市场化相对指数，即多维市场化指数，同时将樊纲等（2003）的中国各地区市场化进程相对指数作为稳健性检验的工具。鉴于经济转型可以从多个维度进行衡量，本章着重研经济转型对区域创新能力的影响，因此选取政府与市场的关系（*GOV*）、对外开放程度（*OPE*）和企业市场化程度（*MAR*）3 个维度的指标来衡量各地区经济转型的进程。

模型中的控制变量设定如下。

①研发经费投入（lnRO）。作为重要的解释变量，为了考察研发经费的累积效应对创新能力的影响，本文借鉴吴延兵（2009）、严太华和刘焕鹏（2014）的做法，用 R&D 资本存量来表示各省份研发经费投入的累积效应，采取永续盘存法（Perpetual Inventory Method，PIM）来计算 R&D 资本存量，具体计算方法如下：

$$RD_{it} = (1 - \delta)RD_{it-1} + E_{it} \qquad (6.8)$$

其中，RD_{it} 和 RD_{it-1} 表示第 i 个省份第 t 年和第 $t-1$ 年的 R&D 资本存量；δ 表示折旧率，借鉴 Ang（2011）的做法将其设为 15%；E_{it} 表示第 i 个省份第 t 年的 R&D 流量。同时，根据朱平芳和徐伟民（2003）的做法，给居民消费指数和固定资产价格指数分别赋予 55% 和 45% 的权重，构造出 R&D 价格指数，再用此指数将各省每年的 R&D 资本存量调整到 2000 年不变价的实际值。初始 R&D 资本存量的计算为 $RD_{i2000} = E_{i2000} / (g_i + \delta)$，其中 g_i 表示第 i 个省份研发经费投入的年平均增长率。

②研发人员投入（lnRE）。本章参考白俊红（2013）的研究，选取各地区 R&D 人员全时当量来衡量研发人员投入。

③地区受教育水平（EDU）。本章参考陈钊等（2004）的做法，用 6 岁及以上人口受教育年限的加权平均值来反映地区受教育水平，具体算法如下：

$$EDU_{it} = 6PRIM_{it} + 9MID_{it} + 12HIG_{it} + 16UNI_{it} \qquad (6.9)$$

其中，EDU_{it} 表示第 i 个省份第七年的平均受教育水平；$PRIM_{it}$、MID_{it}、HIG_{it} 和 UNI_{it} 分别表示第 i 个省份第 t 年小学、初中、高中和大专及以上教育程度居民占总人口的比重。

④经济发展水平（lnRGDP）。本章选取地区人均实际国内生产总值（Per Capita Real Gross Domestic Product，PRGDP）来衡量经济发展水

平。以 2000 年为基期，根据各地区人均 *GDP* 指数计算得到各地区 2001~2014 年的人均实际 *GDP*。

三 数据收集与处理

本章选取除西藏外的中国 30 个省份 2002~2018 年的数据作为考察对象。数据主要来源于国家知识产权局、国家统计局、《中国科技统计年鉴》《新中国六十年统计资料汇编》《中国统计年鉴》及各地区统计年鉴。各变量的描述性统计结果如表 6-2 所示。

表 6-2　各变量的描述性统计结果

变量	观测值	均值	标准差	最小值	最大值
$\ln RGDP$	508	1.004	0.783	-1.127	2.983
$(\ln RGDP)^2$	508	1.621	1.615	0.000	8.900
EDU	508	5.179	1.467	2.429	8.960
MAR	508	0.778	0.135	0.401	0.993
OPE	508	0.100	0.080	0.000	0.435
GOV	508	0.886	0.067	0.574	0.975
IPR	508	1.073	0.279	0.687	2.595
IPR^2	508	1.229	0.766	0.472	6.736
$\ln RE$	508	10.740	1.230	6.743	13.545
$\ln RD$	508	13.856	1.577	9.403	17.113
$\ln Y$	508	8.970	1.617	5.298	13.067

第四节　知识产权保护与区域创新
互动影响的结果分析

一 知识产权保护与区域创新的联立性检验

在使用参数估计方法对联立方程模型进行估计之前，需要对方程的联立性进行检验。目前，检验联立性的方法主要为豪斯曼

（Hausman）检验，本章使用 Hausman 检验对知识产权保护强度和区域
创新能力的联立性问题进行检验，首先对公式（6.2）中的 $\ln Y_{it}$ 与前
定变量进行普通最小二乘法（Ordinary Least Square，OLS）回归估计，
然后求得估计方程的残差 ε_{it}，最后将 ε_{it} 加入进公式 6.5 对 IPR_{it} 进行
回归，回归结果如下所示：

$$IPR_{it} = 0.028\ln Y_{it} + 0.080EDU_{it} + 0.108MAR_{it} - 0.256OPE_{it} + 0.282GOV_{it}$$
$$(3.13) \quad (12.55) \quad (3.83) \quad (-3.55) \quad (3.10)$$
$$+ 0.115(\ln RGDP_{it})^2 - 0.031\ln RGDP_{it} - 0.039\varepsilon_{it} + 0.757$$
$$(19.18) \quad (-3.89) \quad (-3.67) \quad (10.57)$$
$$(6.10)$$

括号内标注了 t 值，根据以上结果可以看出 ε_{it} 的 t 值较大，且在
1%的水平上显著，说明知识产权保护强度与区域创新能力存在互动影
响关系，即方程存在联立性。

二　知识产权保护与区域创新的联立方程结果分析

面板联立方程的估计方法主要有两阶段最小二乘法（Two-stage
Least Squares，TSLS）和三阶段最小二乘法（Three-stage Least Squares，
3SLS），3SLS 在 TSLS 的基础上在第三阶段使用了广义最小二乘法
（Generalized Least Squares，FGLS）对方程进行估计，且 3SLS 是一种
系统估计方法，在回归过程中考虑了方程的联立性，提高了估计结果
的可靠性。基于以上分析，本章采用 3SLS 方法对联立方程进行参数估
计，在进行估计时选用所有的先决变量作为工具变量。

表 6-3 给出了联立方程模型的估计结果。估计结果显示，知识产
权保护强度一次项的系数为 2.062，在 1%的水平上显著，知识产权保
护强度的二次项的系数为 -0.781，在 1%的水平上显著，这在一定程
度上说明知识产权保护强度与区域创新能力的倒"U"形关系在省级
层面同样成立，即只有在知识产权保护强度较低时，加强知识产权保
护才能促进区域创新能力的提升，当知识产权保护强度较高时，加强

知识产权保护反而会降低区域创新能力。

区域创新能力对知识产权保护强度具有正向作用，其带动效应约为 0.029，且在 1% 的水平上显著，可以在一定程度上说明区域创新能力的提升"倒逼"了知识产权保护。随着中国各地区创新能力的提升，企业和科研部门拥有的专利数量和价值也在不断增长，为了保护自身的创新成果，企业和科研部门会采取更多的维权措施来保护自身的知识产权，正是这种自下而上的维权诉求"倒逼"了知识产权保护强度的增加。例如，各大音乐视频网站和出版商在拥有大量创新产品后，均会通过各种渠道来维护自身的权利。

通过以上分析可以看出，知识产权保护强度和区域创新能力之间存在着互动影响机制，知识产权保护强度也具有某种程度的内生性，其不仅取决于国家制定的知识产权保护方面的法律法规，也与各地区的创新能力和发展程度有关。

经济转型对知识产权保护和区域创新能力有显著的外生性影响。其中，企业市场化程度对区域创新能力的带动效应为 2.238，对知识产权保护强度的带动效应为 0.045，即企业市场化程度的提高能有效地提升该地区的创新能力和知识产权保护强度，这在中国的不同地区得到了具体地体现。北京、深圳和上海等企业市场化程度较高的地区拥有较强的创新能力和较高的知识产权保护强度。政府与市场的关系对区域创新能力和知识产权保护强度的影响系数为正，创新作为经济高质量发展的关键因素，近年来得到政府的广泛认可，财政科技支出所占比例逐渐提高，给区域创新能力的提升提供了强有力的支撑和保障。对外开放程度对区域创新能力和知识产权保护强度具有负向作用。就一般情况来说，地区的对外开放可以吸引到国外资源和技术，但是会使部分本国企业和研发部门竞相模仿，并不利于其进行创新和知识产权的保护。

三　知识产权保护与区域创新互动影响的稳健性分析

为了保证估计结果的可靠性，本章通过调整代理变量的选择来对模型进行再估计，对区域创新能力的代理变量进行替换，用新产品销售收入替换专利申请量作为衡量区域创新能力的代理变量，使用 3SLS 方法进行估计，结果表明（见表6-3），除个别回归系数有差异外，其基本结论相同。

表6-3 联立方程模型的估计结果

项目	专利申请量		新产品销售收入	
	IPR	$\ln Y$	IPR	$\ln Y$
C	0.199*** (4.22)	−5.173*** (−9.69)	0.742*** (8.26)	−1.50*** (−2.73)
$\ln Y$	0.029*** (7.13)		0.009*** (3.85)	
IPR		2.062*** (3.08)		0.082*** (4.10)
IPR^2		−0.781*** (−3.62)		−0.133*** (−3.54)
$\ln RGDP$	−0.122*** (−10.68)		−0.330*** (−6.62)	
$(\ln RGDP)^2$	0.089*** (23.39)		0.178*** (11.62)	
EDU	0.002*** (3.45)		0.132*** (12.32)	
MAR	0.045*** (4.26)	2.238*** (8.61)	0.154*** (2.98)	2.964*** (8.02)
OPE	−0.144*** (−3.23)	−0.482** (−2.09)	−0.512*** (−4.66)	0.018 (0.04)
GOV	0.669*** (10.37)	0.500*** (3.83)	0.236*** (2.14)	4.815*** (7.12)
$\ln RD$		0.459*** (4.51)		0.635*** (4.73)
$\ln RE$		0.489*** (4.12)		0.236*** (3.51)
Adj-R^2	0.9583	0.9156	0.8840	0.9267

注：*、**、***分别表示在10%、5%、1%的水平上显著，括号里的数值为对应的 t 值。

第五节　本章小结

本章分析了经济转型各个维度对区域创新能力和知识产权保护强度的影响，并提出了区域创新能力和知识产权保护强度的互动影响机制，然后基于 2002~2018 年的省级面板数据，通过建立实证模型，将经济转型、知识产权保护和区域创新能力纳入一个系统进行研究，得出以下结论。

第一，在经济转型过程中，知识产权保护强度与区域创新能力存在着互动影响机制，知识产权保护强度与区域创新能力存在倒 "U" 形关系，即当知识产权保护强度较低时，加大知识产权保护强度能有效地促进区域创新能力，当知识产权保护强度较高时，加大知识产权保护强度对区域创新能力并无明显促进作用，同时区域创新能力的提升能够带动知识产权保护强度的提升。

第二，经济转型是影响区域创新能力和知识产权保护强度的重要因素。具体来说，企业市场化程度、政府与企业的关系对区域创新能力和知识产权保护强度有显著的正向影响，而对外开放程度对区域创新能力和知识产权保护强度有负向影响。

基于研究结果，本章提出如下政策建议。

首先，注重政策引导。一方面，在供给侧结构性改革的背景下，针对各地区的创新水平和发展情况来调整本地区的知识产权保护强度，有效引导企业创新，将有利于更好地完成产业的结构性调整。另一方面，政府应提供相应的维权渠道，充分发挥市场的能动性，形成自下而上的"倒逼"机制。政府应扮演好政策制定者和市场监督者的角色，以确保企业和科研部门能够有效地维护自身的权益，更好地推动科教兴国战略的实施。

其次，着力推进企业市场化进程。逐步完善国有企业的重组计划，同时在实体经济和经济制度两个层面实现更高水平的对外开放，减少对外资的依赖，增加自主研发投入，建立高效的知识产权保护执法体系，以创新带动经济增长。

参考文献

白俊红：《我国科研机构知识生产效率研究》，《科学学研究》2013年第8期。

陈钊、陆铭、金煜：《中国人力资本和教育发展的区域差异：对于面板数据的估算》，《世界经济》2004年第12期。

董雪兵、朱慧、康继军、宋顺锋：《转型期知识产权保护制度的增长效应研究》，《经济研究》2012年第8期。

樊纲、王小鲁、张立文、朱恒鹏：《中国各地区市场化相对进程报告》，《经济研究》2003年第3期。

关成华、袁祥飞、于晓龙：《创新驱动、知识产权保护与区域经济发展——基于2007-2015年省级数据的门限面板回归》，《宏观经济研究》2018年第10期。

郭春野、庄子银：《知识产权保护与"南方"国家的自主创新激励》，《经济研究》2012年第9期。

韩玉雄、李怀祖：《关于中国知识产权保护水平的定量分析》，《科学学研究》2005年第3期。

胡凯、吴清、胡毓敏：《知识产权保护的技术创新效应——基于技术交易市场视角和省级面板数据的实证分析》，《财经研究》2012年第8期。

康继军、傅蕴英、张宗益：《中国经济转型与货币需求》，《经济学》（季刊）2012年第2期。

康继军、张宗益、傅蕴英：《中国经济转型与增长》，《管理世界》2007年第1期。

李勃昕、韩先锋、宋文飞：《环境规制是否影响了中国工业R&D创新效率》，《科学学研究》2013年第7期。

李黎明：《专利司法保护与产业经济发展的倒U型关系——测度与事实》，《科学学研究》2016年第6期。

李蕊、巩师恩：《开放条件下知识产权保护与中国技术创新——基于1997—2010 年省级面板数据的实证研究》，《研究与发展管理》2013 年第 3 期。

李习保：《区域创新环境对创新活动效率影响的实证研究》，《数量经济技术经济研究》2007 年第 8 期。

潘雄锋、刘凤朝：《中国区域工业企业技术创新效率变动及其收敛性研究》，《管理评论》2010 年第 2 期。

邱德馨、陈帅、贺卓异：《知识产权保护对我国经济增长的影响——基于我国各省份面板数据的分析》，《中国市场》2017 年第 23 期。

田珺：《经济发展对知识产权保护水平的影响研究——基于省级面板数据》，硕士学位论文，哈尔滨工业大学，2016。

汪锋、刘旗、张宗益：《经济体制改革与中国城乡经济发展不平衡》，《中国软科学》2007 年第 5 期。.

汪锋、张宗益、康继军：《企业市场化、对外开放与中国经济增长条件收敛》，《世界经济》2006 年第 6 期。.

王华：《更严厉的知识产权保护制度有利于技术创新吗?》，《经济研究》2011 年第 S2 期。

吴延兵：《中国工业 R&D 投入的影响因素》，《产业经济研究》2009 年第 6 期。

许春明、单晓光：《中国知识产权保护强度指标体系的构建及验证》，《科学学研究》2008 年第 4 期。

严太华、刘焕鹏：《金融发展、自主研发与知识积累》，《中国科技论坛》2014 年第 9 期。

姚洋：《非国有经济成分对我国工业企业技术效率的影响》，《经济研究》1998 年第 12 期。

尹志锋、叶静怡、黄阳华、秦雪征：《知识产权保护与企业创新：传导机制及其检验》，《世界经济》2013 年第 12 期。

余长林：《知识产权保护与发展中国家的经济增长——基于技术供给的视角》，博士学位论文，厦门大学，2009。

周兴、张鹏：《市场化进程对技术进步与创新的影响——基于中国省级面板数据的实证分析》，《上海经济研究》2014 年第 2 期。

朱平芳、徐伟民:《政府的科技激励政策对大中型工业企业 R&D 投入及其专利产出的影响——上海市的实证研究》,《经济研究》2003 年第 6 期。

Ang J. B. , " Financial Development, Liberalization and Technological Deepening," *European Economic Review*, 2011, 5.

Chen Y. , "Intellectual Property Rights Protection and Economic Development: Evidence from a Cross - country Analysis," *Journal of Economic Development*, 2005, 2.

Jaffe A. B. , "Real Effects of Academic Research," *American Economic Review*, 1989, 5.

Krammer S. M. S. , "Drivers of National Innovation in Transition: Evidence from a Panel of Eastern European countries," *Research Policy*, 2009, 5.

Nordhaus W. D. , " An Economic Theory of Technological Change," *Cowles Foundation Discussion Papers*, 1969.

Schneider P. H. , "Intellectual Property Rights and Innovation: Evidence from Panel Data," *Journal of Economic Development*, 2005, 1.

Thompson M. A. , Rushing, F. W. , "An Empirical Analysis of the Impact of Patent Protection on Economic Growth," *Journal of Economic Development*, 1996, 2.

第七章

粤港澳大湾区科技创新现状评估

推进粤港澳大湾区建设是中国的一项重要战略，旨在打造全球领先的科技创新中心。大湾区已经成为全球重要的经济中心之一，具有强大的创新能力和技术实力。本章旨在总结粤港澳大湾区的科技创新现状，并评估国家在广州、深圳等城市开展的创新型城市试点政策的实施效果，剖析科技创新发展存在的问题。通过实证分析，本章发现创新型城市试点政策促进了粤港澳大湾区创新水平的提高。在此基础上，本章提出了推动粤港澳大湾区科技创新发展的建议，包括探索多层次人才机制、促进科技成果转化、促进创新要素流动，旨在推动粤港澳大湾区城市创新发展，并为其他城市的科技创新发展提供经验和借鉴。

第一节　粤港澳大湾区科技创新现状

作为中国最具影响力的湾区，粤港澳大湾区由广东省内九个城市和香港、澳门两个特别行政区组成。国务院印发的《粤港澳大湾区发展规划纲要》明确提出，要将粤港澳大湾区建设成具有全球影响力的科技创新中心。《国际科技创新中心指数 2022》显示，粤港澳大湾区的科技创新实力位居全球第六。

一 经济实力雄厚，研发投入增长

粤港澳大湾区以其高水平的经济发展，为科技创新打下了坚实的基础。截至 2022 年 12 月，粤港澳大湾区的地区生产总值已超过 13 万亿元人民币。除了澳门，大湾区内的其他城市的地区生产总值增长率均为正数，这表明大湾区的经济整体呈现良好的增长态势。值得关注的是，2022 年，广州、深圳、佛山和东莞的地区生产总值已经突破 1 万亿元人民币。具体而言，深圳的地区生产总值达到 32387.68 亿元人民币，位居第一，广州的地区生产总值为 28839.00 亿元人民币，位居第二。这表明广州和深圳仍是大湾区经济增长的主要引擎，并且对整个大湾区的经济增长起到推动作用。此外，香港和澳门的统计署数据显示，香港的地区生产总值约为 24280.00 亿元人民币，而澳门的地区生产总值约 1478.00 亿元人民币（见图 7-1）。

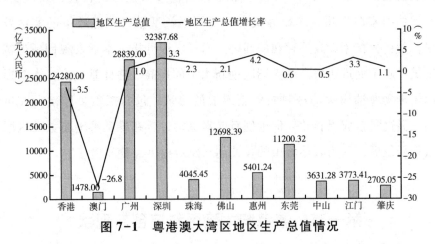

图 7-1 粤港澳大湾区地区生产总值情况

资料来源：广东省统计局、香港特别行政区政府统计处、澳门特别行政区政府统计暨普查局。

粤港澳大湾区在科技创新方面持续增加研发投入，堪称经济高速发展的典范。大湾区 2022 年的研发经费高达 4000 多亿元。其中，深圳、广州和东莞 3 市在研究与试验发展（R&D）投入方面表现尤为突出，分别达到 1682.15 亿元、881.72 亿元和 434.45 亿元。佛山的研究与试验发展投入也不容忽视，达到 342.36 亿元。相比之下，珠海和惠州的研究与试验发展投入均超过 100 亿元，但中山、肇庆、江门和澳门的研究与试验发展投入均不足 100 亿元。从研发投入强度看，深圳的研发投入强度高达 5.49%，仅次于北京。广州、珠海、佛山、惠州、东莞、江门的研发投入强度均超过了 2022 年我国的研发投入强度（2.55%），表现不俗。而中山、肇庆、香港、澳门的研发投入强度相对较低（见图 7-2）。这表明粤港澳大湾区内部在研发投入方面存在明显的差距，深圳和广州在科技创新方面具有明显的领先优势，而其他城市在科技创新方面潜力巨大。

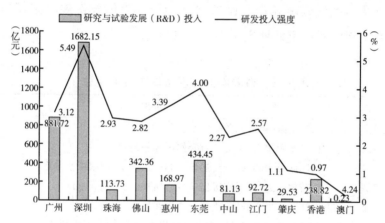

图 7-2　粤港澳大湾区研究与试验发展（R&D）投入情况

资料来源：澳门特别行政区政府统计暨普查局和 2022 年《广州统计年鉴》《深圳统计年鉴》《珠海统计年鉴》《佛山统计年鉴》《惠州统计年鉴》《东莞统计年鉴》《中山统计年鉴》《江门统计年鉴》《肇庆统计年鉴》《香港统计年刊》。

二　产业结构丰富

粤港澳大湾区是一个产业结构丰富的地区，丰富的产业结构为其科技创新发展提供了广阔的空间。大湾区内部不同城市在产业结构上各有所长。香港和澳门以第三产业为主，其中金融、旅游和博彩业在世界范围内处于领先地位；深圳以科技制造业为支柱，其第三产业占比高达 61.62%；广州以对外服务贸易为主要特色，其第三产业占比高达 71.5%；佛山和惠州作为广州和深圳制造业转移基地，拉动了制造业的快速发展；而肇庆和江门等城市则处于粗放型经济发展阶段，第一产业占比最大。在产业定位方面，香港和澳门主动对接全球市场，金融、旅游、博彩等板块增长迅速；广州是全国商贸中心，汽车制造业成为广州经济的新增长点；深圳的新能源、生物技术等新兴产业发展迅猛；佛山已形成以机械装备制造为主导的规模产业。此外，珠海和中山等城市也各具特色产业，如珠海的高端装备制造业和旅游业，以及中山的家电制造业和现代服务业等。这些城市之间优势互补，实现了资源的优化匹配和产业链的深度融合，为创新发展奠定了基础。粤港澳大湾区各城市发展定位如表 7-1 所示。

表 7-1　粤港澳大湾区各城市发展定位

城市	定位
香港	国际金融、航运和贸易中心，国际大都会
澳门	世界旅游中心、中葡商贸合作服务平台
广州	国际商贸中心、综合交通枢纽和门户城市、国家中心城市
深圳	创新创意之都、国家级经济中心城市、国家创新型城市
珠海	珠江西岸中心城市、重要门户枢纽城市
佛山	制造业转型升级综合配套改革试点城市、西部航空枢纽
惠州	高质量发展重要地区
东莞	先进制造业中心
中山	珠江东西部一体化发展的支撑点、沿海经济带的枢纽城市
江门	西翼门户枢纽城市
肇庆	连接大西南枢纽门户城市

资料来源：作者根据公开资料整理。

三　科技创新发展潜力巨大

粤港澳大湾区卓越的创新能力为科技创新的发展提供了强有力的支撑。《城市蓝皮书：中国城市发展报告 No.15》显示，大湾区科技研发人员总量 10 年增幅高达 235.5%，名列城市群之首。2022 年，深圳的研发人员全时当量达到 339816 人年，位列粤港澳大湾区第一；广州的研发人员全时当量为 152400 人年，位居粤港澳大湾区第二；东莞的研发人员全时当量为 128360 人年，其他地区的研发人员全时当量则均低于 100000 人年。截至 2022 年 12 月，粤港澳大湾区已建成 34 家国家级、71 家省级国际科技合作基地和 20 家粤港澳联合实验室，国家高新技术企业数量达 5.7 万家[①]，科技孵化器和众创空间更是数不胜数，这些机构积极推动了科技成果的转化和落地。如今，粤港澳大湾区的科技创新水平已经迈入全球"第一方阵"，在世界产权组织（WIPO）的《全球创新指数报告》中，广深港科技集群连续 3 年位居全球创新指数排名第二，斩获了丰硕的科技成果。

从科研产出来看，根据广东省知识产权局 2022 年发布的数据，深圳发明专利、实用新型专利、外观设计专利授权量最高，达到 275774 件；其次是广州，授权数量为 146851 件，佛山为 106422 件，东莞为 95581 件（见图 7-3）。此外，2022 年广东省 PCT 国际专利申请量高达 24290 件，有 9 家企业入围了全球 PCT 专利申请 50 强，粤港澳大湾区科技创新发展潜力巨大。

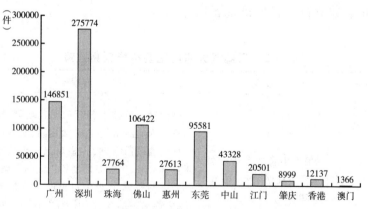

图 7-3　粤港澳大湾区 2022 年专利授权数量

资料来源：广东省知识产权局、澳门特别行政区政府经济及科技发展局、香港区域知识产权贸易中心。

---

① 谢宝剑：《粤港澳大湾区高质量发展加速推进》，《光明日报》2023 年 7 月 18 日。

四 科技创新发展的政策支持

制度是科技创新的前提，政府出台了一系列政策支持粤港澳大湾区的科技创新发展（见表 7-2）。这些政策涉及人才引进、知识产权保护、建设创新合作平台等方面。2005 年，国家出台了《国家中长期科学和技术发展规划纲要（2006—2020 年）》，将深圳、广州列为创新型城市试点，希望发挥广深城市科技创新发展的引领作用，带动粤港澳大湾区创新水平的提升。2017 年，在习近平总书记见证下，粤港澳三地政府签署《深化粤港澳合作 推进大湾区建设框架协议》，明确提出建立深圳前海、广州南沙、珠海横琴等重大粤港澳大湾区科技创新平台。2019 年，国务院印发了《粤港澳大湾区发展规划纲要》，明确指出要推动"广州—深圳—香港—澳门"科技创新走廊建设，将粤港澳大湾区打造成具有国际影响力的科技创新中心。2022 年，国务院发布的《广州南沙深化面向世界的粤港澳全面合作总体方案》强调，要建设科技创新产业合作基地，创建青年创业就业合作平台，共建高水平对外开放门户，打造规则衔接机制对接高地，建立高质量城市发展标杆。

表 7-2 粤港澳大湾区主要科技创新政策

时间	政策	内容
2006 年 2 月	《国家中长期科学和技术发展规划纲要(2006-2020 年)》	实施激励企业技术创新的财税政策,加强对引进技术的消化、吸收和再创新,实施促进自主创新的政府采购,实施知识产权战略和技术标准战略,实施促进创新创业的金融政策,加速高新技术产业化和先进适用技术的推广,完善军民结合、寓军于民的机制,扩大国际和地区科技合作与交流,提高全民族科学文化素质,营造有利于科技创新的社会环境

续表

时间	政策	内容
2008 年 12 月	《珠江三角洲地区改革发展规划纲要（2008－2020）》	推进核心技术的创新和转化、强化企业自主创新主体地位、构建开放型的区域创新体系，形成广州－深圳－香港为主轴的区域创新布局
2015 年 3 月	《推动共建丝绸之路经济带和 21 世纪海上丝绸之路的愿景与行动》	加大科技创新力度，形成参与和引领国际合作竞争新优势，成为"一带一路"特别是 21 世纪海上丝绸之路建设的排头兵和主力军
2016 年 3 月	《中华人民共和国国民经济和社会发展第十三个五年规划纲要》	支持港澳在泛珠三角区域合作中发挥重要作用，推动粤港澳大湾区和跨省区重大合作平台建设
2019 年 2 月	《粤港澳大湾区发展规划纲要》	建设国际科技创新中心，打造高水平科技创新载体和平台
2021 年 3 月	《中华人民共和国国民经济和社会发展第十四个五年规划和 2035 年远景目标纲要》	支持北京、上海、粤港澳大湾区形成国际创新中心
2021 年 9 月	《全面深化前海深港现代服务业合作区改革开放方案》	聚焦人工智能、健康医疗、金融科技、智慧城市、物联网、能源新材料等港澳优势领域，大力发展粤港澳合作的新型研发机构，创新科技合作管理体制，促进港澳和内地创新链对接联通，推动科技成果向技术标准转化
2022 年 6 月	《广州南沙深化面向世界的粤港澳全面合作总体方案》	强化粤港澳科技联合创新，打造重大科技创新平台，培育发展高新技术产业

资料来源：作者根据公开资料整理。

第二节　粤港澳大湾区科技创新政策效果评估

考虑到创新型城市试点政策仅在粤港澳大湾区的广州和深圳两座

城市实施，因此，本章使用双重差分模型，基于大湾区共计 12 年的数据，研究创新型城市试点政策对广州、深圳科技创新水平的影响。

$$
\begin{aligned}
\ln inn_{it} = a_0 + a_1 dudt_{it} + a_2 \ln rgdp_{it} + a_3 is_{it} + a_4 gov_{it} + \\
a_5 fin_{it} + a_6 fdi_{it} + I_i + \lambda_t + \varepsilon_{it}
\end{aligned}
\tag{7.1}
$$

其中，i、t 分别表示城市和年份；本章用专利申请数的对数值来衡量城市的科技创新水平（$\ln inn$）；$dudt$ 表示创新型城市试点政策；其余变量为控制变量，包含经济发展水平（$\ln rgdp$）、产业结构（is）、政府干预（gov）、金融发展水平（fin）以及对外开放水平（fdi），I_i 表示城市固定效应，λ_t 表示年份固定效应。a_0 代表截距项，a_1 代表创新型城市试点政策的估计系数，a_2、a_3、a_4、a_5 和 a_6 分别表示各控制变量的估计系数，ε_{it} 代表估计误差。

广州、深圳科技创新水平受创新型城市试点政策影响的基准回归结果如表 7-3 所示。其中，未控制年份固定效应和城市固定效应的回归结果分别为（1）列和（3）列；控制城市固定效应和年份固定效应的分别为（2）列和（4）列。（2）列未加入控制变量，仅将创新型城市试点虚拟变量作为解释变量进行回归，其回归系数为 0.115，在 1% 的水平上显著，表明创新型城市试点政策对广州、深圳的科技创新水平产生了正向影响。（4）列为加入控制变量后的回归结果，可以看到创新型城市试点虚拟变量的回归系数未发生实质性改变。以上估计结果表明，无论是否加入控制变量，创新型城市试点政策对广州、深圳科技创新能力均产生显著的正向影响。

表 7-3　广州、深圳科技创新水平受创新型城市试点政策
影响的基准回归结果

项目	（1）	（2）	（3）	（4）
$dudt$	0.202***	0.115***	0.097***	0.084***
	（0.022）	（0.006）	（0.025）	（0.005）
$\ln rgdp$			−0.006	0.024***
			（0.016）	（0.004）

续表

项目	（1）	（2）	（3）	（4）
is			0.296***	0.030
			（0.090）	（0.020）
gov			1.447***	0.117**
			（0.230）	（0.053）
fin			0.140***	0.034***
			（0.027）	（0.010）
fdi			−2.545	0.396
			（2.231）	（0.339）
C	0.505***	0.524***	0.869***	0.792***
	（0.007）	（0.001）	（0.169）	（0.041）
年份固定效应	未控制	控制	未控制	控制
城市固定效应	未控制	控制	未控制	控制
N	204	204	204	204
R^2	0.294	0.137	0.486	0.454
Adj-R^2	0.290	0.081	0.470	0.388
F	83.963	7.215	31.033	25.076

注：括号内标注的为标准误差；***、**和*分别表示在1%、5%和10%的水平上显著。

本章使用OLS方法对上述模型进行了再估计，以检验模型的稳健性。稳健性检验结果如表7-4所示。可以发现，创新型城市试点政策的系数依然为正，即创新型城市试点政策有效提升了广州、深圳的科技创新水平。从这一研究结果可以看出，政策是推动城市科技创新的基础。广州、深圳的创新型城市试点政策，通过各种手段鼓励和吸引高端人才，优化产业结构，加强知识产权保护，完善创新资金链，增强创新意识，培养创新型人才，打造创新创业生态，取得了显著的科技创新成果。这些做法为粤港澳大湾区其他城市提供了有益的借鉴，其他城市可以结合自身实际情况，积极制定针对性政策，加大政策落实和执行力度，推动城市科技创新水平不断提升，助力经济社会的发展。

表 7-4　稳健性检验结果

项目	(1)	(2)	(3)	(4)
dudt	0.154***	0.125***	0.106***	0.052*
	(0.096)	(0.030)	(0.018)	(0.028)
ln*rgdp*			0.517***	0.805***
			(0.058)	(0.023)
is			1.086***	0.100
			(0.317)	(0.115)
gov			4.922***	0.322
			(0.807)	(0.303)
fin			0.445***	0.147**
			(0.096)	(0.058)
fdi			25.350***	0.742
			(7.834)	(1.927)
_cons	-0.357***	-0.409***	-5.518***	-8.833***
	(0.029)	(0.022)	(0.595)	(0.232)
N	204	204	204	204
R^2	0.242	0.181	0.528	0.968
调整后 R^2	0.203	0.163	0.514	0.964
F	0.321	16.300	36.757	908.076

注：括号内标注的为标准误差；***、** 和 * 分别表示在 1%、5% 和 10% 的水平上显著。

第三节　粤港澳大湾区科技创新存在的短板及问题

粤港澳大湾区在经济发展、产业结构升级和创新要素培育等方面已经取得了显著的进展。尤其值得注意的是，政策作为该地区顶层规划设计的重要组成部分，其重要性已经得到验证。实证分析表明，政策能够有效提高粤港澳大湾区的科技创新水平。但是，结合对粤港澳大湾区科技创新现状以及对广州和深圳创新型城市试点政策的评估，发现该地区在科技创新方面仍存在一些不可忽视的问题。

一　高等院校资源不均、高端人才短缺

作为创新的重要源泉，人才对于粤港澳大湾区的发展至关重要。粤港澳大湾区的高校和科研机构主要集中在香港和广州，前者有 5 所高校荣膺 QS（Quacquarelli Symonds）全球前 50 名高校之列，后者则拥有 83 所高校（见图 7-4），其中包括 7 所双一流高校，如中山大学、南方科技大学、华南理工大学等。为了弥补高等院校资源不足的缺陷，深圳吸引了许多知名学府在当地设立分校，例如香港中文大学深圳校区、北京大学深圳研究生院、清华大学深圳国际研究生院等。值得注意的是，除广州、深圳、香港、澳门之外，粤港澳大湾区的其他城市在高等教育资源方面相对匮乏，导致当地人才培养存在一定的缺陷。猎聘大数据研究院发布的《2022 年粤港澳大湾区人才发展报告》指出，随着大湾区新兴产业的发展，汽车制造、能源、医疗等领域对于高质量人才的需求不断上升。然而，与京津冀城市群、长三角城市群相比，粤港澳大湾区的硕博人才占比较低（见图 7-5）。尽管近年来各市政府已出台了一系列吸引人才的政策，但仍然存在人才虹吸现象，高端人才主要集中于广州和深圳，其他城市则面临着巨大的人才压力。

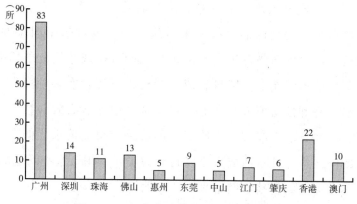

图 7-4　粤港澳大湾区高等学校数量

资料来源：《2022 年粤港澳大湾区人才发展报告》。

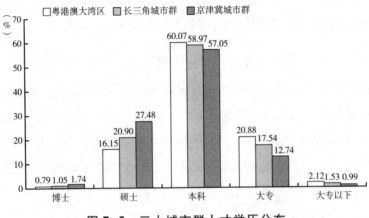

图 7-5　三大城市群人才学历分布

二　研发资金投入不足，科研成果转化率低

科技研发是一项需要充足资金支持的创新型智力活动，而粤港澳大湾区科研资金投入不足。首先，大湾区各市的研发投入强度差距大，2022年深圳和东莞的研发投入强度分别高达5.49%和4.00%，而肇庆和中山的研发投入强度仅为1.11%和2.27%，这极大地限制了当地研发水平的提高。其次，根据《中国粤港澳大湾区改革创新报告（2023）》，粤港澳大湾区的高科技成果转化率仅为1%左右，远低于发达国家水平。大湾区的科技成果转化经费主要依赖于国家的支持，天使投资、社会创新创业投资不足也是限制科研成果转化的重要因素之一。此外，粤港澳大湾区科研成果的转化过程存在多项问题。一方面，香港在基础性研究方面具有一定优势，但无法有效对接大湾区内陆城市；另一方面，高校和科研机构的成果与市场需求之间存在信息不对称的问题，导致科研成果难以转化为实际应用。这些问题的存在，给粤港澳大湾区的科技创新带来了一定的挑战和压力。

三　创新协同水平低，创新要素流动受阻

粤港澳大湾区是一个跨境经济合作区，由于香港和澳门享有

"一国两制"的独特制度环境，因此大湾区存在三个关税区、三种货币和三个法域，并且面临着不同的政治制度。不同的制度环境导致人才、资金、技术和信息等要素的流动受到限制。首先，内地去香港、澳门需要办理往来港澳通行证，且签注次数和逗留时间都有一定的限制，这在很大程度上阻碍了人才流动。其次，粤港澳大湾区存在着不同的货币体系和汇率制度，这给企业创新和投资带来了一定的不便，尤其是在跨境支付和结算方面，需要考虑多种货币之间的汇率变化和转换费用等问题，增加了交易成本和时间成本。最后，专业技术认证标准也存在差异，这不利于跨区域的技术交流。在某些专业领域，香港和澳门的技术认证标准可能与内地不同，这会导致技术人员在区域之间无法自由流动，降低了整个大湾区的技术创新能力和竞争力。

第四节　粤港澳大湾区提升科技创新能力的建议

一　探索多层次人才机制，助力产业发展

粤港澳大湾区对人才的需求是多方面的。首先，应补齐教育短板，加大本地人才培养力度。鼓励城市间开展合作，进行合作办学，吸引国内外知名高校建设分校，促进本地教育发展。同时，依托本地的医疗、金融、汽车制造等优势产业，通过建设创新创业中心、设立科研基地、引进各类创新创业人才等方式，为有志于从事这些领域的人才提供更加广阔的发展空间。其次，注重招揽高端人才。依据粤港澳大湾区历年来的人才需求清单以及全球人才的分布和特点，建立大湾区高端人才需求智库，并根据所需人才的领域和岗位进行精准招揽。同时，为引进的人才提供良好的生活保障，完善生活配套设施，例如深圳每年提供高达 1.5 亿元左右的住房补贴，帮助引进人才解决子女教育、医疗等方面的生活问题。

二 加大研发资金投入，促进科技成果转化

一是政府要加大对科技成果转化的财政支持力度，给予购买科技成果的企业一定的补贴、信贷优惠等。同时，吸收创业风险投资、科技贷款、香港的风险投资等资金，支持粤港澳大湾区在内陆地区的科技成果转化。二是建立港澳与大湾区内陆城市的科技成果转化的合作模式。充分发挥港澳前瞻性基础研究的优势，在大湾区内陆地区以广州和深圳科技为主导进行科技研发和产业孵化，在东莞、佛山、珠海等地进行科技成果转化落地实践，建设粤港澳大湾区科技成果转化平台链条。三是依托大湾区科技创新服务中心、广东高校科技成果转化中心等机构，打造专业的科技成果转化平台，定期组织科研成果交流会，打破高校科研机构和市场之间的信息壁垒。同时，对高校和科研机构的成果进行筛选并宣传，寻求意向企业合作。

三 完善创新机制，促进创新要素流动

为进一步强化区域发展的顶层设计，应该制定有效的机制，以促进创新要素的流动。政府可通过以下措施鼓励内地、香港和澳门之间进行技术转移、人才流动和科研合作：首先，政府可以对企业、机构和个人给予税收优惠，以激励更多的企业家和个人来内地发展。其次，政府应制定有利于内地和香港、澳门交流的政策，简化通关手续，方便两岸的跨境交流与合作。再次，应开展创新要素跨境流动试点工作，发展离岸创新创业，并开拓两岸合作新形式，以实现制度的有效对接。此外，支持港澳专家领衔内地的科研项目，加快内地和香港、澳门的知识要素流动。最后，应建设专业的两岸服务平台，为内地和香港、澳门之间的技术专家、企业、科研机构等提供中介服务，从而简化两岸的沟通程序，降低交流成本。同时，发布国际人才和资格认定标准，探索两岸人才的互认机制，为技术人才的流动提供社会保障。综上所述，政府应采取多种措施促进内

地和香港、澳门之间的创新要素流动，以强化区域发展的顶层设计。

参考文献

李合龙、徐杰、汪存华：《粤港澳大湾区科技创新与金融创新的耦合关系》，《科技管理研究》2021 年第 14 期。

李金惠、郑秋生：《浅析广东促进科技成果转化的现状、问题及对策》，《科技与创新》2017 年第 9 期。

刘佳宁、黎超、李霞：《粤港澳大湾区金融推动科技创新发展研究：实践基础、综合评价与路径选择》，《科技与金融》2021 年第 8 期。

王长建、叶玉瑶、汪菲等：《粤港澳大湾区协同发展水平的测度及评估》，《热带地理》2022 年第 2 期。

吴康敏、叶玉瑶、张虹鸥等：《粤港澳大湾区战略性产业技术创新的地理格局及其多样性特征》，《热带地理》2022 年第 2 期。

游玎怡、李芝兰、王海燕：《香港在建设粤港澳大湾区国际科技创新中心中的作用》，《中国科学院院刊》2020 年第 3 期。

张振刚、卢安涛、叶宝升等：《粤港澳大湾区建设国际科技创新中心的思考》，《城市观察》2022 年第 1 期。

第八章

广深战略性新兴产业联动发展的经验启示

党的二十大报告明确指出，应贯彻新发展理念，着力推进高质量发展，推动构建新发展格局，实施供给侧结构性改革，制定一系列具有全局性意义的区域重大战略[①]。广东省"十四五"规划提出，以深化广深"双城"联动强化核心引擎功能，推动广州、深圳立足全局谋划城市功能布局和现代产业发展，完善发展联动机制，全面深化战略协同、战略合作，建设具有全球影响力的大湾区"双子城"，放大辐射带动和示范效应。2022 年 6 月，国务院印发《广州南沙深化面向世界的粤港澳全面合作总体方案》（以下简称《南沙方案》），赋予南沙重大战略定位、重磅支持政策。把握新时期历史机遇，加强"双城"联动，谋划产业发展，是推动南沙加快形成大湾区高质量发展新引擎的重要措施，对推动南沙打造立足湾区、协同港澳、面向世界的重大战略性平台，在粤港澳大湾区建设中更好地发挥引领带动作用具有重要意义。因此，本章将以广深"双城"联动发展为背景，对广深战略性新兴产业的联动发展进行分析。

[①]《习近平：高举中国特色社会主义伟大旗帜　为全面建设社会主义现代化国家而团结奋斗——在中国共产党第二十次全国代表大会上的报告》，求是网，http://www.qstheory.cn/yaowen/2022-10/25/c_1129079926.htm，2022 年 10 月 25 日。

第一节　广深战略性新兴产业联动发展的背景

一　广深战略性新兴产业联动发展的基础优势

一是战略及地缘优势突出。南沙区地处粤港澳大湾区的地理几何中心，连通广深战略性新兴产业资源的地缘优势突出。多重国家战略叠加发展格局，战略定位持续跃升。南沙重点围绕打造粤港澳大湾区"半小时交通圈"，不断加大交通基础设施投入，推动南沙大桥、国际邮轮母港等投入使用，南沙港区四期基本建成，综合立体交通"四梁八柱"初步构建。南沙区规划了狮子洋通道、南中高速（含万顷沙支线）等高快速路，大湾区城际和高铁等重大轨道交通项目加快建设，实现南沙区30分钟直达深圳及周边其他城市中心，与粤港澳大湾区主要邻近城市60分钟互达。随着粤港澳大湾区建设的深入推进，南沙区作为大湾区几何中心的地缘优势将充分显现，成为广深两地创新资源流动的必经之地，这将进一步加速广深两地的人才、技术、资本、数据等高端产业要素的集聚。

二是经济发展势头强劲。南沙区经济规模持续上台阶，新兴产业加速集聚，为广深战略性新兴产业的联动发展提供了完善的产业配套支撑。根据南沙区人民政府公布的数据显示，2021年，南沙区地区生产总值首次突破2000亿元，同比增长9.6%，增速领跑广州全市，人均生产总值突破23万元，2022年经济规模突破2200亿元。企业主体超过20家，稳居广州市第四位，引进世界500强企业投资项目239个。2021年战略性新兴产业实现增加值720.26亿元，占地区生产总值的33.8%。近年来，南沙区智能网联与新能源汽车、人工智能、新一代信息技术、生物医药等新兴领域蓬勃发展，重点项目加速集聚，产业发展后劲不断增强。大岗先进制造业基地、集成电路产业园、广东医谷等一批特色产业平台和载体加快建设。

三是创新动力持续增强。"1+1+3+N"科技创新体系加快构建，高标准规划建设南沙科学城。截至 2022 年，南沙区全社会研发投入快速增长，R&D 占 GDP 比重达 5.45%，中国科学院明珠科学园、广东智能无人系统研究院等一批重大平台加快建设。高新技术企业突破900 家，科技型中小企业入库数达 2158 家，建成 12 家孵化器和 9 家众创空间。国家级专精特新"小巨人"企业 5 家，入选广州"独角兽"创新企业榜单 25 家①。

四是营商环境日益优化。南沙着力打造国际一流营商环境，拥有吸引广深战略性新兴产业联动发展的政策环境。南沙区发布了首个国家级新区"四链"融合产业政策体系，构建了以"共性核心政策+特色专项政策"为主要框架的升级版产业政策体系，全周期、分层次地支持企业经营发展。南沙区率先实施国家新区营商环境创新试点方案，投资、贸易便利化等指标领跑全国，行政审批制度改革深入推进，实施"交地即开工"3.0 版和"无证明自贸区"等创新举措。南沙区在全国首创商事登记确认制、全球溯源体系等一批标志性改革品牌，市场化法治化国际化营商环境初步形成。

二 广深战略性新兴产业联动发展的劣势与短板

一是内生经济增长动力较弱。一方面，南沙近年来吸引了不少企业注册，但有部分企业抱着"观望"态度，希望享受一些政策上的优惠，但在企业核心竞争力上的提升和重视不够，对拉动区内经济发展动力不足。另一方面，南沙被赋予连接港澳、服务内地的使命，但目前与港澳合作层次还不够深，产业协同发展还不够强，对南沙的经济发展带动作用有限。

二是外部竞争加剧。从国际看，全球经贸形势发生变化，国际分

---

① 《25 家企业入选广州独角兽创新榜单，南沙高标准推进 2023 科技企业培育工作》，广州市南沙区人民政府，https：//www.gzns.gov.cn/zfxxgkml/qkjj/zwdt/content/post_ 8901432.html，2023 年 4 月 3 日。

工格局正在重塑，经济区域化特征越来越明显。技术自主创新能力不足，容易遭受技术壁垒；劳动力成本优势弱化，面临印度尼西亚、越南等国家承接产业转移的挑战；金融、资本市场开放程度不够高，创新与要素吸引受限。从国内看，国家新区、自贸试验区、京津冀城市群、长三角城市群、大湾区等区域及城市竞争激烈，高端要素抢夺白热化，南沙作为开发开放阶段的新区，机遇与挑战并存。

第二节　广深战略性新兴产业联动发展的理论基础

一　"多中心"发展理论

在区域经济学中，"单中心"发展模式指的是区域内由单一增长极驱动的发展模式，而"多中心"发展模式指的是区域内存在多个增长极带动地区经济发展。当区域发展水平较低，无法分散资源进行多中心发展时，只能集中资源首先发展核心地区。但当区域发展水平较高时，不同地区可以充分发挥各自的比较优势，通过资源整合避免无序竞争，此时"多中心"发展不仅更有利于区域整体发展，也能使区域内不同城市共同发展。

二　总部经济模型

总部经济模型指的是企业将技术研发和生产制造环节分离，不同环节根据地区的比较优势进行选址。在总部经济模型下，企业可将总部设在区域中心而将生产制造部门设在区域外围。一方面，企业总部可以分享中心区知识集聚带来的正向溢出效应，提升自身技术水平。另一方面，企业生产制造部门可以凭借外围区的规模效应降低生产成本。在该模型下，中心区的广州市和深圳市能够通过总部集聚占据战略性新兴产业联动发展带的技术研发高地，而南沙区可以通过高端生产制造部门集聚将广深的研发技术进行成果转化。基于以上理论分析，总部经济能充分发挥广州市、深圳市和南沙区的比较优势，不仅能提升各自的经济发展水平，还有利于广东省整体的产业转型与协调发展。

三 产业纵向关联理论

产业纵向关联理论指的是同一产业链上的行业在区域间存在产业互补效应和产业竞争效应，即同一产业链下的上游（或下游）行业间存在竞争关系，同一产业链下的上游行业与下游行业则存在互补关系。根据产业纵向关联理论，如果广州市、深圳市与南沙区在同一产业链的上游行业或下游行业重复布局则会导致明显的产业竞争效应，不利于整体产业链的协调发展，而南沙区通过打造广深战略性新兴产业联动发展带，补齐广州市与深圳市在战略性新兴产业上游或下游的行业缺口，则能够带来显著的产业竞争效应，不仅能提升南沙区自身的产业链整合能力，也促进了广东省和广深两市的产业可持续发展。

第三节　大湾区典型城市的产业发展特征与模式

一　大湾区各行业产业集聚特征

首先是总体特征。大湾区形成了第三产业集聚在广深、第二产业集聚在佛莞惠的格局。根据各城市 2021 年统计公报，广州市、深圳市和珠海市第二产业产值分别占地区生产总值的 27.35%、36.98% 与 41.84%，第三产业产值分别占地区生产总值的 71.56%、62.94% 与 56.74%；珠海市第三产业发展强于第二产业，但主要推动因素为地缘与政策优势，并非由产业转型推动，且总体集聚规模较低；而佛山市、惠州市和东莞市三地仍以第二产业发展为主导，第三产业占比略低于第二产业，其产业集聚规模仅次于广深，但产业转型仍未有效实现。大湾区广东省的九大城市中，广州市、深圳市和珠海市完成了从第二产业向第三产业的转型，第三产业占比远超第二产业（见图8-1）。

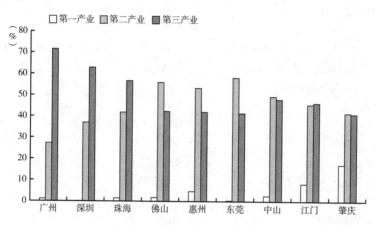

图8-1 2021年大湾区广东省九大城市三次产业占比情况

资料来源：根据《广东省统计年鉴（2022）》绘制。

其次是行业特征。通过对34类工业行业的分析，可以看出广东省九大城市分别集中了不同类型的工业企业。其中汽车制造业，金属制品、机械和设备修理业等主要集中在广州；计算机、通信和其他电子设备制造业集中在深莞惠；纺织业和家具制造业等主要集中在佛山（见表8-1）。

表8-1 各工业行业总产值前三位的城市

单位：%

行业	第一位		第二位		第三位	
农副食品加工业	东莞	20.50	佛山	15.48	广州	9.80
食品制造业	广州	28.33	佛山	14.62	江门	14.38
酒、饮料和精制茶制造业	佛山	23.83	广州	23.66	深圳	18.40
烟草制品业	广州	45.64	深圳	17.43	—	—
纺织业	佛山	38.19	东莞	9.74	广州	9.02
纺织服装、服饰业	东莞	15.41	佛山	14.38	广州	8.72
皮革、毛皮、羽毛及其制品和制鞋业	东莞	19.60	佛山	15.28	广州	9.96
木材加工和木、竹、藤、棕、草制品业	佛山	21.46	肇庆	12.33	东莞	11.07
家具制造业	佛山	30.41	东莞	18.27	广州	14.47

续表

行业	第一位		第二位		第三位	
造纸和纸制品业	东莞	37.32	佛山	14.73	江门	8.74
印刷和记录媒介复制业	深圳	21.48	东莞	20.42	佛山	12.23
文教、工美、体育和娱乐用品制造业	深圳	36.31	佛山	16.75	东莞	12.25
石油、煤炭及其他燃料加工业	惠州	22.51	广州	18.06	佛山	4.59
化学原料和化学制品制造业	广州	21.88	佛山	17.97	惠州	13.67
医药制造业	深圳	24.16	广州	22.28	佛山	14.73
化学纤维制造业	佛山	30.38	珠海	25.45	江门	17.70
橡胶和塑料制品业	佛山	21.20	东莞	20.78	深圳	14.40
非金属矿物制品业	佛山	22.96	广州	8.85	深圳	8.01
黑色金属冶炼和压延加工业	佛山	20.77	广州	11.14	珠海	5.15
有色金属冶炼和压延加工业	佛山	31.95	广州	13.96	深圳	12.88
金属制品业	佛山	32.42	东莞	14.04	肇庆	9.28
通用设备制造业	深圳	22.91	佛山	21.65	东莞	18.34
专用设备制造业	深圳	35.26	佛山	19.86	东莞	17.67
汽车制造业	广州	65.09	佛山	13.40	深圳	8.81
铁路、船舶、航空航天和其他运输设备制造业	广州	34.28	江门	20.93	深圳	12.18
电气机械和器材制造业	佛山	35.49	深圳	17.96	东莞	11.50
计算机、通信和其他电子设备制造业	深圳	55.12	东莞	23.01	惠州	7.11
仪器仪表制造业	深圳	40.42	广州	16.98	东莞	16.46
其他制造业	深圳	36.44	东莞	27.54	中山	11.68
废弃资源综合利用业	佛山	34.95	深圳	31.50	肇庆	9.21
金属制品、机械和设备修理业	广州	45.50	珠海	37.34	深圳	5.57
电力、热力生产和供应业	广州	23.43	深圳	13.21	东莞	9.39
燃气生产和供应业	广州	46.69	深圳	12.86	佛山	7.54
水的生产和供应业	佛山	28.59	深圳	24.11	广州	16.70

资料来源：根据《广东省统计年鉴（2022）》绘制。

最后是典型模式。一是以深圳市、广州市为代表的创新发展模式。广州市与深圳市的创新发展水平与协同创新绩效有着鲜明对比，广州市以渐进式、改良式的技术演进为主，创新能力平稳提升，而深圳市以跨越式、激进式的技术演进为主，创新能力急剧变化。二是以东莞市为代表的东岸外源型发展模式。东莞市以"三来一补"加工业而著称，以加工贸易起步，主动承接发达国家和地区的产业转移，形成以外向型经济为主导的"东莞模式"。2015 年 1 月，东莞市以"一号文"的形式提出率先在国内实施"东莞制造 2025"战略，转型方向为智能制造、服务型制造、创新制造、优质制造、集群制造、绿色制造。此类外源型发展模式的转型仍是以前期"三来一补"为基础进行的，如东莞市和惠州市的工业产值的近一半均来自计算机、通信和其他电子设备制造业以及电气机械和器材制造业。三是以佛山市、中山市为代表的西岸内源型发展模式。16 世纪珠江口西岸地区成为中外交流的重要通道，在海外需求的刺激下，佛山市、中山市等西岸城市的桑基鱼塘、手工业铸造、陶瓷等传统经济发展了起来。西岸地区制造业近年来获得了更加迅猛的发展，升级传统产业和发展先进装备制造业成为各市发展的重点，工业结构呈现适度重型化、高级化发展趋势。四是以珠海市为代表的现代服务业驱动型发展模式。珠海在建立经济特区初期，强调珠江口西岸的自然地理环境优势和紧邻澳门的区位优势，确定了以旅游业为主导的发展方向，但经过几年发展，速度明显落后于深圳。1984 年珠海市制定了"以工业为主、综合发展"的思路，城市经济总量保持 20% 以上的增长速度，城市用地快速扩大。2009 年横琴新区挂牌成立，珠海市确立了以东部高新技术产业和现代服务业为主导的城市发展格局，引入长隆海洋王国等具有重大影响力的主题乐园，成为大湾区重要的服务消费目的地。

二 深圳企业的溢出特征

一是总体演变特征。深圳市近 10 年来呈现明显的产业转型趋势，其第二产业占比从 2010 年的 46.9% 下降到 2020 年的 37.8%，其中工业占比从 2010 年的 44.1% 降低到 2020 年的 34.4%。而第三产业占比则从 2010 年的 53.0% 上升到 2020 年的 62.1%（见图 8-2），这意味着深圳市的经济发展逐渐从依赖加工制造转向了提供科技研发与金融等商业服务，深圳市的产业分工格局也在不断地重塑。同时，根据企查查企业信息数据库的初步统计，深圳市企业在东莞开设分公司的数量最多，截至 2021 年，为 5434 家企业，随后是惠州市和佛山市，分别为 3639 家和 1858 家，中山市和珠海市紧随其后，分别是 1135 家和1160 家，江门和肇庆分别只有 583 家和 354 家。

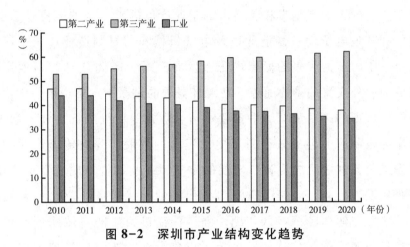

图 8-2　深圳市产业结构变化趋势

资料来源：根据《深圳市统计年鉴（2021）》绘制。

二是战略性新兴产业外迁特征。在行业方面，战略性新兴产业可分为新一代信息技术、生物医药与健康、高端装备制造、新材料和绿色低碳五大类。调研发现，战略性新兴产业企业中外迁最多的是新一代信息技术企业，随后依次是生物医药与健康企业、高端装备制造企业、新材料企业和绿色低碳企业。在地点分布方面，调研发现，深圳市战略性新兴产业企业的外迁地几乎都在省内，外迁至省内其他地区的企业约占迁移企业总量的 80% 到 90%。其中，深圳市战略性新兴产业企业的省内外迁地集中在广州市、东莞市、佛山市和惠州市 4 个城市。在所有外迁企业中，迁往广州的企业数量最多，占深圳市外迁企业总量的 30%。此次外迁包含了深圳市企业在本地注销并迁往外地与在外地开设分公司两种情形。在产业链方面，调研发现，深圳市战略性新兴产业企业的迁移在规模和产业链环节上呈现异质性。规模在 10

亿元到 50 亿元的战略性新兴产业企业主要是某一领域的专精特新企业，这些企业会将总部保留在深圳，但其具有极强的业务扩张需求，所以会选择在东莞市开设分公司以扩张规模。但规模较大的企业或者总部在深圳市且注销迁出深圳市的企业大部分都迁移到了广州（见图 8-3）。

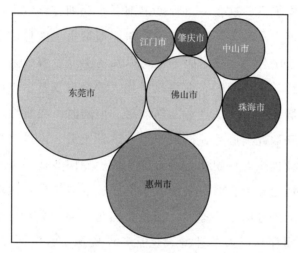

图 8-3　深圳市企业在大湾区城市（除广州外）开设分公司的城市分布

资料来源：笔者通过企查查企业信息数据库查询并整理成企业迁移数据库。

三　深圳市产业溢出的主要原因

深圳市的企业迁出主要取决于来自转出地的推力因素和来自目标地的拉力因素，推力因素促使产业离开原有地区，而拉力因素则决定产业转移的方向。根据分析，本章认为导致深圳市产业溢出的主要原因可以归纳为四类。一是产业基础和市场需求。寻找具有产业基础且能够满足市场需求的区位是企业扩张的内在需求，调研发现深圳市向外迁移的战略性新兴产业企业最多的是新一代信息技术企业，该类企业对低成本办公空间需求比较大，受到深圳高租金以及高经营成本的影响，其会选择迁移到成本更低且距深圳较近的地区。二是产业配套和基础设施。企业在选择产业转移承接地区时，基础设施的完备程度是一个重要因素，对降低交易成本、保障日常运转具有重要影响。调研发现，深圳市向外迁移的新一代信息技术企业对迁入地的交通基础设施与周边配套具有较大需求，例如机场、高铁站、高速公路、学校、医院、商业区与公园等设施。而深圳周边地区的各类基础设施近年来有较为明显的提升，这在一定程度上削弱了深圳在该方面的优势。三是产业服务能力和政策环境。考虑到深圳市聚集了大量的生产服务型企业，包括金融公司、技术服务公司以及各类专业服务业公司，其为深圳市战略性新兴产业的企业提供了强大的金融支持、专门专业服务与公共技术服务，提升了产业运作效率。但同时，战略性新兴产业的企业在深圳获取此类服务业的成本也在逐渐上升，而周边地区也逐渐能为各类企业提供有一定质量的金融支持、专门专业服务与公共技术服务，同时还会给予企业更多的政策补贴，这也是导致深圳战略性新兴产业的企业外迁的重要原因。四是自然与社会资源。地区间在自然资源禀赋方面存在巨大的差异，包括矿产资源、水资源、土地资源、气候条件等。部分企业也会因为深圳市的环保要求、生活节奏、气候条件以及社会氛围等选择迁出。

第四节　广深产业协同发展的可行性

一　广深产业协同发展的独特优势

一是完善的产业体系与基础设施。在南沙区的三大支柱产业中，智能与新能源汽车已经形成了完善的产业体系。二是良好的创新环境与人才政策。《广州南沙新区（自贸片区）集聚人才创新发展若干措施的实施办法与操作细则》为不同类型的创新人才和不同规模行业的创新企业提供了具有吸引力的政府扶持政策。三是产业服务能力与软环境。南沙区出台的一系列产业服务支持政策能为迁入企业提供便捷快速的服务，让企业专注于产业生产研发与市场开拓。四是基于《南沙方案》的政策优势。南沙区可以凭借《南沙方案》的政策优势，加强与香港和深圳市前海区的合作，通过打造广深合作区，以深圳市或前海区为跳板，引入香港的现代服务业。

二　广深产业的互补性分析

结合深圳市产业溢出的主要原因与南沙区的独特优势，本章认为南沙区与深圳市在以下几个方面存在较好的产业优势互补性。

（一）智能与新能源汽车产业和新一代信息技术产业的互补

根据对深圳市产业溢出特征的分析，深圳市迁出数量最多的战略性新兴产业的企业为新一代信息技术企业。对于南沙区来讲，新一代信息技术产业的产值在 2021 年只有 54.99 亿元（见图 8-4），占战略性新兴产业总产值的 7.63% 左右。南沙区在新一代信息技术方面对深圳市企业的吸引力不足。但南沙区的智能与新能源汽车方面具有足够规模的产业基础和市场需求。将智能与新能源汽车产业与新一代信息技术产业结合，吸引和智能与新能源汽车相关的新一代信息技术企业迁入南沙是较为可行的方式。

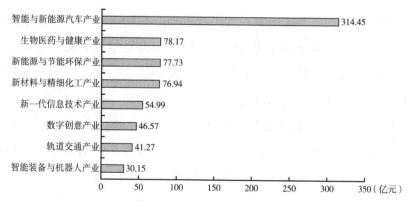

图 8-4　2021 年南沙区战略性新兴产业分布特征

资料来源：2022 年广州南沙区国民经济和社会发展统计公报。

同时，尽管南沙区的新能源与节能环保、新材料与精细化工以及生物医药与健康三个产业的绝对规模不算高，但是对深圳市外迁企业具有一定的吸引力，特别是先前与南沙区企业有长期合作关系的深圳企业。政府可鼓励此类企业在迁出深圳时优先考虑南沙。

（二）生物医药与健康产业和医疗器械产业的互补

医疗器械产业也是深圳企业迁出数量较多的领域。作为中国科技创新中心，深圳市的医疗器械产业多年来一直保持高速增长。深圳土地储备有限，且生产成本相对较高，企业不断寻找合适的迁出地。近年来，深圳市很多医疗器械企业纷纷把生产制造环节外迁，大部分企业到环深周边城市布局，甚至到中西部城市扩展生产基地。相较于东莞市，南沙区的医疗器械相关的工业基础较为薄弱，但是在生物医药与健康方面有着一定的积累。南沙区拥有粤港澳大湾区精准医学产业基地、广东医谷、中山大学附属第一（南沙）医院等健康服务平台，以及大量的医疗器械市场需求。一方面，深圳市企业若迁移到南沙区，可以获得大量的医疗器械订单和更贴近市场的需求反馈；另一方面，迁移到南沙区也会带动南沙生物医药与健康产业的发展。

（三）健康服务与医疗检测的互补

依托粤港澳大湾区精准医学产业基地、广东医谷、中山大学附属第一（南沙）医院等健康服务平台，南沙区拥有较强的医疗检测服务业的需求，但由于南沙区缺乏专业且全面的医疗检测机构，部分较为专业的实验分析与医疗检测业务仍然需要外包给深圳或东莞的公司。南沙区政府可以考虑围绕粤港澳大湾区精准医学产业基地、广东医谷、中山大学附属第一（南沙）医院等健康服务平台的特定医疗检测需求，对深圳或东莞的医疗检测机构进行定向招商引资，吸引一批医疗检测机构入驻健康谷，完善南沙健康服务业的产业链生态。

（四）新能源与节能环保产业和新材料与精细化工产业的互补

新能源与节能环保产业、新材料与精细化工产业也是南沙具有一定规模的战略性新兴产业，但二者在南沙区并没有较好的产业基础，占比不足地区生产总值的6%。对于此类产业，南沙区仍可以加强与深圳新一代信息技术产业、新能源与节能环保产业和新材料与精细化工产业的合作，致力于打造一到两个专注某一特定领域的专精特新企业。具体来讲，南沙区可以引进一批与新能源与节能环保产业和新材料与精细化工产业相关的新一代信息技术企业，为新能源与节能环保产业和新材料与精细化工产业的企业提供软件技术支持，推动此类产业的转型升级。

（五）轨道交通产业和智能装备与机器人产业的互补

香港科技大学广州校区落户南沙对南沙区发展轨道交通和智能装备产业具有一定好处。南沙区可以通过与香港科技大学共建产学研产业基地，推动香港科技大学将国际前沿的工业智能化技术应用到轨道交通产业和智能装备与机器人产业中，一同推动轨道交通产业和智能装备与机器人产业的互补。

第五节 广深战略性新兴产业联动发展的路径

一 打造"广深联动发展合作区"

基于"一核三谷"的产业空间布局，围绕广深开放合作核打造广深联动发展合作区。可借鉴上海漕河泾新兴技术开发区的经验，以企业主导型模式打造广深联动发展合作区。推动深圳市、广州市和南沙区出资共同成立广深战略性新兴产业发展公司，由该公司负责广深联动发展合作区的基础设施建设、资金筹集和运用、土地开发和土地使用权转让、房产经营，创造良好的投资环境，吸引国内外资金和先进技术，兴办各类企业，提供技术和产品贸易等综合服务，并行使市政府授予的部分管理事权。合作区内形成广深战略性新兴产业先进制造承载区、科技信息技术集聚区和海洋装备制造集聚区，按"总部+基地""研发+生产"的模式,前瞻性地将生物医药与健康、数字经济与工业互联网等战略性新兴产业科学合理地布局在合作区,利用"新区白纸好作画"的优势,积蓄发展动能,在大湾区形成一个新的增长极,辐射带动周边区域。

二 打造广深信息技术产业联动发展示范区

根据深圳市产业溢出特征分析可以看出,深圳市战略性新兴产业的企业迁移数量最多的就是新一代信息技术企业,为把握深中通道开启后的发展机遇,南沙区应在数字谷内打造广深信息技术产业联动发展示范区,引进一批深圳市符合要求的新一代信息技术企业,特别是大型集团公司的信息技术部门与细分行业的隐形冠军。对于此类技术含量高、产值高且工业占地面积小的企业,南沙区可通过制定针对性的补贴和奖励政策来增强南沙区的吸引力。

三 "内融外引"推动生物谷双轮驱动增长

根据调研分析结果,深圳市的生物医药与健康企业的迁出数量仅次于新一代信息技术企业,南沙区应把握产业发展新态势与市场需求,立足南沙区区位优势和本地产业基础,以"内生发展"和"外源增长"双轮驱动,探索医疗器械跨界融合发展,汇聚生物医药与健康产业的高端创新资源,推动健康服务质量提升,超前部署前沿产业,加快推动南沙区生命科学和生物技术产业高质量发展。

四 聚焦发展大湾区高端健康服务业

发挥广州市在医疗、生态文旅和高端康养方面的比较优势,依托广深战略性新兴产业联动发展带推动健康谷精准医学发展区、生态文旅发展区和高端康养发展区协同发展。围绕中山大学和广州医科大学等医学研究机构,吸引健康医疗领域的优质企业落地。依托中山大学附属第一医院集聚中山大学的科研力量与科研人才,共同搭建公共试验和创新创业平台。把握 2024 年深中通道开通和 2025 年由粤港澳共同举办的第十五届全国运动会的重大机遇，把握大湾区高端健康服务需求，提供优质的文体娱乐服务，加快相关要素和产业集聚。

第六节 广深战略性新兴产业联动发展的对策建议

一 加强组织协调与实施工作

依托广深战略合作机制，加强两市层面的协同对接。成立区级战略性新兴产业领导小组，建立统筹部门协同推进机制，加强对口部门沟通协调，推动各项任务落实落地。建立由行业专家、第三方智库、企业高层、资深投资者组成的产业专家委员会，为广深战略性新兴产业联动发展提供决策建议。

二 加强产业要素支持

一是加强产业用地保障。结合广深战略性新兴产业联动发展带建设规划，重点推进"一核三谷"建设，每年新增建设用地指标优先满足产业基地建设需求，优先落实基地产业项目用地指标，储备一批战略性新兴产业领域重大项目用地。借鉴东莞等地区的产业园建设模式，探索低空间成本的产业园架构，引导高附加值与前沿技术的产业园发展。优化产业用地供应机制，支持采取长期租赁、先租后让、租让结合等弹性出让方式，降低优质产业项目的用地成本，允许符合条件的闲置产业用地建设创新型产业用房，实行创新型产业用房租金优惠政策。支持鼓励战略性新兴产业领域企业对厂房设施等进行合理化改造，拓展发展空间，满足发展需要。

二是加大财税金融支持。推动商业性金融配置方式、政策性金融配置方式和民间金融配置方式三管齐下，建立全覆盖式融资服务网络体系，鼓励金融机构向制造业企业和项目提供适应其生产和建设周期

特点的中长期融资，缓解融资难、融资贵、融资慢困境。引导和鼓励
国有资本投资制造业，鼓励民间资本参与发起设立制造业创业投资、
股权投资和天使投资基金，引导投资初创期、成长期的中小微企业。
基于深圳市产业转移特征，有针对性地重点关注新一代信息技术、生
物医药与健康、高端装备制造、新材料和绿色低碳等领域，按照"龙
头项目—上下游配套—产业生态圈"思路，以强链、补链、延链为原
则，瞄准世界 500 强、大型跨国企业和行业领军企业，开展产业链精
准招商。推动企业成为招商主力军，探索以企招商、以商招商模式。
重点项目招商可一事一议，在项目审批、规划调整、环保评估、基础
配套等方面给予全力支持。

三　加大创新创业政策扶持力度

发挥南沙区作为自贸试验区的政策创新优势，加大对区内企业与
个人的创新创业政策扶持力度。支持南沙区积极探索产教融合新模式
新机制。一是支持南沙区建设现代产业学院园区，积极推动大湾区内
高校、职业院校与龙头企业、高水平科研机构对接，在园区合作设立
一批集人才培养、科学研究、技术创新、创业就业服务等功能于一体
的现代产业学院，探索产业链、创新链、教育链有效衔接机制，建立
新型信息、人才、技术与装备设施共享机制，完善产教融合协同育人
机制，培养适应南沙区乃至大湾区现代产业发展的高素质应用型、复
合型、创新型人才。二是引导鼓励一批具有实力的高校、科研院所、
领军企业、创业投资综合服务机构共同发起设立科技企业孵化器、众
创空间、创客学院、品牌赛事等，打造集经营办公、生活居住、文化
娱乐于一体的综合性创客社区。

参考文献

《东莞市生命科学和生物技术产业发展规划（2021-2035 年）政策解读》，
《东莞日报》2021 年 3 月 22 日。

丁焕峰、周锐波、刘小勇：《广深"双城"联动打造世界级创新平台战略》，《城市观察》2021年第1期。

广东省人民政府发展研究中心：《涂成林：广深"双城联动"发展的模式和路径》，http://gdyjzx.gd.gov.cn/zjsd/content/post_ 3503997.html，2021年9月6日。

广州市人民政府：《广州市人民政府办公厅关于印发广州市战略性新兴产业发展"十四五"规划的通知》，https：//gz.gov.cn/zwgk/ghjh/fzgh/ssw/content/post_ 8175868.html，2022年4月8日。

广州市粤港澳大湾区（南沙）改革创新研究院课题组：《美于支持南沙构建廖港澳合作重大平台的建议》，载涂成林、田丰、李罗力主编《中国粤港澳大湾区改革创新报告（2021）》，社会科学文献出版社，2021。

涂成林：《推动"双城"联动　强化粤港澳大湾区核心引擎功能》，《中国社会科学报》2022年2月28日。

张灵、董阳：《推动广东省先进制造业和现代服务业融合发展》，《今日科苑》2021年第12期。

结　语

　　本书通过深入探讨区域产业分工、政府治理与可持续发展之间的复杂关系，旨在为中国经济实现高质量发展提供科学依据和理论支持。本书研究发现，合理的区域产业分工能够有效推动绿色技术进步，提升区域的创新能力和生产效率。同时，政府治理在其中发挥着关键性作用，特别是通过创新政策支持、环境规制和知识产权保护，地方政府能够在促进区域协调发展、实现碳中和目标以及推动绿色发展方面发挥积极的调控作用。此外，粤港澳大湾区作为国家战略的一部分，在科技创新和产业发展方面的探索为其他区域提供了宝贵经验。

　　本书提出的创新理论机制和实证模型，不仅丰富了区域经济学和可持续发展领域的理论框架，还通过大量的数据分析验证了这些机制的实际效果。通过提出政策建议，本书期望为决策者在优化区域产业分工、提升政府治理能力，以及推动创新可持续发展方面提供科学指导，为我国实现高质量发展贡献力量。

　　未来的研究可以进一步探讨全球低碳转型和数字化浪潮对区域经济与产业布局的深远影响，并在动态的国际环境中不断优化产业布局和治理机制，以应对全球化与区域化发展带来的挑战和机遇。

图书在版编目 (CIP) 数据

区域产业分工、政府治理与可持续发展 / 涂成林，
于晨阳著. --北京：社会科学文献出版社，2025.6.
ISBN 978-7-5228-5445-8

Ⅰ.F124

中国国家版本馆 CIP 数据核字第 2025DX9482 号

区域产业分工、政府治理与可持续发展

著　　者 / 涂成林　于晨阳

出 版 人 / 冀祥德
组稿编辑 / 任文武
责任编辑 / 李艳芳
文稿编辑 / 杨晓琰
责任印制 / 岳　阳

出　　版 / 社会科学文献出版社·生态文明分社 (010) 59367143
　　　　　地址：北京市北三环中路甲 29 号院华龙大厦　邮编：100029
　　　　　网址：www.ssap.com.cn
发　　行 / 社会科学文献出版社 (010) 59367028
印　　装 / 三河市尚艺印装有限公司

规　　格 / 开　本：787mm×1092mm　1/16
　　　　　印　张：16.5　字　数：227 千字
版　　次 / 2025 年 6 月第 1 版　2025 年 6 月第 1 次印刷
书　　号 / ISBN 978-7-5228-5445-8
定　　价 / 98.00 元

读者服务电话：4008918866

△ 版权所有 翻印必究